LA FRANCE SANS ÉTOILE

Souvenirs de l'avant-guerre et du temps de l'occupation

DU MÊME AUTEUR

LA ROSE SANGLANTE (Marguerite d'Anjou)
CHARLES VII ET SON MYSTÈRE
DIANE DE POITIERS
MARIE STUART
LE MASSACRE DE LA SAINT-BARTHÉLEMY
HENRI III
LA REINE MARGOT
LA VIE QUOTIDIENNE SOUS HENRI IV
L'ÉTRANGE MORT DE HENRI IV
LOUIS XIII
RICHELIEU Tome 1. *L'Ambitieux.*
Tome 2. *Le Révolutionnaire.*
Tome 3. *Le Dictateur.*
CINQ-MARS
LOUIS XIV
LOUIS XIV AU JOUR LE JOUR
MONSIEUR, FRÈRE DE LOUIS XIV
CLEMENCEAU
AVENTURIERS ET FAVORITES
LA LOIRE
LES GISANTS
LES IDÉES ET LES MŒURS AU TEMPS DES ROIS
RODOLPHE II DE HABSBOURG
GEORGE VILLIERS, DUC DE BUCKINGHAM

FILMS

MARIE-ANTOINETTE (mise en scène de Jean Delannoy).
LA PRISE DU POUVOIR PAR LOUIS XIV (mise en scène de Rossellini).

L'ensemble de l'œuvre a été couronné par l'Académie française et a reçu le Grand Prix Gobert (1969), le Grand Prix du Rayonnement français (1962) ainsi que le Grand Prix littéraire du Conseil général de la Seine (1963), le Prix du Cercle de l'Union et le Prix des Ambassadeurs (1966).

PHILIPPE ERLANGER

LA FRANCE SANS ÉTOILE

Souvenirs de l'avant-guerre et du temps de l'occupation

PLON

Pour Michel Beaufort

Lecteur paisible et bucolique,

. . . .

Si tu n'as fait ta rhétorique
Chez Satan, le rusé doyen,
Jette ! tu n'y comprendrais rien
Ou tu me croirais hystérique.

Baudelaire - *Les Fleurs du mal.*

CHAPITRE PREMIER

Jamais le printemps parisien n'avait été si beau. Le soleil se couchait comme il se serait couché sur les Alpes. Le silence dû à la rareté des voitures appelait à la sérénité. Un air d'une douceur presque insolite caressait la ville où, deux jours auparavant, près de trois cents personnes avaient péri sous les bombes. C'était le 5 juin 1940.

Paul Reynaud venait de remanier son ministère. Tandis qu'il y appelait de Gaulle, il se débarrassait enfin d'un des personnages les plus singuliers de l'histoire de France, cet Édouard Daladier, ennemi public après le Six-Février, idole populaire après Munich, homme politique qu'on croyait un homme d'État à cause de son mutisme, garant incontesté jusqu'au désastre de notre puissance militaire.

Le Taureau du Vaucluse ! Ainsi que le disaient les humoristes, il fallait mettre du cresson autour d'une si grosse pièce. C'est pourquoi plusieurs caciques radicaux partaient en même temps, notamment Albert Sarraut, ministre de l'Éducation Nationale.

Je courus chez lui dès que je pus quitter mes bureaux, transférés du Palais-Royal au Palais de Chaillot à cause des installations souterraines qui avaient paru au directeur général des Beaux-Arts un bouclier contre les avions ennemis.

C'est grâce à Albert Sarraut, mon " patron " depuis plusieurs années, qu'en 1938 j'avais été nommé malgré ma jeunesse chef du Service des Échanges Artistiques Internationaux, qui relevait à cette époque de l'Éducation Nationale, et directeur de l'Association Française d'Action Artistique dont Sarraut était le président. C'est grâce à lui que j'avais pu donner à ces organismes, longtemps étouffés sous l'incompréhension des Finances, une importance qui ne devait pas cesser de grandir.

La guerre les transforma subitement en rouages de la Défense Nationale et, comme j'étais à l'armée simple deuxième classe dans l'auxiliaire, au lieu de me confier la garde d'un passage à niveau, on me mobilisa à mon poste. Le mot de " propagande " était rigoureusement interdit. Néanmoins j'en fis beaucoup chez les neutres dès le début des hostilités, je provoquai même à Belgrade et à Bucarest des émeutes d'étudiants en faveur des Alliés lors d'un passage de la Comédie-Française. Combien tout cela était devenu dérisoire !

Albert Sarraut habitait avenue Victor-Hugo un vaste appartement dont les murs ne suffisaient pas à recevoir les tableaux qui, après être montés jusqu'aux plafonds, s'accumulaient sur le sol. A force d'aimer l'Extrême-Orient il avait pris l'apparence d'un bouddha, mais d'un bouddha animé par la verve et la gaillardise du Midi français.

Il me parla de la bataille de la Somme engagée depuis deux jours et en l'issue de laquelle on espérait avec acharnement. C'est la seule chose que j'aie retenue de notre entretien car ma pensée était ailleurs.

Je contemplais ce roi déchu qui ne voulait faire aucune allusion à sa chute, présage évident de celle de la IIIe République. Auprès de son frère Maurice il avait vraiment régné pendant un tiers de siècle. Deux fois président du Conseil, vingt-deux fois ministre, ambassadeur, deux fois gouverneur de l'Indochine, son meilleur titre de gloire !

— Envoyez-moi un corps d'armée ou remplacez-moi par Albert Sarraut, avait télégraphié en 1916 celui qui répondait alors de la colonie.

Albert Sarraut était revenu sans troupes et l'Indochine n'avait pas bougé. Les Asiatiques l'adoraient. Bien longtemps après, nombre d'entre eux défilaient chaque matin dans son bureau du ministère de l'Intérieur en lui apportant des bouquets. Sa table de travail semblait un buisson de fleurs.

Que lui avait valu en définitive son étonnante carrière ? La haine, l'injustice, l'absurdité. L'Action Française était parvenue à persuader le public que ce grand amateur de femmes participait aux bénéfices d'une maison close célèbre, le *Sphinx*, et qu'il y passait une bonne partie de son temps. Le *Sphinx !* Cela le faisait bien rire. Il n'y avait jamais mis les pieds.

Devant l'histoire c'était plus grave. Sarraut demeurait l'homme qui, lors de la réoccupation de la Rhénanie, avait juré de ne pas laisser Strasbourg exposé aux canons allemands et qui l'y avait bel et bien laissé.

Combien j'aurais voulu le convaincre d'ouvrir les yeux aux Français ! Mais, quand j'abordais le sujet, il haussait les épaules et disait le mot de Cambronne. Aujourd'hui encore, bien que les choses soient parfaitement éclaircies, cette ombre reste sur sa mémoire.

Et pourtant... Dans ce même bureau où nous parlons maintenant de notre défaite s'était déroulé le débat qui aurait pu l'éviter. Seul avec Mandel et peut-être Paul-Boncour, Sarraut voyait qu'une réaction de l'armée française suffirait à provoquer le retrait des Allemands et la fin d'Hitler. Le Cabinet anglais, par rancune contre l'attitude de Laval lors de l'affaire éthiopienne, refusait nettement son soutien, plusieurs ministres brandissaient leur démission. Que pouvait alors un président du Conseil dont la majorité allait l'abandonner, dans une atmosphère qui ressemblait à celle d'une guerre civile ? Les Français s'entre-déchiraient et ne pensaient qu'aux élections.

Eh bien ! Sarraut aurait foncé malgré tout si le généralissime, l'infaillible Gamelin, ne s'était opposé au mouvement de la moindre unité avant d'avoir proclamé la mobilisation générale, ce qui aurait pris plusieurs jours et entraîné des conséquences imprévisibles. Gamelin avait l'appui total du ministre de la Guerre, le général Maurin, dont chacun savait qu'il occupait son poste parce qu'il était le porte-parole du maréchal Pétain.

Devant le barrage dressé par son propre gouvernement, l'armée, l'Angleterre et l'opinion publique, Sarraut dut s'incliner, la rage au cœur, pis encore, assumer la responsabilité d'une abdication injustifiable. A cet instant fatal la France cessa d'être une grande puissance.

Maintenant jusqu'où allait-elle tomber ? Le Président voulait croire encore à un redressement. La Marne... Il était parvenu à m'apporter un peu de réconfort quand je pris congé de lui. Je n'imaginais pas que je le reverrais seulement cinq ans après et qu'il reviendrait alors de déportation.

***

Le lendemain matin je rejoignis comme chaque jour l'incroyable fourmilière qui grouillait à l'hôtel Continental. Des diplomates en retraite y côtoyaient des gens de lettres à képi, des femmes ardentes et convaincues y tançaient des militaires sceptiques. C'était le ministère, ci-devant haut-commissariat, de l'Information à la tête duquel Jean Prouvost remplaçait depuis peu Jean Giraudoux dont Daladier avait eu l'idée déconcertante d'opposer le génie poétique et les préciosités aux délires hitlériens.

Au milieu de cette cour du roi Pétaud, reflet de la confusion française, subsistait un îlot solide : le Service des Œuvres françaises à l'étranger, détaché du ministère des Affaires Étrangères et avec lequel j'assurais la liaison.

Jean Marx en était le chef. Ce grand serviteur de l'État, ce spécialiste du cycle du roi Arthur, doté d'une mémoire proprement confondante, offrait au visiteur non prévenu une image quelque peu caricaturale. Entièrement chauve, rond et rouge, il passait sans transition d'une colère homérique à des lamentations d'enfant ou à une onction suave. L'onction lui venait apparemment des prêtres solliciteurs qui ne cessaient de l'assiéger et qu'il se plaisait à combler. Ce jour-là je n'en vis aucun. C'était mauvais signe.

Parmi les collaborateurs immédiats de Jean Marx se trouvaient Mlle Suzanne Borel qui deviendrait quelques années plus tard Mme Georges Bidault et Roger Peyrefitte : l'une animée d'un patriotisme si intransigeant qu'il lui avait valu de sérieuses difficultés avec un Giraudoux trop indolent à son gré; l'autre simplement curieux des événements et des hommes. Selon son habitude, Peyrefitte n'était pas arrivé à son bureau.

J'abordai un Marx en pleine crise. D'après les dernières nouvelles, le front était rompu. Les initiés évoquaient — oh ! à voix basse — la possibilité d'un repli du Gouvernement sur la Loire et, en conséquence, celui des administrations maintenues à Paris. L'éventualité d'un pareil exode causait à Jean Marx un trouble auquel s'ajoutait son indignation rituelle devant le retard de Peyrefitte. Henry de Montherlant, absorbé par d'autres soins, ne téléphonait plus pour demander l'indulgence en faveur de son protégé. Naguère cette démarche changeait la fureur en gémissements dès qu'apparaissait le coupable. Le chef du Service des Œuvres devait garder une rancune plus amère et plus tenace à son ancien collaborateur quand ce dernier l'aurait appelé le " bon Marx " d'un bout à l'autre de *la Fin des Ambassades*. La bonté n'a jamais eu de prestige.

Roger Peyrefitte n'était encore connu (dans les milieux diplomatiques) qu'en raison d'un scandale survenu pendant son séjour à Athènes. Chose piquante, le jeune secrétaire d'ambassade, muté à Paris, s'était vu confier entre autres missions celle de représenter les Affaires Étrangères... à la Censure Cinématographique, au titre de suppléant de Mlle Borel. J'y représentais moi-même les Beaux-Arts. Pendant un certain temps le destin international des films dépendit de nos goûts et de nos humeurs.

Nous nous sommes bien amusés en ces temps encore heureux. Des garçons impertinents tels que nous l'étions trouvaient une jouissance profonde à voir l'immense Sacha Guitry, vêtu comme le serait la jeunesse de Londres vers 1965, lever ses belles mains chargées d'émeraudes en articulant de sa voix sacerdotale :

— Messieurs, quoi que vous pensiez, je vous demande de ne rien me dire de désagréable.

L'après-midi je regagnai le Palais de Chaillot qui, par sa fraîcheur agréable, cherchait maintenant à se faire pardonner les grippes sans nombre dont, à cause de lui, nous avions été affligés pendant la " drôle de guerre ". J'y trouvai des instructions très précises concernant les dossiers compromettants pour les innombrables amis de la France qui, au cours des derniers mois, avaient aidé notre action dans des pays actuellement menacés ou déjà engloutis sous le raz de marée germanique.

Dès le 16 mai, le Quai d'Orsay avait livré aux flammes ses précieuses archives. Entre-temps était né un service chargé de la destruction des documents explosifs. C'est à lui que je devais remettre ceux de mes bureaux après les avoir enfouis en des sacs dûment plombés sur lesquels était écrit en énormes lettres rouges : " *Très Secret — A détruire sans regarder* ".

Le reste de la journée fut consacré à ce triste emballage. Le lendemain une camionnette emporta les traces d'un labeur dont nous avions espéré autre chose.

En ce 7 juin, depuis les ministres jusqu'aux huissiers, tout le monde discuta de l'opportunité de quitter Paris. Cette idée me répugnait tellement, celle de l'entrée des Allemands dans la capitale me paraissait tellement monstrueuse, que j'envisageai d'y rester quelle que fût la décision prise. C'est alors, pour la première fois, qu'un collègue, pressé de se mettre à l'abri, me rappela sans douceur quelle était ma religion et à quels dangers elle m'exposait. A en croire certaines rumeurs, des corps spéciaux suivaient les armées d'Hitler afin de massacrer aussitôt les Juifs pris au piège. Cette mise en garde s'accompagnait d'une allusion à *ma* responsabilité, puisque, nul ne l'ignorait, *tous* les Juifs avaient à la fois provoqué le conflit et causé la catastrophe.

***

Je dus m'occuper du corps de ballet de l'Opéra, que j'avais envoyé en Espagne la veille de l'offensive et qui était en perdition. Un mois auparavant, nous croyions encore que les entrechats de nos étoiles retarderaient la mise en marche des blindés ennemis.

Puis je reçus le coup de téléphone le plus ahurissant de ma vie. De sa voix nette et terrifiante, Georges Mandel, ministre de l'Intérieur, me signifiait lui-même combien l'irritait un incident qui s'était produit entre Elvire Popesco et Béatrice Bretty à la suite des représentations de la Comédie-Française à Bucarest. Elvire, me disait-il, avait voulu minimiser le succès de Bretty et de ses camarades, ce qui était nuisible aux intérêts de la France. Le personnage le plus important du Gouvernement après le président du Conseil voulait savoir si vraiment j'avais attaché foi à ces propos déplorables. Je lui jurai que je les ignorais. Il m'enjoignit de mettre les choses au point et de lui rendre compte. Je m'y engageai.

Bien entendu, aucune des deux grandes comédiennes ne se trouva au bout du fil. Je me demandais comment j'allais me tirer de ce mauvais pas — Mandel ne laissait rien passer et ne pardonnait rien — quand l'imprésario Fernand Lumbroso, auquel Paris a dû, depuis, tant de spectacles éblouissants, entr'ouvrit la porte de mon bureau.

Je l'avais convoqué quelques jours (quelques siècles) auparavant pour lui parler d'une tournée dont l'idée seule paraissait maintenant comique et je l'avais oublié.

Lumbroso s'excusa de forcer ma porte. Le soir était venu tandis qu'il attendait et il avait vu disparaître tous mes collaborateurs, y compris les huissiers. Le Palais de Chaillot ressemblait à celui de la Belle au Bois Dormant. Je m'excusai, l'esprit ailleurs.

Lumbroso avait déjà subi un certain nombre d'épreuves auxquelles il devait une robuste confiance en son étoile et un fatalisme souriant. Me voyant déprimé, il se garda de parler boutique et m'invita à dîner au *Fouquet's* ainsi qu'il m'aurait invité un jour ordinaire. J'acceptai. *Carpe diem.*

Je n'oublierai jamais notre promenade à pied du Trocadéro aux Champs-Élysées. Il n'y avait pratiquement ni un passant, ni une voiture, ni un bruit dans les avenues. Les beaux immeubles étaient généralement aveuglés par leurs volets clos. Un ciel de carte postale éclairait seul ce désert majestueux et répandait une fraîcheur qui, comme par ironie, évoquait le bonheur de vivre. Paris, peut-être au seuil de l'Apocalypse (on disait que la ville serait défendue *pierre par pierre*), semblait user de tous ses charmes pour se faire regretter davantage.

Phénomène curieux, les Champs-Élysées gardaient l'animation frivole qui faisait rêver les étrangers depuis le Second Empire. La première cité vraiment cosmopolite que le monde eût connue depuis la Rome antique persistait à lancer les fusées de son feu d'artifice quotidien. Il y avait foule au *Fouquet's* et, si l'on évoquait la guerre, c'était en gardant un ton « bien parisien ». L'atmosphère restait optimiste. On comptait sur l'aviation anglaise, sur l'intervention américaine. Le Gouvernement venait d'affirmer qu'il ne quitterait jamais la capitale. L'ennemi avait subi des pertes énormes, il était à bout de souffle. Un journal parlait avec exaltation du dernier quart d'heure.

Lumbroso, qui est un fin gourmet, commanda le repas. Mon appétit me surprit et même me causa un vague remords. Un psychiatre aurait pu discerner qu'il s'agissait d'un « transfert ».

Mon hôte et moi nous portâmes nos santés réciproques. Juifs l'un et l'autre, nous nous savions exposés à de terribles malheurs, non pas collectifs, mais individuels, ce qui est bien pis. L'effet de la bonne chère aidant, cela nous incitait à savourer les derniers moments d'une existence à peu près normale.

Quand nous eûmes terminé, Lumbroso m'entraîna dans un cabaret de la rue Arsène-Houssaye, *l'Amiral*, où chantait Édith Piaf dont il défendait les intérêts. Quelques années auparavant j'avais assisté au *Gernys'* à l'extraordinaire soirée au cours de laquelle une sorte de mendiante traumatisa le public le plus blasé de Paris. Cependant je ne connaissais pas la Môme qui, après de pénibles vicissitudes, consécutives à l'assassinat de Leplée, le patron du *Gerny's*, était revenue victorieusement et, pendant la guerre même, avait atteint le grand public en chantant *Ah ! mon amour...*

Les spectacles commençant de bonne heure, celui de l'*Amiral* s'achevait déjà quand nous arrivâmes. Le 7 juin 1940, Piaf avait encore remporté son habituel succès devant une salle bien garnie ! Lumbroso me conduisit à sa loge, me présenta. Elle portait la robe noire qui serait bientôt légendaire, agrémentée à cette époque d'un foulard rouge. Comment la voix de bronze pouvait-elle sortir de ce corps minuscule et souffreteux ?

Piaf était surexcitée. Non pas à cause des événements qu'elle semblait ignorer. Il s'agissait d'un contrat, d'une nouvelle chanson. En croyant à peine mes oreilles, je l'entendis former des projets précis comme si rien d'important ne s'était passé dans le monde depuis sa rentrée. Au fond elle avait raison. Une bonne partie de la planète allait s'embraser, des hommes allaient périr par dizaines de millions, mais, lorsque cesseraient le fracas des canons et les plaintes des victimes, la voix de Piaf, triomphante, continuerait à envoûter les foules.

***

Vers onze heures du soir les Champs-Élysées préservaient toujours au milieu de la ville morte les derniers vestiges de la fête parisienne. Comment s'en évader ? C'était la dernière fois peut-être... Nous nous rendîmes au *Bœuf sur le Toit.*

Le Bœuf sur le Toit de la rue Boissy-d'Anglas, qui avait vu défiler les gloires de l'entre-deux guerres et naître la débauche sophistiquée des années folles, ce *Bœuf*-là n'existait plus. J'y étais arrivé à temps, alors que j'étudiais encore aux Sciences Politiques, pour y boire mes premiers cocktails en m'extasiant devant Cocteau et Radiguet gantés d'une laine brodée de dessins abstraits, devant Clément Doucet dont les doigts électrisaient le piano, tandis qu'il lisait un roman policier, devant la déchirante Yvonne Georges qui chantait *Pars sans te retourner*..., devant Auric et Poulenc, ces jeunes révolutionnaires de la musique, devant le beau Marcel Herrand, interprète du *Portrait de Dorian Gray.*

Le Bœuf de 1940 avait perdu son prestige artistique et littéraire mais, considérablement accru sa prospérité. Il restait la première " boîte " de Paris. Ses locaux situés avenue Pierre-Ier-de-Serbie comprenaient une petite scène où se produisaient des chanteurs, une piste de danse, une salle que remplissaient chaque soir des couples élégants et, sur une sorte d'estrade protégée par de curieux petits volets, un bar qui était le haut lieu parisien de l'homosexualité internationale.

A ma grande surprise la foule était aussi dense qu'aux plus beaux jours. Une femme très décolletée chantait un refrain à la mode, "Si tu passes par Suresnes... ", sans paraître se douter que Suresnes avait précisément été bombardé l'avant-veille. Qui d'ailleurs songeait à la guerre ? Comme Édith Piaf, ces noctambules, plaisantant le verre en main, semblaient considérer que les folies des hommes sérieux ne les concernaient pas et ne changeraient pas grand-chose à leurs habitudes. En quoi eux aussi ne se trompaient guère.

J'aperçus beaucoup de connaissances perdues de vue depuis les derniers mois. Marcel Herrand, toujours beau et toujours mordant, vint me serrer les deux mains. Il me gardait une grande reconnaissance parce que, l'automne précédent, j'avais pu lui permettre de reprendre la direction de son Théâtre des Mathurins en le libérant de ses obligations militaires. Ces obligations consistaient à monter la garde devant la bouche du métro Trocadéro.

J'avais sauvé de même un grand musicien, Fernand Oubradous, affecté aux abattoirs de La Villette et qui avait failli devenir la victime d'une vache récalcitrante.

Je me rappelle encore avoir causé avec un gros garçon nonchalant que j'aimais bien. Le bridge avait été sa principale occupation jusqu'au jour où, ayant perdu sa fortune, il s'était essayé à faire des chapeaux. Il s'appelait Christian Dior.

Je bus, je me perdis, dans cette atmosphère indéfinissable du *Bœuf* dont ma jeunesse avait été longtemps imprégnée. A mon tour je n'y croyais plus. Seule l'histoire Popesco me tracassait encore. Bah ! Cela faisait partie de mon cauchemar, un cauchemar de plusieurs semaines. A travers la fumée des cigarettes, parmi les frôlements et les rires la vie retrouvait son équilibre, sa logique. Demain tout serait redevenu normal.

CHAPITRE II

Le 8 juin un vent de panique souffla sur la colline de Chaillot. L'illustre pianiste Alfred Cortot, d'une manière un peu surprenante qui allait s'expliquer bientôt, avait insisté pour recevoir un poste à l'administration des Beaux-Arts. Il s'occupait du théâtre aux armées. Le directeur général, Georges Huisman, l'écoutait comme un oracle car il était resté très lié avec son ancienne élève, Mme Durand Texte, qui avait épousé l'année précédente le vice-président du Conseil, Camille Chautemps, et provoqué presque immédiatement un énorme scandale par sa nomination de professeur au Conservatoire.

Cortot, depuis que les malheurs se multipliaient, apportait des nouvelles confidentielles venues des hautes sphères gouvernementales. Il avait une tendance très nette à les rendre pires encore qu'elles ne l'étaient.

Ce matin-là, il annonça l'imminence d'un bombardement massif de la capitale et la prochaine évacuation des femmes et des enfants. Paris allait connaître le martyre de Varsovie avant de devenir un champ de bataille. Cortot conseillait fortement à Huisman de quitter la ville où restaient seulement les services qui avaient paru jusque-là (c'était le cas du mien) pouvoir participer à l'effort de guerre. Mieux valait rejoindre sans délai le gros de l'administration replié depuis septembre au château de Chaumont-sur-Loire. Huisman hésitait, mais la voix profonde et douce à la fois dont l'artiste savait jouer comme de son instrument avait une force de persuasion singulière.

Avec l'admiration due à son talent, Cortot savait inspirer l'estime, la confiance, l'affection. J'éprouvais tout cela pour lui à un très haut degré, j'étais fier et touché de l'amitié qu'il me marquait. Cela m'avait même valu de recevoir quelques flèches du camp opposé au sien, le monde de la musique étant alors divisé en deux partis résolument hostiles l'un à l'autre, celui de Cortot et celui de Marguerite Long.

Je fus donc aussi ébranlé que Huisman, et pourtant cette fuite au moment de la bataille me paraissait inconcevable.

Je venais de rentrer dans mon bureau après avoir quitté celui du directeur général quand, précisément, Marguerite Long se fit annoncer. Cette interprète inégalable de Ravel et de Fauré, cette reine de l'enseignement du piano en France se montrait au premier abord aussi autoritaire, passionnée, combative que Cortot apparaissait sage, contenu, mesuré. Elle devait donner le lendemain à Londres un concert que la force des choses m'avait obligé à annuler.

Mme Long (elle avait près de soixante-dix ans) me reprocha violemment ma décision. Elle parla d'en appeler au président de la République car celle que ses ennemis surnommaient injustement " la petite sœur des riches " était une familière de l'Élysée. Je me vis exposé aux foudres d'Albert Lebrun après celles de Mandel, les premières me semblant, à vrai dire, bien moins redoutables que les secondes.

En faisant ces réflexions je ne pouvais m'empêcher d'admirer la vaillance de cette dame à cheveux blancs, prête à braver les pires dangers pour montrer à l'Angleterre que le moral français demeurait intact. Si tout le monde avait eu son énergie...

Je dus répandre des torrents d'éloquence avant de la convaincre.

Serai-je aussi heureux auprès de Bretty ? Eh bien ! oui, sur ce plan dérisoire les dieux me protègent. Je parviens à joindre l'éminente sociétaire et à la convaincre de mon innocence. J'obtiens l'assurance qu'elle apaisera Mandel. Ouf !

Pendant ce temps le gouverneur militaire de Paris ordonne de préparer la destruction des ponts, ordre qui restera d'ailleurs lettre morte... faute d'explosifs suffisants. Nous vivons un drame shakespearien, le burlesque n'en sera jamais absent.

La soirée amène une détente. Le directeur général nous informe que les nouvelles sont meilleures, que le gouvernement ne songe pas à quitter la capitale, que, dès lors, nous ne bougerons pas. Quel soulagement ! En retrouvant ma maison, mes tableaux, mes sept mille volumes, amis si précieux et si chers, j'éprouve le sentiment de les avoir sauvés et de conserver mes racines.

Hélas ! le lendemain, de bon matin, un coup de téléphone de Huisman m'enjoint de ne pas me rendre à l'Information et de rallier Chaillot au plus vite. Je crains le pire. En effet, la décision a été brusquement prise. Nous partirons en voiture pour Chaumont au début de l'après-midi. Nous, c'est-à-dire les hauts fonctionnaires. Le personnel nous suivra comme il pourra.

Je demande à partager le sort du mien. On me montre une circulaire prescrivant aux fonctionnaires mobilisés, donc risquant d'être faits prisonniers, de se mettre hors d'atteinte. On me rappelle que ma position m'oblige à obéir aux ordres sans les discuter. Cette nervosité insolite me paraît due à quelque " confidence " de Cortot. En fait, nous allons donner le signal de la débandade officielle.

Quoi qu'il en soit, je rentre précipitamment chez moi et, avec l'aide d'Alice, ma fidèle gouvernante qui se lamente en invoquant le Ciel, j'entasse le strict nécessaire dans l'unique valise que j'aurai le droit d'emporter pourvu qu'elle soit de dimensions réduites.

Lorsque la guerre a éclaté, je travaillais à mon livre sur Charles VII et me réjouissais de révéler au public une grande méconnue, Yolande d'Aragon. Pas question d'y renoncer ! J'emballe le manuscrit déjà volumineux au détriment de mon linge.

J'avale une tranche de jambon, fais mes adieux à ma gouvernante éplorée en lui recommandant fermement de ne pas quitter Paris et, grâce à un des derniers taxis qui stationnent, je reprends le chemin de Chaillot.

J'aurais pu éviter cette précipitation. Une extrême confusion règne au palais. Le personnel affolé proteste en dépit de l'assurance que des moyens de transport seront mis le lendemain à sa disposition. L'essence, réquisitionnée massivement (toutes les administrations vont agir de même au grand préjudice de l'armée), l'essence n'arrive pas.

Des heures passent. J'arpente fiévreusement l'avenue du Président-Wilson quand je vois surgir hors d'haleine ma pauvre gouvernante chargée de ma pelisse malgré une chaleur torride. Elle est venue à pied de la rue Ampère car, si je ne pouvais rentrer avant la mauvaise saison, j'aurais besoin d'un vêtement chaud. Je l'embrasse. Nouveaux adieux. Je suis pourpre de honte en répétant à mes collaborateurs que nous nous retrouverons le lendemain au bord de la Loire. Et nous voilà enfin partis ! M. et Mme Cortot m'ont réservé une place dans leur Citroën.

Nous restons silencieux. Une pensée obsédante me donne presque la nausée : peut-être ne reverrai-je jamais Paris.

Cortot, très nerveux, ne permet pas à sa femme de se restaurer à l'heure du dîner. Orléans dépassé, il semble se calmer. Nous roulons d'une traite jusqu'à Chaumont où nous arrivons vers minuit, le grand exode n'a pas encore commencé au-delà de Paris.

Quelques années auparavant, quand je préparais la biographie de Henri III, j'avais visité le château qui appartenait encore à la princesse Amédée de Broglie remariée à l'Infant Don Luis d'Orléans-Bourbon. L'État allait bientôt devenir acquéreur du domaine à la suite des extravagances de ce cousin scandaleux d'Alphonse XIII.

J'avais évoqué là Diane de Poitiers et Catherine de Médicis, je m'étais amusé au souvenir des facéties de l'Infant qui avait obligé l'aristocratie vénitienne à lui présenter des condoléances lors de l'enterrement de son mignon et entraînait jusqu'aux bouges de la rue de Lappe sa vénérable épouse, son aînée de trente ans. L'Infante Eulalie enrageait d'être appelée " ma mère " par une bru plus âgée qu'elle.

Nous voilà bien loin de ces choses en cette nuit du 9 juin ! Débarquant au milieu d'un désordre indescriptible, nous cherchons péniblement à nous loger. Les fonctionnaires, repliés depuis septembre 39, ont passé un automne, un hiver, la moitié d'un printemps sinistres. Ils ne peuvent pardonner à ceux qui, restés à Paris, y ont, pensent-ils, mené joyeuse vie. Toute leur malveillance nous est acquise. Il faut bien trouver de la place au château pour Huisman et pour Cortot. Il faudra bien m'y aménager de minuscules bureaux. Quant à m'y héberger, point d'affaire ! Je suis de beaucoup le cadet des chefs de service. Cela me valait naguère mille témoignages d'amitié à cause de la faveur de Sarraut et de Huisman. Je m'aperçois aujourd'hui que la face jaune de l'envie se cachait derrière les sourires. Cela fait deux griefs contre moi. Il y en aura bientôt un troisième.

La pluie s'est mise à tomber. Traînant valise et pelisse, je descends au village où l'unique hôtel — si l'on peut dire — est comble. Heureusement j'ai emporté de l'argent. On me libère une chambre sordide à un prix qui, en temps normal, me permettrait d'avoir un appartement au Ritz.

J'ouvre ma valise, j'en tire le peu d'effets qu'elle contient et, soudain, je suis pris d'un tremblement. J'avais eu l'intention d'emporter un costume de secours. Horreur ! je trouve le veston, non le pantalon oublié. Il me faudra donc passer un temps imprévisible sans possibilité de changer de pantalon quoi qu'il arrive ! Je pense machinalement aux comédies de Feydeau, mais ne parviens pas à sourire. Cet incident vaudevillesque met le comble à mon désespoir.

***

10 juin. — La matinée se passe à errer en essuyant des rebuffades. Je déjeune dans une auberge de campagne avec Huisman et les Cortot. Le vin du pays nous a rendu un semblant d'optimisme, lorsque le poste de radio posé sur la table nous assène une horrible nouvelle, la déclaration de guerre de l'Italie. Huisman fulmine et dit, je ne sais pas pourquoi, qu'il va réclamer un revolver ; moi je souffre en silence.

L'Italie... Combien je l'ai aimée ! J'y ai peut-être passé les moments les plus heureux de ma vie. Malgré mon aversion pour le fascisme, j'avais travaillé de tout mon cœur au rapprochement des deux pays lorsqu'en 1934 cette politique était devenue celle de Barthou, puis de Laval.

Il incombait à l'Association Française d'Action Artistique dont je n'étais alors que le secrétaire général, d'une part de resserrer nos liens avec les nations amies, d'autre part de jeter des ponts vers celles qui l'étaient moins et semblaient accepter une réconciliation. S'agissant de l'Italie après les vaticinations furibondes de Mussolini, la tâche s'avérait singulièrement délicate.

René Bruyez, auteur dramatique et journaliste débordant d'idées, nous donna celle de risquer une tentative en recourant d'une manière absolument inusitée à Corneille et à Racine. *Horace* et *Britannicus* furent joués sur le Forum devant le Temple de Castor et Pollux à proximité des lieux où se situe leur action.

Presque personne n'avait osé retenir une place dans l'immense basilique de Maxence quand Mussolini annonça qu'il assisterait aux représentations. Aussitôt plusieurs milliers de spectateurs accoururent.

Je n'oublierai jamais ces soirées, surtout la première. Quel triomphe ! Mussolini, enthousiasmé par Corneille qu'il ne connaissait pas, donna ordre aux écrivains de son Académie de lui écrire des pièces de la même veine qu'*Horace*. Le lendemain, il me reçut en audience avec notre ambassadeur, Charles de Chambrun.

Je revois le dictateur en tenue d'été et chemise ouverte nous accueillant debout derrière son fauteuil, théâtralement campé au fond de la fameuse salle de la Mappemonde dont le parquet en mosaïque faisait trébucher les visiteurs. Pendant la conversation (il parlait bien le français mais avait un terrible accent), Mussolini se dressa plusieurs fois sur la pointe des pieds, le dossier du fauteuil lui servant de support. J'en déduisis qu'il devait souffrir de sa taille trop petite pour son personnage.

En matière de conclusion, le Duce prononça ces paroles auxquelles il ne se doutait pas que, dix ans plus tard, il donnerait personnellement un sens concret en faisant fusiller son gendre :

— Il ne faut jamais hésiter à sacrifier la famille à la Cité.

A cette occasion eurent lieu les premiers pourparlers qui remplirent de joie tant de Français amoureux de l'Italie.

Hélas ! dès le mois de janvier suivant, je mis en doute leur efficacité. Je participais au voyage " historique " de Laval quand ce dernier devint à Rome l'ami de Mussolini. Il y eut à l'ambassade de France une réception mémorable. L'amitié franco-italienne semblait ressuscitée à jamais.

Le lendemain, je me rendis chez le coiffeur de mon hôtel qui, les larmes aux yeux, me remercia... parce que la France venait de donner l'Éthiopie à l'Italie. En un éclair je compris le malentendu créé sciemment ou non et les terribles conséquences qu'il allait entraîner.

Avant qu'elles aient commencé à se produire, la lune de miel éphémère entre les deux pays me laissa un autre souvenir : celui de l'exposition d'art italien à Paris. Il est peu probable qu'on revoie jamais rien de pareil car un Léonard de Vinci de Moscou voisinait avec la *Naissance de Vénus* de Botticelli et les plus célèbres merveilles des musées de la péninsule.

Quel bonheur d'avoir pu accomplir ce miracle !

Bonheur d'ailleurs précédé d'une effroyable émotion. Au moment de franchir la frontière, les innombrables caisses contenant les chefs-d'œuvre avaient été arrêtées, consignées sans raison. Tous les personnages appelés téléphoniquement à Rome attestèrent leur surprise et leur ignorance. Ils allaient s'informer...

Vers minuit je reçus l'explication. Brusquement convoqué à l'ambassade par le conseiller qui représentait le parti fasciste, j'appris de sa bouche l'incroyable vérité. Le comte Ciano, ministre à cette époque de la Culture Populaire, s'estimait offensé. Le Duce venait d'être nommé grand-croix de la Légion d'honneur et lui-même avait seulement reçu la plaque de grand officier. Il n'y avait dès lors qu'un moyen de faire lever l'embargo : assurer le fringant mari d'Edda Mussolini qu'il aurait la grand-croix et que le président de la République la lui remettrait de sa main quand il viendrait inaugurer l'exposition (le prince et la princesse de Piémont, d'abord désignés pour présider cette cérémonie, avaient été précipitamment chargés d'une autre mission... en Afrique).

Henry de Jouvenel, qui allait bientôt mourir, présidait alors l'Action Artistique (Sarraut devait lui succéder). Il présidait aussi France-Italie. Je n'hésitai pas à le réveiller dès l'aube. Comme moi Jouvenel jugea que l'exposition du siècle, doublée d'une manifestation politique de première importance, valait bien un morceau de moire rouge. Il téléphona à son meilleur ami Anatole de Monzie, ministre de l'Éducation Nationale. Jamais formalités ne furent remplies à un tel rythme. Le soir même je pus annoncer à l'ambassade que les vœux de Ciano seraient comblés, et la fabuleuse collection franchit les Alpes.

Quelques mois plus tard Mussolini devait dire amèrement à Chambrun pendant la campagne d'Abyssinie :

— Je vous ai prêté les trésors de la civilisation latine et maintenant vous nous préférez des nègres !

Toutes les images d'un passé si proche repassent dans ma mémoire, je revois les villes enchantées où la douceur de vivre était telle que les parades agressives des hommes en chemise noire et le lyrisme belliqueux du dictateur ne semblaient pas avoir de signification. On en souriait. Les Italiens n'avaient jamais été dupes de rien. Pouvaient-ils l'être de la mythomanie fasciste ? Et aujourd'hui !...

***

11-13 juin. — La ruche affolée de Chaumont n'a en aucune manière le comportement que semble exiger la grandeur de la tragédie. Les familles des fonctionnaires ont suivi leurs chefs respectifs. Des intrigues, des querelles déplorablement mesquines s'enchevêtrent du haut en bas de la hiérarchie. On apprend que le gouvernement quitte la capitale, que les Allemands franchissent la Seine, que Paris va être déclaré ville ouverte. Du château nous regardons déferler la première vague du grand exode qui, venu des bords de l'Escaut, atteint et va dépasser la Loire.

Mêlés à ce flot, arrivent enfin les agents de mon service escortés d'épouses, d'enfants, parfois de mères et d'aïeux impotents. Ils se casent au petit malheur, on déballe les dossiers, on essaie pitoyablement de reprendre une activité administrative.

Une confiance amicale a toujours existé entre mes collaborateurs et moi. Je suis plus affligé que surpris de ne pas la retrouver. On m'en veut évidemment de mon départ forcé et il y a bien pire. A mesure que la situation s'aggrave je sens s'épaissir autour de moi une atmosphère nettement hostile. Le mot de " Juif " n'est pas prononcé, du moins à haute voix, mais on le sent prêt à éclater comme une bombe.

Sur les quatre cents personnes environ qui constituent maintenant notre étrange colonie, seuls Huisman et moi appartenons à cette dangereuse espèce. Pas de doute ! La guerre et la défaite sont notre œuvre. De toute façon, l'espèce en question forme un bloc. Aucun élément ne peut être séparé des autres et Hitler lui voue une haine qu'il n'éprouve en aucune façon à l'égard des vrais Français.

Il devient urgent de montrer à quelle catégorie on appartient. Si les bouches n'osent encore formuler ces idées, bien des regards les reflètent déjà. Parmi les rares exceptions je découvre sans surprise l'énergique Jeanne Laurent qui, plus tard, accomplira une belle œuvre à la direction des théâtres (c'est grâce à elle que Jean Vilar se verra confier le T.N.P.) et avec quelque étonnement un sous-chef de bureau nommé Kunstler dont ses collègues n'admirent ni le caractère ni les capacités.

Kunstler est un raté mielleux qui cache ses rancœurs. Je pensais qu'il m'en voulait et ne m'attendais pas à ce qu'il devînt un de mes rares interlocuteurs. Pour lui faire plaisir — car en de pareilles circonstances on est prêt à beaucoup de concessions —, je lui parle des maisons closes, son sujet de conversation préféré. Nous voilà presque amis.

Cela ne suffit pas à rendre Chaumont supportable et j'éprouve une furieuse envie de rejoindre les armées puisqu'aussi bien, mon service a perdu les moyens de fonctionner. Justement c'est le 15 juin qu'expire mon “ affectation spéciale ” aux Beaux-Arts. Le 13, je décide de gagner Montrichard, siège provisoire du ministère de la Guerre, pour demander que cette affectation ne soit pas renouvelée.

Je ne saurais m'y rendre au milieu de la confusion générale sans avoir une voiture. Impossible d'atteindre Huisman. Sa famille vient d'arriver et d'ailleurs il est littéralement « chambré » par Cortot.

Je m'adresse donc ailleurs. La direction générale dispose d'un grand nombre de véhicules dont beaucoup réquisitionnés. On hésite pourtant à m'en prêter un. Le responsable de l'essence, en lequel je découvre soudain un ennemi guettant une revanche, tranche la question. Il refuse brutalement de me donner la moindre goutte du précieux liquide. Je n'ai plus à espérer de privilèges (?). Les temps ont changé.

J'ai oublié le nom de ce personnage auquel je dois

beaucoup de reconnaissance car la bassesse de ses sentiments m'a probablement sauvé la vie. A l'heure où je serais arrivé à Montrichard s'il m'avait prêté son concours, la ville subissait un bombardement qui faisait plusieurs centaines de morts et de blessés.

CHAPITRE III

Le 14 juin, c'est la débâcle. La veille au soir, à la radio, une transmission défectueuse rendait *la Marseillaise* moribonde, mais les paroles de Paul Reynaud nous laissaient quelques brindilles d'espoir auxquelles nous nous accrochions.

Maintenant la France s'effondre. Les Allemands sont entrés à Paris, il n'y a plus de front, il n'y aura pas de résistance sur la Loire, le gouvernement fuit vers Bordeaux, le torrent de l'exode grossit de moment en moment. Une dernière nouvelle communique à notre groupe la terreur désordonnée de l'insecte pris sous un verre : les ponts de la Loire vont sauter, nous risquons, notre retraite coupée, de tomber aux mains de l'ennemi.

Nous attendons des instructions et n'en recevons pas. Huisman reste inaccessible sauf pour Cortot qui lui prodigue — je le saurai ultérieurement — des conseils funestes. Il cherche, nous dit son secrétaire, à trouver au bout du fil le ministre de l'Éducation Nationale. En désespoir de cause, on s'agglutine autour de la radio comme si elle allait rendre un oracle. L'appareil grésille terriblement, puis, soudain, une voix s'élève, claire et péremptoire : elle rappelle que les hommes en situation d'être faits prisonniers doivent se soustraire à l'ennemi *par tous les moyens*.

Voilà qui me concerne et me concerne seul. Il est

toujours pénible en de pareilles circonstances d'être un cas particulier. Ce n'est d'ailleurs qu'un début. Désemparé, je cherche en vain auprès de mes collègues un avis, une aide quelconque. Manifestement je n'intéresse personne.

Là-dessus nous apprenons qu'après avoir parlé au ministre, Huisman a décidé de rejoindre le gouvernement. Il a délégué son autorité au sous-directeur furieux, il va partir. Sa voiture approche déjà de la porte, celle de Cortot aussi.

Et l'administration ? Et les familles ? Point de réponse. C'est en somme le sauve-qui-peut. Mais moi qui suis mobilisé, je dois recevoir des ordres et les exécuter sous peine d'encourir de graves sanctions, je dois échapper aux Allemands comme la radio vient de le prescrire. Je bondis jusqu'au premier étage, je force la porte de Huisman qui boucle sa valise. Je lui rappelle ma position, je lui demande des directives précises. Ce n'est pas l'homme auprès duquel je travaille depuis plusieurs années, c'est un étranger au regard vide qui me répond d'une voix éteinte :

— Eh bien ! partez à pied.

Ai-je bien entendu ? Je me tourne vers Cortot, naturellement présent. C'est un autre étranger auquel je me heurte, un étranger dont le visage est de marbre.

Quelques minutes plus tard, le directeur général et sa famille, Cortot et sa femme s'entassent dans les deux voitures. Malgré cette précipitation, bon nombre des fonctionnaires livrés à leur sort ont le temps d'accourir. Les voitures éprouvent quelques difficultés à se frayer un passage et disparaissent sous les huées.

Dès qu'elles ont franchi le portail, la révolte explose. Contre qui ? Contre le gouvernement, contre les traîtres de la cinquième colonne, contre les lâches, surtout contre les Juifs. Huisman est juif. Ce sont encore une fois *tous* les Juifs qui viennent de fuir après avoir attiré le malheur : ces Juifs qui occupaient *tous* les postes importants, particulièrement aux Beaux-Arts.

Je suis maintenant l'unique Juif dans cette foule de quatre cents personnes et je n'ai pas bougé. N'importe ! C'est moi, ès qualités en quelque sorte, qui étais devenu directeur général à la faveur de combinaisons inqualifiables et qui ai pris le large. Certaines épouses, au comble de l'exaltation, m'écharperaient, je crois, de bon cœur.

On n'en arrive pas là. Je découvre néanmoins les impressions d'un Juif du Moyen Age frauduleusement sorti de son ghetto et perdu parmi des chrétiens indignés. Est-il possible que la pendule de la civilisation se mette aussi brutalement à retarder ?

L'indomptable Jeanne Laurent et mon adjoint, Bernard Champigneulle, conservent encore avec moi les relations de jadis, c'est-à-dire d'il y a une heure. Les autres me traitent en pestiféré. Mes secrétaires elles-mêmes ne me répondent pas sans embarras et s'esquivent dès qu'elles le peuvent.

Le sous-directeur convoque les chefs de service en vue d'une concertation générale. Je vais me rendre à la réunion, quand le doyen de ces fonctionnaires, que j'appellerai Charlot tant son attitude est parodique, me barre le passage. Je n'ai plus rien à faire parmi des hommes qui, eux, ne doivent pas leur place à la judéo-maçonnerie.

Charlot a dû attendre la cinquantaine avant d'obtenir ce que j'ai eu à trente-cinq ans. Il savoure sa revanche. Les catastrophes ont parfois leur bon côté.

Écœuré, je quitte le château, regagne ma misérable chambre.

L'antisémitisme, ce monstre indestructible qui ravage les pays de l'Est et avait déjà empoisonné certains secteurs de l'opinion française, l'antisémitisme m'a donc rattrapé ! Candidement je m'en étonne. Dieu sait que, depuis l'avènement d'Hitler, ce problème m'a préoccupé, mais je ne me sentais pas personnellement concerné. Ainsi que les accidents d'auto, ce genre de calamités, c'est toujours pour les autres. A la vérité je n'y crois pas encore vraiment. L'absurdité règne.

Il faudra bien que le bon sens reprenne ses droits.

Il ne paraît pas le reprendre dans la salle où on me sert un maigre repas. Les fonctionnaires subalternes qui sont là évitent de me regarder. J'aimerais pourtant savoir le résultat de la conférence. Non, le dialogue est impossible. Je vais me coucher. On me mettra au courant quand on voudra !

Après une longue insomnie je m'endors subitement comme si je me noyais. Mon subconscient refuse sans doute la réalité et se réfugie au plus profond de mon passé. Je rêve. Confusément d'abord, puis avec une prodigieuse netteté.

J'ai huit ans, je porte un costume marin. Je me trouve en compagnie de ma grand-mère et de ma grand-tante Péreire (1) dans le parc de l'hôtel Royal à Compiègne. A mon extrême stupeur, les deux dames font la révérence devant une personne à demi voilée qui s'approche de nous. C'est presque une ombre, presque un fantôme vêtu de noir, extraordinairement fluet et menu. J'entends avec émoi les mots magiques " Votre Majesté ", tandis qu'une main semblable à celle d'un squelette me caresse la joue. Je viens d'être présenté à l'Impératrice Eugénie alors âgée de quatre-vingt-cinq ans, peut-être davantage s'il est vrai qu'elle se soit rajeunie de cinq ans et qu'ainsi doive s'accomplir un jour la prédiction de la gitane : " Tu seras plus que reine et tu vivras cent ans ".

Le reste de la scène continue de se dérouler à la manière d'un film. La veuve de Napoléon III n'était pas retournée à Compiègne depuis qu'elle y tint sa Cour voilà plus de quarante ans. Conduite par des personnages empressés, elle va revoir le château et nous invite à l'accompagner. Grâce aux albums illustrés qui sont ma passion, je sais déjà assez d'histoire pour être impressionné par un événement qui restera à

(1) Les Péreire, créateurs des premiers chemins de fer français, de la Cie Générale Transatlantique et de bien d'autres choses, étaient des familiers de Napoléon III.

jamais gravé dans ma mémoire et, curieusement, se reproduit à la faveur de mon sommeil.

Je suis la frêle silhouette noire marchant à travers des salles pleines de meubles dorés. Au moment de franchir le seuil d'une porte ouverte, l'Impératrice s'arrête. Elle tire à elle le battant et découvre sur le mur... Tout le monde s'est précipité en s'exclamant. En mon rêve surgit de nouveau, parfaitement distincte, une série de traits au crayon noir : ceux qui permettaient à l'Impératrice de mesurer d'année en année la taille du Prince Impérial.

***

Un bruit me réveille en sursaut, le bruit continu d'un long cortège motorisé. Ayant constaté qu'il est environ six heures du matin, je me précipite à la fenêtre. Je ne m'étais pas trompé. Notre parc automobile s'est mis en mouvement. La caravane dévale lentement du château en direction de la route déjà encombrée par un peuple en migration. Ainsi le départ a été décidé et nul ne m'a prévenu ! En quelques minutes je m'habille, je fais ma valise, je la saisis d'une main, j'empoigne la pelisse de l'autre, je sors.

Les voitures roulant très lentement, je pose des questions à leurs occupants à travers les glaces généralement baissées. Les regards se détournent ou bien ce sont des haussements d'épaules. Je grimpe difficilement jusqu'au château en remontant le courant, je parviens à joindre le sous-directeur. Il m'informe brièvement qu'il reste à Chaumont avec un très petit nombre de ses collaborateurs. Les autres devront avoir franchi la Loire avant la rupture des ponts et se diriger vers Bordeaux. Moi aussi naturellement. Étant donné ma situation, j'aurais dû déguerpir depuis longtemps. Il a disparu avant que j'aie pu placer un mot.

Il faut donc se jeter à l'eau. Il reste encore beaucoup de voitures autour du bâtiment central, mais elles sont prises d'assaut et nul ne veut me laisser une place.

Après quelques tentatives infructueuses le découragement me saisit. Je m'assieds sur ma valise au bord de l'allée. De nouveau les autres passent devant moi sans que personne s'en émeuve. Ces chers collègues, si empressés voilà moins d'une quinzaine (“ Vous ne pourriez pas dire un mot de mon affaire au Président ? ”) me livrent proprement aux nazis. Du moins c'est ce qu'ils pensent.

Je me crois abandonné quand débouche une grosse Citroën noire qui n'appartient pas à l'administration. C'est celle de Laure Albin Guillot, chef des archives photographiques, une véritable artiste dans sa spécialité. Laure Albin Guillot n'est plus très jeune. Impeccablement coiffée, vêtue avec une recherche un peu désuète, elle voyage en grande bourgeoise, escortée de son chauffeur et de sa femme de chambre. Miracle ! La Citroën s'arrête.

— Mais que faites-vous là ?

Laure Albin Guillot, indépendante et très maîtresse d'elle-même, n'a aucune raison de nourrir les sentiments qui dressent les autres contre moi. Elle s'indigne de leur procédé.

— Montez. Vous n'avez qu'une valise ? Alors c'est parfait.

La Providence a emprunté les traits de cette dame imposante.

— En de pareilles circonstances le premier devoir est de s'entraider.

Pourquoi, hélas ! faut-il qu'elle ajoute sur-le-champ :

— Nous partagerons les frais.

Non sans difficulté, nous voilà engagés sur la route, c'est-à-dire agglomérés à la masse des véhicules de toute espèce roulant en direction du sud. Où est “ l'insolente nation ” qui exaspérait Guillaume d'Orange ? Les Français sont devenus une tribu terrorisée, en fuite devant des hordes. La lenteur de cette fuite la rend d'ailleurs parfaitement absurde. On a emprunté jusqu'à des charrettes et des voitures de pompes funèbres. Combien de gens, espérant trouver la sécurité chez quelque parent de province, atteindront leur refuge après les Allemands !

L'allure de notre cortège ne dépasse pas vingt-cinq kilomètres-heure. Encore y a-t-il de nombreux arrêts. Le soleil de juin resplendit au-dessus de cette désolation et la chaleur devient insupportable. Dans les villages une bouteille d'eau minérale se vend à prix d'or, bientôt on vendra un verre d'eau naturelle.

Une déroute suscite toujours des pillards. Il n'en manquera pas, qui ramasseront les bagages abandonnés, rançonneront les sans-logis.

D'une voiture à l'autre les nouvelles se propagent. En l'absence du directeur général et du sous-directeur, le doyen des chefs de service, Charlot lui-même, est brusquement arrivé au sommet de la hiérarchie. A la fin de la matinée nous apprenons sa décision. Puisque nos ressources en essence ne nous permettent pas d'aller à Bordeaux et qu'il n'est plus question de les augmenter, nous nous arrêterons à Dissay-sur-le-Clain, au nord de Poitiers, pour y attendre les événements. Au centre de Dissay s'élève un vaste château du XVe siècle, remanié au XVIIIe, que les Beaux-Arts vont réquisitionner. Il offrira un abri à notre communauté errante.

Notre communauté ? Moralement je n'en fais plus partie. Je ne fais plus partie de rien, toutes mes attaches sont rompues. Au surplus, nous sommes le 15 juin, échéance de mon " affectation spéciale ". J'éprouve le désir violent de quitter ces gens qui m'ont rejeté et de me perdre dans l'armée. Là, du moins, je ne serai pas un isolé, un paria. A ce moment, malgré l'ampleur du désastre, personne parmi nous n'a encore pensé que la France pourrait arrêter le combat.

Ma résolution prise, je me sens presque heureux. Nous arrivons à Châtellerault, livré à un embouteillage dantesque. Descartes a vécu là. Que penserait-il d'une pareille folie ?

La caravane s'arrête pour se ravitailler. A ma grande joie, un drapeau tricolore qui claque encore fièrement signale une caserne. Laure Albin Guillot veut bien m'y conduire et pousse l'obligeance jusqu'à accepter de m'attendre... pendant un quart d'heure, vingt minutes au maximum.

Je lui laisse valise et pelisse, je cours jusqu'au corps de garde, je réussis en montrant ma carte de service aux insignes de la République à être reçu presque immédiatement par un adjudant-chef auquel j'explique mon cas. O merveille ! L'homme paraît comprendre du premier coup. Il réfléchit un instant, puis :

— Vous êtes affecté spécial ? Ça tombe bien. Nous avons justement ici une fabrique d'obus qui manque de bras. On va vous y envoyer.

J'essaie de lui expliquer que je ne suis en aucune façon un ouvrier qualifié. Je voudrais rejoindre une unité combattante ou, si c'est impossible, utiliser mes capacités d'une manière quelconque. L'adjudant-chef est buté :

— Nous manquons de bras pour les obus.

Déjà il saisit un formulaire et la terreur m'envahit. Je suis prêt à risquer ma vie, mais refuse de me ridiculiser dans un emploi auquel rien ne m'a préparé. J'acquiesce pourtant, je demande à prendre ma valise que j'ai laissée dehors et je sors en courant. Par bonheur je retrouve la voiture de Laure Albin Guillot dont l'impatience est à son comble :

— Deux minutes de plus et nous partions ! Alors, vous prenez vos affaires ?

— Non, si vous le permettez, je continuerai à faire route avec vous jusqu'à Dissay.

— Eh bien ! montez vite.

Elle précise :

— Je vous déposerai à Dissay parce que c'est mon chemin, mais je ne m'y arrêterai pas. Je ne suis pas fonctionnaire, je suis libre. J'ai l'intention de gagner ma propriété, près d'Orthez.

Le désespoir me gagne de nouveau. Je vais redevenir une espèce de parasite des Beaux-Arts et j'aurai perdu la seule personne qui m'ait témoigné quelque sympathie.

En réalité, je devrais rendre grâces au Ciel. La vilenie d'un bureaucrate m'a tenu éloigné du bombardement de Montrichard. La stupidité d'un sous-officier vient de m'éviter cinq ans de captivité, peut-être bien pis. Quelques jours après, les Allemands entreront à Châtellerault et feront prisonniers tous les soldats qui s'y trouvent. Sans oublier les auxiliaires de la fabrique de munitions.

CHAPITRE IV

Nous envahissons Dissay. Le mot n'est pas trop fort. La population du village double d'un coup. Laure Albin Guillot me dépose au bord d'un trottoir et, heureuse d'échapper à notre caravane — oh ! combien je l'envie ! —, poursuit sa route vers le sud.

Me voilà donc absolument seul au milieu de la fourmilière qui se répand à la recherche d'un gîte. Mon adolescence a été tellement imprégnée par les classiques que, presque automatiquement, il me vient à l'esprit des citations plus ou moins adaptées aux circonstances. J'essaie de les chasser comme des mouches sans y parvenir.

Réflexe incompréhensible aujourd'hui, en tout cas ridicule. Bref je ne puis m'empêcher d'évoquer la *Médée* de Corneille : “ Que vous reste-t-il ? — Moi ! Moi, dis-je, et c'est assez. ” Malheureusement je n'ai en aucune façon le sentiment que ce soit assez.

Les chefs de service s'installent dans l'énorme château, la plupart de leurs collaborateurs devront y coucher sur des matelas, voire sur des bottes de paille au hasard des galeries et des salons. Je n'ai envie ni de me mêler à eux ni d'essuyer des rebuffades. Il faut donc que je me loge chez l'habitant. Traînant ma valise, maudissant le poids de ma pelisse, je vais de porte en porte et me fais éconduire, soit que j'aie été devancé, soit que les autochtones se barricadent contre les intrus.

Malgré l'approche du crépuscule le soleil est encore torride. Jamais, non jamais, il n'a fait si beau, si chaud en France au mois de juin. Je boite de fatigue, tandis que la transpiration devient une sorte de glu liquide et, plus brûlante que des larmes, m'aveuglerait si je ne m'essuyais les yeux de minute en minute.

Il y a une semaine, j'habitais une belle maison. Un huissier en uniforme veillait à la porte de mon bureau et prenait plaisir à être exagérément cérémonieux en introduisant des visiteurs, inquiets de mes dispositions à leur égard.

Comment imaginer que je passerais sans transition de cet état à celui de mendiant ? Car je ne suis pas autre chose. La chaleur, la faim, l'épuisement, le désespoir m'accablent. Devrai-je coucher à la belle étoile jusqu'à la fin de la guerre ?

Dernière tentative : je frappe à la porte d'un bourrelier. Il est assez peu hospitalier, mais sa femme qui survient a du cœur. Elle paraît tellement impressionnée en me voyant que je le suis moi-même. Je suis prêt à payer n'importe quel prix si l'on m'offre un asile puisque, hélas ! quoi qu'il advienne, la puissance de l'argent augmente toujours. Du coup le bourrelier partage la compassion de sa femme. Il me propose son grenier où se trouve un lit.

J'ai rarement connu un bonheur aussi intense qu'en montant l'échelle, décorée du nom d'escalier, qui conduit à mon nouveau domaine : un local assez vaste avec de belles poutres médiévales, et, merveille, un lit campagnard pour trois personnes, pourvu de son édredon rouge. La bourrelière à laquelle décidément j'inspire de la sympathie m'apporte un pot à eau, une petite cuvette et une bougie. Elle me signale aussi que les commodités sont situées... au milieu du poulailler.

Je ne me rappelle pas si j'ai réussi à prendre quelque nourriture avant de me coucher. En revanche je sais combien voluptueuse fut la sensation de m'étendre sur un matelas bien rembourré entre des draps rugueux.

La bougie soufflée, je perçois un bruit particulier,

celui de la danse des souris. Et malgré moi je pense à ma grand-mère maternelle qui jamais n'aurait consenti à se servir des draps d'un hôtel. Quand nous partions en vacances, elle ne se contentait pas d'emporter les siens, tous brodés à son chiffre. (Son trousseau en avait contenu douze douzaines.) Ses bagages comprenaient un assortiment de ravissantes toiles de Gênes destinées à décorer sa chambre où ne manqueraient pas de figurer les photographies des siens en leurs cadres d'argent.

Je retiens son image. Veuve à vingt-huit ans et d'une très grande beauté, elle n'avait jamais quitté le deuil. Elle vivait retirée en son hôtel proche de ceux de ses sœurs. Les trois dames, immuablement vêtues de noir et couronnées d'admirables cheveux blancs, se réunissaient chaque jour. Elles parlaient entre elles l'espagnol du XVe siècle. Tradition maintenue à travers les âges chez certains Juifs d'Orient en hommage nostalgique à cette Espagne qui leur avait été clémente avant qu'Isabelle la Catholique les en expulsât. Une autre tradition à laquelle on m'avait fait promettre de ne jamais contrevenir était qu'un descendant des Camondo (la famille de ma grand-mère) ne devait en aucun cas vendre quelque chose.

Ces souvenirs, si bizarres en un tel moment, flottent autour de moi, telles des épaves d'un temps qui ne se retrouvera pas. Puis le sommeil miséricordieux me dérobe pour dix heures à la réalité.

***

Il fallut bien, le lendemain, déjeuner à l'espèce de cantine-réfectoire qui avait été hâtivement organisée. On m'y infligea de grotesques brimades comme de m'y servir la confiture dans les restes du potage, mais je n'étais plus, au moins provisoirement, le traître du mélodrame. L'indignation se concentrait sur Jeanne Laurent qui osait mettre en doute la victoire finale de l'Allemagne et gardait sa confiance à l'Angleterre.

— Miss Jeanne d'Arc ! ricana le sieur Kunstler, émerveillé d'être si spirituel.

Ces paroles, rapportées six ans après devant un tribunal, permettraient alors à Jeanne Laurent de gagner un procès en diffamation contre un journal qui l'avait calomniée.

Le repas achevé, il y eut une détente. L'impossibilité de prendre une décision quelconque, l'impression d'être totalement soumis aux caprices du sort apaisaient les nerfs. Autour de moi l'atmosphère devenait moins lourde. Je pus m'expliquer avec mes secrétaires, prouver que je n'étais responsable en rien de la manière dont j'avais quitté Chaillot. L'amitié revint et ce fut un soulagement immense.

Charlot lui-même modifia son attitude. Il m'invita à me promener quelques minutes en sa compagnie. Son intention charitable était de me faire paternellement un cours de morale qui m'ouvrirait les yeux et justifierait l'hostilité si naturelle de mes collègues. Charlot avait une tête étroite et pointue, plantée comme par mégarde au sommet d'un long corps dégingandé. Il aimait la solennité, les attitudes de théâtre et sa voix semblait celle d'un acteur déclamatoire qui aurait parlé faux. Manifestement ce fonctionnaire médiocre condamné jusqu'ici à la grisaille se délectait de sa supériorité imprévue.

Plein de condescendance, il voulut bien me reconnaître des qualités qui m'auraient servi si l'orgueil ne m'avait perdu comme la plupart des gens de ma race. Ah ! si je m'étais sagement confiné dans l'ombre d'une bibliothèque, peut-être dans celle d'un musée de province ! A l'heure actuelle on ne me tiendrait pas rigueur. Enfin pas personnellement, car mes pareils portaient de si lourdes responsabilités ! Moi-même n'avais-je pas contribué à la propagande contre les Allemands ? N'avais-je pas répandu à leur sujet des histoires stupides ? Évidemment leur régime savait maintenir l'ordre, ce que des Juifs ne pouvaient souffrir. Depuis le début de la guerre j'avais eu aussi, il fallait bien le dire, un comportement curieux. On m'avait entendu soutenir que l'aviation allemande surclassait la nôtre. Est-ce que je ne me plaisais pas, ces derniers temps, à affoler l'Éducation Nationale en rapportant les nouvelles recueillies aux Affaires Étrangères ?

Je ne perdis pas mon temps à objecter que telle était une des missions dont le ministère m'avait chargé. On ne peut rien contre l'incohérence ni contre une certaine forme de bêtise, qui, selon Courteline, est seule capable de donner une idée de l'infini. J'écoutai sans souffler mot mon censeur exprimer le vœu que je n'aurais pas à payer trop cher mes errements. Il daigna me tendre la main et sourire. C'était un sourire d'auto-satisfaction car il découvrait encore ses longues dents chevalines quelques instants après la fin de son homélie.

J'essayai d'en tirer des conclusions. En dépit des constitutions, des lois, de l'idéal pour lequel nous étions censés combattre, de la philosophie et de la science, une antique malédiction condamnait un Juif à éviter la lumière. Quant à moi, j'avais eu le double tort de travailler contre l'ennemi et de le servir en disant quelques vérités. Quand on veut noyer son chien...

Un bruit redoutable me tira brutalement de ma méditation. Les chars allemands se trouvaient-ils déjà en Poitou ? Non, c'était moins tragique, mais plus extraordinaire. N'en croyant pas mes yeux, je regardai passer une file de voitures rouges, des voitures de pompiers, quelques-uncs munies de la grande échelle, toutes surchargées d'hommes casqués. Renseignement pris, il s'agissait des pompiers de Versailles. Rattachés à la direction générale des Beaux-Arts, ils avaient estimé devoir (ou pouvoir) la suivre. Les règles administratives passaient avant la sécurité du château qui pourtant courait des risques terribles. Ça, Courteline n'y aurait pas pensé.

***

Le bistrot possédait un poste de radio à galène qui prit une importance énorme, car, seul, cet appareil magique nous permettait de garder un contact avec le monde extérieur. Le soir du 16 juin, nous savions seulement grâce à lui que les Allemands continuaient leur avance, que les Conseils des ministres se succédaient à Bordeaux et que, pour la première fois, on y prononçait le mot d'armistice.

Le lendemain, nous n'eûmes que des borborygmes incompréhensibles. Notre installation de fortune étant à peu près achevée, un calme prodigieux régnait sur Dissay. Nous avions l'impression d'avoir pénétré dans une autre atmosphère. Plus d'ordres, plus de travail, plus de réunions, plus de nouvelles, aucun courrier naturellement, aucun moyen de nous déplacer. Le temps immuablement superbe semblait nous inviter à goûter la douceur de la campagne, le chant des oiseaux, le frais murmure de la rivière, le Clain.

Cela me ramena à des préoccupations affreusement prosaïques et je me rappelai que je disposais d'un seul pantalon. Situation horriblement dangereuse, insupportable ! Je me mis en quête d'un magasin de vêtements. Hélas ! l'humble Dissay n'en possédait point. Ses habitants s'habillaient dans une localité distante de quelques kilomètres, Jaunay, je crois. En dépit de la chaleur, je résolus de m'y rendre. A pied, évidemment, et à travers champs, puisque le torrent de l'exode continuait à rendre inaccessibles routes et chemins. Une véritable expédition !

La fille d'une de mes secrétaires, une sportive de dix-sept ans, voulut en partager les risques avec moi. Elle m'accompagna. Aujourd'hui Mme Cieux est populaire aux Affaires Étrangères grâce à son talent d'éconduire les importuns en les laissant sous le charme. Elle aura été une de mes meilleures collaboratrices pendant près de vingt-cinq ans.

Combien de fois aurons-nous évoqué notre marche incertaine le long des sentiers poitevins sous le feu du soleil !

A Jaunay je découvre enfin une boutique et, au fond de la boutique, un pantalon beaucoup trop grand. Il n'y a pas le choix. J'emporte ce misérable vêtement comme un trésor. Il est environ midi. Mourant de faim, nous courons au premier bistrot venu. Un rassemblement s'est formé autour du poste de radio, plus puissant que celui de Dissay.

C'est au moment où nous portons nos verres de bière à nos lèvres que s'élève la voix cassée du maréchal Pétain et que nous recevons le don de sa personne. Nous apprenons du même coup qu'il " faut cesser le combat ". Ce coup de tonnerre enlève pratiquement son sens à la phrase où le maréchal annonce qu'il a demandé aux Allemands s'ils sont " prêts à rechercher les moyens de mettre fin aux hostilités ".

Nul, évidemment, ne soupçonne la suprême astuce radicale de la IIIe République, la trouvaille de Chautemps qui a provoqué la démission de Paul Reynaud : demander les conditions d'un armistice pour que les exigences inacceptables du vainqueur permettent de continuer la guerre après avoir donné une satisfaction aux pacifistes. Comment imaginer que les présidents et les ministres jouent un pareil jeu, tandis que les " grands chefs " militaires en jouent un autre ? Seuls résonnent les mots fatidiques qui, pendant une semaine, vont coûter si cher à cause de l'équivoque : " Il faut cesser le combat. "

Sur le moment je partage l'erreur commune et la joie m'envahit. Je me figure naïvement que les Allemands vont s'arrêter et que je ne tomberai pas entre leurs mains. Mais ce lâche égoïsme cède bien vite au remords et au dégoût quand je constate autour de moi une satisfaction presque sans mélange. Seule une femme pleure tandis qu'un vieil homme parle d'un truc boche. Évidemment le groupe comprend beaucoup de réfugiés qui ont souffert le martyre pendant des jours, parfois des semaines. Quand même !...

Notre repas expédié, nous revenons tristement vers Dissay. Le désarroi provoque en mon esprit un chaos de réflexions et de souvenirs. Je me livre machinalement à des comparaisons historiques. Aucun désastre national ne me paraît égaler celui-ci. Azincourt, peut-être, car, aujourd'hui comme alors, la défaite va diviser les Français plus profondément que jamais.

Depuis des siècles une ronde fatale fait succéder une France abattue à une France triomphante. J'aurai donc connu l'une après avoir été si fier de l'autre. Pendant ma première jeunesse le patriotisme n'avait rien de risible. Je me rappelle mon orgueil lors de mes voyages au Proche-Orient ou dans les pays balkaniques en découvrant le prestige que me valait ma qualité de Français.

Mes souvenirs remontent le cours du temps. Je me revois le 11 Novembre, place de la Concorde, enivré d'avoir failli passer sous les roues du Père la Victoire. Et puis... L'insolite, voire le cocasse se mêleront toujours au grandiose.

Le 11 novembre suivant, donc en 1919, se déroule une imposante cérémonie devant le Panthéon. On y a délégué des élèves des lycées afin qu'ils gardent la mémoire de ces choses. Il se trouve que j'ai été choisi parmi ceux de Janson et que nous sommes placés au pied même de la tribune officielle où trônent les présidents : Poincaré, président de la République, Antonin Dubost, président du Sénat, Paul Deschanel, président de la Chambre et le président du Conseil, le vieux Tigre, Clemenceau.

De sa voix aigre et sèche Poincaré prononce un fort beau discours, un discours vraiment émouvant, ce qui ne lui est pas habituel. J'ai l'ouïe fine et je ne suis pas très loin des personnages aux grands cols durs dont deux appartiennent déjà à notre histoire. Je vois Deschanel se pencher vers Clemenceau, je l'entends murmurer :

— Reconnaissez-le, cet homme a quand même une âme.

Et le Tigre répond, sans souci d'être entendu :

— Oui... l'âme d'un canon !

De Clemenceau ma pensée va naturellement vers Pétain qui avait poussé Poincaré à confier le pouvoir au « Vieux », mais qu'en 1918 le « Vieux », se ralliant à l'opinion des Anglais, jugeait trop pessimiste et trop timoré pour lui donner le commandement suprême. Le maréchal a maintenant quatre-vingt-quatre ans. Peut-il être le Messie dont il a pris le ton ?

Je connais l'orientation de sa pensée. Quand le roi et la reine d'Angleterre se rendirent à Paris en 1938 au milieu d'un enthousiasme quasi général, j'eus la redoutable tâche d'organiser plusieurs des fêtes données en leur honneur, notamment le gala de l'Opéra. Tout le monde officiel se disputa les places trop peu nombreuses du théâtre. Des acharnés campèrent chez ma concierge qu'ils avaient soudoyée dans l'espoir de m'en arracher une. Pétain renvoya les siennes par retour du courrier, sans un mot d'excuse. Il n'avait pas oublié que l'Angleterre lui préféra Foch...

Soudain ma jeune compagne qui respectait mon silence a la surprise de me voir sourire, presque malgré moi. C'est que ma mémoire vagabonde. Ma mère était très liée avec le metteur en scène d'avant-garde, Germaine Dulac, elle-même amie de la maréchale. Un jour les trois dames se rendirent chez une voyante en renom à laquelle on cacha le nom trop célèbre.

— Votre mari occupe une très haute position, dit la voyante à Mme Pétain, mais il en aura un jour une plus haute encore.

En sortant, la maréchale se mit a rire et dit :

— Je me demande comment il pourrait monter en grade.

— Eh ! lui fit observer ma mère, il pourrait devenir Président de la République.

— J'espère bien que non ! s'écria Mme Pétain. Il n'entend absolument rien à la politique.

***

Une camionnette à laquelle étaient réservés quelques litres de nos maigres restes d'essence allait nous chercher du ravitaillement à Poitiers. C'est elle qui nous apporta la nouvelle de l'Appel du 18 Juin. Aujourd'hui encore, je retrouve facilement l'écho du bonheur que j'en éprouvai. Tout n'était donc pas consommé !

On guettait ma réaction et je jouai prudemment l'indifférence comme si je jugeais cet épisode négligeable. Autour de moi alternaient l'indignation et l'ironie. Jeanne Laurent avait trouvé moyen de s'échapper et de regagner Chaumont.

Je n'avais de conversation suivie qu'avec Bernard Champigneulle, très amical ainsi que sa femme. Tous deux admiraient le maréchal et voulaient me persuader que je n'avais rien à redouter de son gouvernement. Ils me posaient de très bonne foi des questions qui me laissaient perplexe. Il me fallait bien reconnaître une évidence devant laquelle jusque-là j'étais resté aveugle : en plein XXe siècle, pour beaucoup de gens honnêtes et cultivés, *convaincus de n'être pas antisémites*, le Juif restait un personnage un peu fabuleux qui suscitait la méfiance et la curiosité : une curiosité teintée d'une vague admiration propre à le rendre moins sympathique encore.

Mes secrétaires s'étaient logées aux alentours de Dissay. Allant un matin leur rendre visite, je vis une escadrille italienne fondre sur le village et l'arroser de mitraille avant de disparaître. Je n'eus que le temps de me jeter à plat ventre. En me relevant je trouvai de nombreux éclats à une faible distance. Je l'avais échappé belle, notre communauté aussi. Les dégâts étaient purement matériels.

Était-ce possible ? J'avais failli tomber sous les balles de ces Italiens parmi lesquels je comptais tant d'amis ! Qu'en penserait, si elle l'apprenait, la comtesse Annina Morosini, cette reine de la Belle Époque qui gouvernait encore Venise, sa canne de cristal en guise de sceptre aux doigts ?

Quel saisissement le jour où cette femme légendaire m'avait téléphoné en me disant qu'elle voulait faire ma connaissance parce qu'elle avait aimé mon *Henri III*. Ainsi j'étais entré dans le cercle de ces vieilles " fées ", comme aurait dit Saint-Simon, de ces êtres apparemment sortis d'un livre de d'Annunzio et que notre époque ne pourrait même pas imaginer : la duchesse Sforza, les tempes et les paupières peintes en bleu, avec ses cravates d'homme et son strict tailleur de velours blanc étincelant de saphirs; la marquise Casati et ses lévriers ; l'impressionnante princesse Pignatelli au teint de craie, qui avait à la place des sourcils de larges accents circonflexes en velours noir ; la princesse de San Faustino, convaincue d'être la réincarnation de Marie Stuart dont elle portait le costume tel que Clouet le peignit.

La Morosini, qu'on disait avoir été la maîtresse du Kaiser Guillaume II, n'en détestait pas moins les Allemands. Elle fut exaspérée lorsqu'elle reçut l'ordre de recevoir Goebbels à l'occasion du passage de ce dernier à Venise.

— Tou verras ! me dit-elle, tou verras !

Je vis en effet et n'oublierai pas de sitôt. La comtesse fit magnifiquement les honneurs de son palais au ministre pied-bot entouré de gardes du corps qui, à la grande indignation des Italiens, n'avaient pas daigné dissimuler leurs revolvers. Au cours de la visite elle s'arrêta au milieu d'une galerie. Je conserve son image, cannc brandic, perruque rousse flamboyante, tandis qu'elle donnait des explications prolixes et volubiles sur des souvenirs napoléoniens. Goebbels, blanc de rage, était de la sorte immobilisé devant la dalle qui portait les traces d'un obus allemand tombé là en 1916 et dont l'inscription flétrissait la " barbarie teutonique ".

Voilà deux ans à peine ! Deux ans aussi que, délégué du Gouvernement à l'Exposition Cinématographique de Venise — la Mostra — je présentais la jeune Corinne Luchaire, titulaire du prix d'interprétation, à Ciano et à Leni Rieffenstahl ! Ciano dansa avec la jeune fille le lambeth-walk qui, cette saison-là, faisait fureur (1).

(1) On sait que Jean Luchaire, père de Corinne, devait être fusillé comme Ciano lui-même.

C'était au bal traditionnel du comte Volpi. Il y manquait pour la première fois l'impérieuse Mme Sarfati, l'ancienne égérie de Mussolini sans laquelle la carrière du dictateur aurait été bien différente. Après seize ans de règne elle s'était vue contrainte de s'exiler parce qu'elle était juive. On avait précipitamment retiré des librairies un ouvrage où le Duce saluait en son fils, mort à la guerre de 14-18, l'incarnation des vertus nationales.

Cet antisémitisme factice, brusquement imposé par Hitler aux Italiens, aurait été le comble du ridicule sans son caractère odieux. Malgré tout, je ne croyais pas alors que l'alliance de deux peuples qui s'aimaient et se comprenaient si peu pourrait produire les effets que je venais d'éprouver au fond d'une campagne de la Haute-Vienne.

— *Sorella latina !* me disait le garçon d'étage vénitien en m'apportant les journaux avec le petit déjeuner comme pour s'excuser de leurs divagations antifrançaises et me faire comprendre qu'il ne fallait pas les prendre au sérieux.

Décidément cette balle que je ne me résous pas à jeter et qui ne m'a pas touché, cette balle m'a blessé.

CHAPITRE V

Le poste de radio fonctionne de nouveau. Cela nous permet d'avoir une idée confuse de la... confusion qui règne à Bordeaux. On nous dit que le Gouvernement ou peut-être le Président de la République et plusieurs ministres vont passer en Afrique du Nord, puis que ce projet est abandonné. Je pense au rôle qui est, quoiqu'on en dise, celui du chef de l'État. Grévy, Loubet, Poincaré, Doumergue ont su le jouer discrètement. Albert Lebrun est incapable d'assumer ses responsabilités parce que les scrupules et l'esprit critique, poussé à un degré incroyable, le paralysent. Que se passerait-il s'il avait maintenu sa décision de ne pas se représenter en avril 1939 ?

Quelques jours avant la fin de son mandat, il refusait catégoriquement d'en solliciter un second. Puis il fit un voyage officiel en Angleterre et, dès son retour, annonça qu'en définitive il posait sa candidature.

Quel crédit accorder aux rumeurs qui se répandirent alors dans les milieux politiques ? Édouard Daladier, président du Conseil, voulait à tout prix empêcher son ancien professeur et ennemi intime, Édouard Herriot, d'accéder à la magistrature suprême. Comment, au nom de la patrie en danger, parvint-il *in extremis* à vaincre la résistance de Lebrun ? Il avait persuadé le Cabinet britannique qu'il y allait des intérêts de l'alliance. Les ministres anglais seraient donc intervenus ?

Pas directement, chuchotaient les amateurs de petite histoire, ils n'auraient pas été de force. Une seule personne avait été capable d'influencer le Président, la Reine Élisabeth, femme de George VI, pour laquelle Lebrun ne cachait pas une admiration extrême lors de son séjour à Paris, l'année précédente. De cette admiration j'avais été personnellement le témoin. Placé au bout de la table en fer à cheval de la Galerie des Glaces et faisant de la sorte face aux souverains, j'avais vu, de mes yeux vu, Lebrun littéralement hypnotisé par son auguste voisine dont le charme venait de conquérir les Français, et laissant couler une larme en la regardant (le bon Président pleurait dès qu'il était ému).

Bref les petits Saint-Simon, les petits Tallemant du Quai d'Orsay affirmaient que le Gouvernement de Sa Majesté avait prié la Reine de laisser entendre à Lebrun qu'elle regretterait son départ de l'Élysée. Si c'était vrai, quelle défaite du matérialisme historique devant le nez de Cléopâtre !...

Donc les pouvoirs publics restent en France, mais, nous l'apprenons aussi, un paquebot nommé *Massilia* emmène au Maroc un certain nombre de parlementaires importants. Évidemment sur ordre, les matelots du *Massilia* ne sont pas des insurgés. Jean Zay se trouve parmi les passagers. J'ai pu apprécier la valeur de cet ancien ministre de l'Éducation Nationale insulté sans mesure et regardé comme typiquement juif bien qu'il soit protestant. Je me réjouis candidement de le savoir hors d'atteinte des Allemands.

Ce n'est pas mon cas, hélas ! L'armistice n'est toujours pas signé, les flots de l'invasion se déversent dans toutes les directions, il devient évident qu'ils nous submergeront.

Mes chers collègues affectent maintenant à mon égard une sollicitude touchante. Ils me conseillent de filer, de me cacher, de me réfugier n'importe où, au fond d'un bois, au creux d'un rocher. Ils veulent dissiper mes illusions (?) et me rappellent la façon dont les nazis traitent les non-Aryens. Je rirai amèrement plus tard quand je lirai, quand j'entendrai à satiété qu'avant la défaite allemande on ne soupçonnait pas le sort des Juifs capturés.

Évidemment, en 1940, nombre de raffinements restent à inventer et les méthodes ne sont pas encore rigoureusement scientifiques. Elles existent pourtant et cela se sait.

Quoi qu'il en soit, je n'envisage pas une minute d'écouter les bons apôtres. Même si je trouvais le moyen de disparaître je n'oublierais pas que je suis « affecté spécial », c'est-à-dire mobilisé, et qu'en partant, je deviendrais bel et bien un déserteur. Cela, je ne m'y exposerai à aucun prix.

Bernard Champigneulle m'approuve non sans me prodiguer des conseils de prudence. A ma grande surprise, Kunstler se montre également compréhensif et prononce des paroles que je n'attendais pas de lui. J'ai presque un remords de l'avoir mésestimé.

Enfin l'armistice, signé, entre en vigueur. Nous nous jetons sur des cartes. Le choc est rude. Nous nous trouvons à l'intérieur de la zone qui sera occupée. Les Allemands viennent d'ailleurs d'entrer à Poitiers. Nous n'allons pas tarder à les voir surgir. On me regarde comme si, déjà, je n'appartenais plus à la terre.

La nuit tombe. La tête vide, incapable de penser, je regagne mon grenier. Heureusement j'ai sommeil. Je vais dormir jusqu'à ce que mon destin s'accomplisse.

Non. Car un orage éclate, qui prend rapidement une ampleur fantastique. C'est la revanche d'une trop longue sécheresse. La pluie tombe en cataractes, les éclairs épouvanteraient une population primitive, le tonnerre ébranle la maison. Au milieu de ce vacarme j'entends frapper à ma porte. J'ouvre, surpris, c'est mon amie, la bourrelière. La brave femme semble bouleversée. Elle triture son tablier et reste immobile, la bouche entrouverte, incapable de proférer un son. L'angoisse me saisit.

— Que se passe-t-il ?

Elle articule avec effort :

— Voilà. Un monsieur du ministère est passé cet après-midi. Il a prétendu que vous étiez juif. Est-ce qu'il a dit vrai ?

— Oui, et alors ?

— Moi, un Juif, je ne sais pas ce que c'est. On n'en a jamais vu à Dissay, alors je n'ai rien contre. Mais votre collègue raconte que, si les Allemands vous trouvent ici, mon mari et moi serons fusillés.

— Vous voulez que je parte ?

— Oh ! moi, je ne demande qu'à vous cacher, je n'ai pas peur pour moi. Seulement il y a les enfants, vous comprenez.

Je ferme les yeux. Je m'imagine sous la tornade qui fait gémir les arbres, sans abri, sans recours, positivement rejeté du monde. Non, il faut lutter. Je me redresse de toute ma hauteur, je prends un air aussi imposant que possible, une voix solennelle :

— Vous n'avez pas à vous inquiéter, madame. En tant que chef de service au ministère, j'ai droit de réquisition. Je réquisitionne votre maison. Si les Allemands vous demandent quelque chose, ce qui m'étonnerait d'ailleurs, vous répondrez que vous avez dû céder à la force. Ils ne pourront pas vous le reprocher.

Naturellement c'est un énorme bluff. Béni soit le Ciel, il réussit.

— Ah ! dit la bonne bourrelière avec une joie touchante, alors c'est différent. J'avais le cœur gros de vous mettre dehors, surtout par ce temps. Je suis bien contente.

Elle se retourne sur le pas de la porte, elle répète en manière d'excuse :

— Je suis bien contente.

Je la retiens.

— Puis-je vous demander, madame, lequel de mes collègues est venu vous voir ? Il a sûrement agi dans une bonne intention et je veux le rassurer.

Elle ne voit le mal nulle part.

— C'est un grand maigre qui se promène souvent

avec vous. Il s'appelle quelque chose comme... Kunst..., un nom plutôt étranger.

— Merci, madame. Dormez bien, vous ne courez aucun danger.

Elle me sourit avant de partir. Heureusement qu'il existe des gens comme elle pour racheter l'infamie des autres. Kunstler ! Pourquoi, mon Dieu, pourquoi ?

Mes émotions successives m'ont brisé. Je me jette sur le lit et je dors, je dors.

***

Le lendemain le soleil brille, le ciel n'a pas un nuage. A déjeuner, je fixe Kunstler. Il me sourit bêtement, mais aujourd'hui il ne me parlera pas de ses chers bordels, il ne se vantera pas du paquet d'obligations qu'il porte autour de la taille, serré dans sa ceinture de flanelle.

Je m'échappe dès que je le puis, j'erre à travers la campagne. Un calme pesant ajoute au poids de la chaleur. On attend les Allemands. J'en arrive à souhaiter qu'ils arrivent au plus tôt. Cette incertitude que personne ne partage avec moi est le pire des supplices.

Jamais je n'ai eu le complexe de ma religion. Je ne parle pas de race, le mot était sévèrement interdit chez nous. Mes parents, nés tous deux à Paris comme moi-même, m'ont fait " Parisien de Paris ", qualité à laquelle je tiens. Ma famille paternelle, alsacienne depuis la nuit des temps, s'est fixée dans la capitale sous le Second Empire en gardant les traditions farouchement patriotiques de sa province.

Les parents et grands-parents de ma mère sont venus de Turquie à travers la Roumanie mais, pendant un siècle, ils ont cru avoir donné assez à la France pour que leur place n'y soit pas contestée. Trois de leurs garçons sont morts au front pendant la guerre de 14-18. Mon grand-oncle Isaac de Camondo a, par son testament, ouvert le Louvre aux impressionnistes.

Moïse de Camondo a légué à l'État un des plus beaux musées de Paris au nom de son fils tué en plein ciel.

Enfant, on m'avait naturellement parlé de l'antisémitisme. Je devais comprendre qu'en France il s'agissait d'un fléau, vaincu comme la rage. La Grande Guerre, les héroïsmes et les sacrifices également partagés en étaient venus à bout. L'Affaire Dreyfus appartenait à un lointain passé. Après Verdun on ne reverrait jamais cela.

Le salon de ma mère où se côtoyaient des hommes politiques, des écrivains pressés de changer le monde et des personnages que Marcel Proust n'avait pas encore rendus immortels m'apportait la confirmation de cette heureuse évolution. Quant à moi, ni à Janson ni aux Sciences Politiques où nous jouions puérilement au snobisme, je n'avais jamais été humilié à cause d'une origine que je n'aurais pas eu l'idée de cacher.

Cela ne m'empêche pas d'être aujourd'hui un paria. Évidemment si le Fuhrer du Grand Reich n'avait pas été affligé de complexes bizarres et obsédants... Mais les Français qui partagent soudain ses phantasmes ne songent pas uniquement à flatter le vainqueur.

De vieux instincts, un peu oubliés, reprennent vigueur grâce à lui. C'est cela qui m'obsède, bien plus que l'aberration des Germains. Pourquoi suis-je devenu, pourquoi veut-on que je devienne étranger à mon pays ? J'ai eu beaucoup de peine à obtenir la traduction de mes premiers livres parce qu'on les jugeait “ trop français ”.

L'église du village est devant moi. J'y entre, je lui demande un réconfort, je cherche “ la grâce de Dieu ”. En effet, je m'apaise. Puis soudain je frissonne.

N'est-ce pas ici que tout a commencé ? Ce sont des chrétiens, sinon le christianisme, qui ont tracé la caricature du Juif et l'ont rendue indestructible. Le catéchisme la grave dans l'esprit des enfants, l'office du Vendredi saint dénonce les “ perfides ”. Les vaticinations d'Hitler n'auraient pas été prises au sérieux s'il n'y avait eu les bûchers et les pogroms, les ghettos et les rouelles, les procès de l'Inquisition et les atrocités respectables des Croisades. Le Fuhrer lui-même l'a d'ailleurs rappelé aux évêques allemands.

J'essaie de remonter aux origines du drame comme je l'ai essayé bien souvent depuis l'avènement du nazisme et je bute une fois encore sur le plus énorme non-sens de l'histoire des dieux et des hommes. Je crois bien connaître la religion chrétienne, l'ayant étudiée avec un merveilleux abbé, car ma mère, esprit singulièrement ouvert, voulait que, le cas échéant, je puisse faire un choix en connaissance de cause.

Donc Dieu a envoyé son fils sur la terre pour sauver les hommes en se sacrifiant. Il a *voulu*, *prévu* ce sacrifice. En admettant que le peuple juif en ait été responsable, pourquoi, l'ayant choisi comme instrument, l'aurait-il maudit pour l'être effectivement devenu ?

L'Ancien Testament est rempli d'appels à un Dieu miséricordieux. Il reste cependant admis que Jésus apporta la notion de miséricorde. Et Jésus qui exigeait le pardon des offenses, Jésus qui, d'autre part, avait dit : " Que votre volonté soit faite ", s'inclinant ainsi devant l'inéluctable nécessité de son supplice, Jésus n'aurait, lui, jamais pardonné à ses bourreaux ou prétendus tels ?

Mon cher abbé, quand je l'interrogeais là-dessus, répondait en invoquant les divins mystères. Il n'a pu m'ôter de l'esprit qu'il s'agissait d'un effrayant malentendu dont la source était affreusement humaine.

Est-ce que, plus tard, le commerce de l'argent ne vint pas ajouter à " l'ignominie " des Juifs alors qu'on leur interdisait une autre activité ? En les dépouillant on profitait de ce commerce impie et on plaisait au Seigneur. Inventer un crime de manière à en justifier d'autres, authentiques ceux-là, et à en bénéficier : Hitler reprend simplement une tradition repeinte aux couleurs de sa mythologie personnelle (1).

(1) Le Pape Jean XXIII a fait supprimer le mot " perfide " de la liturgie du Vendredi saint, et en 1973 l'épiscopat français a enfin déclaré que le peuple juif ne pouvait être tenu pour seul responsable de la mort de Jésus.

Ce 25 juin, il invite son peuple à “ remercier humblement le Seigneur Dieu pour sa bénédiction ”. A Paris un journaliste français lui donne raison. Gustave Hervé écrit : “ Nous avons lassé la Providence, nous avons dégoûté le Bon Dieu lui-même. ”

***

Motocyclettes pétaradantes, uniformes bien coupés, bottes bien cirées, les voici dans un ordre digne de leur réputation. De la fenêtre de mon grenier, je contemple ce spectacle inimaginable. La bourrelière m'apprendra le soir qu'*ils* ne se livrent à aucun excès et qu'en somme ils ont produit une impression favorable. J'ignore comment s'est déroulée l'entrevue de leur chef et de Charlot, mais je constate qu'ils ont seulement pris une aile du château sans expulser personne. Le lendemain, il ne reste d'ailleurs à Dissay qu'un faible détachement, heureux, semble-t-il, de se détendre.

Point de S.S. ni de Gestapo. L'ayant constaté, je sors de mon trou et continue à vivre comme si de rien n'était. Du coup me voilà en butte à d'autres reproches. Ces Allemands sont de parfaits chevaliers. N'était le couvre-feu à 22 heures, on sentirait à peine leur présence. La propagande juive les calomniait indignement. Moi-même je n'avais cessé d'être un alarmiste (un comble !).

Nous connaissons maintenant en détail les conditions de l'armistice. La France devra livrer les ressortissants allemands qui lui ont demandé asile. Personne autour de moi ne paraît comprendre quel déshonneur cet acte, dont il n'y a pas d'exemple, ajoute à notre désastre. Au contraire. Pas de pitié pour ces gens-là sans les intrigues desquels il n'y aurait pas eu la guerre ! Une guerre qui ne rimait à rien, un coup monté par les politicards, les marchands de canon et la judéomaçonnerie !

Je chercherai désespérément des sourires, des traces de la vieille ironie gauloise quand une affiche nous montrera un beau guerrier d'Hitler portant un enfant français et disant : " Confiez-vous au soldat allemand. " Je trouverai seulement — petite consolation — deux paysans, deux vétérans de la guerre de 14-18 qui arborent leurs décorations depuis l'armistice. Ils hochent la tête en regardant l'affiche et grommellent inlassablement :

— Ben, mon vieux ! Ben, mon vieux !

Les Bernard Champigneulle constituent une exception. Mme Champigneulle, très pieuse, ne désespère pas d'un miracle. Elle est persuadée que la France s'en sortira, elle m'affirme que je n'ai aucune raison de perdre courage. Son cœur et sa foi lui dictent une phrase que je n'oublierai jamais et qui m'aidera dans toutes les épreuves auxquelles il me reste à faire face :

— Nous ne savons pas ce qui est bon pour nous.

Certains des chers collègues sont très agacés par nos conversations. Un soir que nous nous sommes quelque peu attardés sur un banc du village, l'un d'eux prévient charitablement Mme Champigneulle : les Allemands tondent les femmes qui fréquentent les Juifs.

CHAPITRE VI

Pas le moindre signe de vie du Gouvernement, mais des lettres vieilles de trois semaines, des journaux arrivent. Les nouvelles sont confondantes. Le *Massilia* est revenu, ses passagers sont qualifiés de fuyards et pis encore. Jean Zay, étant mobilisé, se voit traité en déserteur. On l'a jeté en prison. Mendès France l'y suivra bientôt.

Tiens ! *Le Matin* a reparu, il n'a pas perdu de temps ! En première page figure un long article de l'académicien Abel Hermant sur les chapeaux des femmes.

Le 4 juillet, de bon matin, je vais écouter la radio, impatient de connaître les événements de la veille. A cette heure je suis seul dans le bistrot. Je piaffe d'impatience et d'inquiétude devant l'appareil qui grésille. Lorsqu'il parle enfin, j'ai presque une nausée. Le 3 juillet, la flotte et l'aviation britanniques ont détruit une partie de la flotte française à Mers-el-Kébir, des centaines de marins ont péri. J'ai l'impression de recevoir le coup de grâce. Si la guerre éclate entre la France et l'Angleterre, il ne reste plus aucun espoir d'échapper aux nazis.

Je ne puis garder cela pour moi. Je sors en courant et rencontre un petit groupe de fonctionnaires qui viennent en compagnie de leurs épouses prendre le café matinal. Presque haletant, je lâche la nouvelle. Avant que j'aie terminé, une des femmes pique une crise :

— Nous en avons assez de vos bobards ! Ça vous amuse, hein ? d'être un oiseau de malheur ? Mais maintenant vous feriez mieux de la boucler !

Son mari lui impose silence et me presse de questions. Haussant les épaules, je m'éloigne sans lui répondre. J'ai compris : selon la formule anglaise un peu modifiée, tout ce que je dirai dorénavant sera utilisé contre moi.

Me voici seul de nouveau, livré à mon accablement et à mes associations d'idées. Se peut-il que le monde ait changé si vite ? Les gens malveillants et superstitieux auraient-ils eu raison de prédire que la visite des souverains anglais en 1938 porterait malheur comme celle de leurs prédécesseurs en 1914 ?

Je revois ce mémorable gala de l'Opéra préparé avec tant de raffinement et tant de terreur car les lettres de menaces s'accumulaient. L'assassinat du Roi Alexandre de Yougoslavie datait de quatre ans à peine. Je revois George VI et Élisabeth faisant leur entrée au milieu d'acclamations, elle, rayonnante de grâce, sa crinoline de dentelle blanche barrée du grand cordon de la Légion d'honneur. Une résurrection de la Reine Victoria à trente ans !

Pour m'évader de mon malheur j'évoque les incidents pittoresques qui préludèrent à la soirée.

On m'avait donné la consigne d'éclipser l'éclat des fêtes offertes récemment par Mussolini à Hitler. Fort de l'autorité d'Albert Sarraut, je pus, à ma grande joie, obliger la République à déployer un faste royal.

Je savais que Napoléon III et Eugénie, lorsqu'ils se rendaient à l'Opéra, étaient précédés de laquais chamarrés portant des flambeaux d'argent. Ces flambeaux, je réussis à les retrouver au fond des greniers du théâtre. Les difficultés commencèrent lors des répétitions. Rien de si scabreux que de porter à bout de bras ces pesants objets sans un tremblement, sans un faux pas, en montant et surtout en descendant l'escalier monumental de Garnier. Aucun membre du personnel de l'Opéra ne s'en montra capable. Je fis appel à des figurants de la Comédie-Française qui, eux, s'en tirèrent. Furieux, l'administrateur de l'Opéra cacha ses flambeaux. Les plus hautes autorités durent intervenir pour qu'il les rendît.

Je me croyais au bout de mes peines. Erreur ! En pleine nuit le Préfet de Police me convoqua et me demanda si j'étais criminel ou fou. Je prétendais placer devant Leurs Majestés un voleur récemment sorti de prison et un anarchiste militant. Tel était le résultat de l'enquête sur « mes » figurants.

Obstiné, je me remis en chasse et pus découvrir un autre homme capable de bien tenir le rôle. Un homme, pas deux. Allais-je abandonner ? Je demandai à Sarraut de convoquer le Préfet que je suppliai :

— Je vous abandonne l'anarchiste, mais, je vous en prie, accordez-moi le voleur. Il n'emportera pas le diadème de la Reine ! Je vous le garantis !

Sarraut trancha la question à sa manière :

— N'emmerdez pas le petit !

Et tout se passa de façon grandiose.

Le père de la Reine étant mort peu avant le voyage, il avait fallu, presque au dernier moment, modifier le spectacle. Le programme comprenait en effet un acte de *Castor et Pollux* dont le décor montrait un tombeau. L'administrateur de l'Opéra proposa en remplacement un passage de la *Salammbô* de Reyer.

Je me récriai.

— Il n'y a absolument rien d'autre qui soit prêt, affirma Jacques Rouché impavide.

Il fallut jouer *Salammbô*, ce qui nous infligea une heure d'ennui et souleva naturellement de vives critiques. A cette époque je voyais beaucoup Jean Giraudoux ainsi que Louis Jouvet et Madeleine Ozeray, sa partenaire préférée. Nous déjeunions souvent ensemble rue Caumartin, près de l'Athénée. Giraudoux écrivait *Ondine*. La première idée lui en était venue, je crois, au cours d'un de ces déjeuners. Madeleine Ozeray avait poussé des cris d'horreur en voyant le chef pêcher dans le vivier une truite vivante destinée à la table d'un client.

Giraudoux s'amusa tellement de l'incident *Salammbô* qu'une longue tirade de son second acte fut consacrée à cet opéra. Nombre de traits piquants y étaient décochés à mon intention.

Bienheureuse époque, paradis perdu !

Le paradis, je le connus vraiment quand je reçus carte blanche pour préparer la réception de Versailles. L'intouchable de 1940 avait pu disposer en 1938 du temple du Roi-Soleil ! De quoi tourner la tête à un jeune historien, fasciné par la monarchie.

Je fis tailler des livrées sur le modèle de celles qui avaient été dessinées à l'occasion du mariage de Marie-Antoinette. Non seulement les domestiques, mais les membres du service de sécurité durent les revêtir. Je prescrivis de placer dans la Cour de Marbre les Saint-Cyriens et les Spahis exactement comme se plaçaient les mousquetaires gris et les mousquetaires noirs à l'arrivée de Louis XIV. Au moment où George VI parut, le soleil voulut bien sortir des nuages et un vent léger soulever les manteaux rouges des Spahis, agiter les plumets des Saint-Cyriens. Les Anglais furent éblouis.

Ils allaient voir mieux. Un concert avait été organisé à la Chapelle. Les souverains y entrèrent de la même façon qu'y entrait Louis XIV et trouvèrent à leurs pieds la Cour de France, c'est-à-dire les artistes de la Comédie-Française vêtus d'authentiques costumes du XVIIe siècle.

Hélas ! il y eut un mauvais présage que la Reine, devenue Reine Mère, devait me rappeler bien longtemps après. Une démonstration aérienne à laquelle je ne m'attendais pas commença plus tôt qu'il ne l'aurait fallu et le vrombissement des avions couvrit à la fin la voix des chanteurs.

Je me fis, ce jour-là, d'implacables ennemis qu'aujourd'hui je m'attends à retrouver. En effet les architectes avaient interdit que le nombre des convives rassemblés autour de la table en fer à cheval de la Galerie des Glaces dépassât cent quatre-vingts. Et deux mille personnes au moins affirmaient avoir le droit absolu de s'y asseoir. Opérer la sélection dont le Service du Protocole, furieux de mon intrusion, s'était lâchement déchargé ne fut pas ma pire épreuve. Albert Sarraut, en tant qu'ancien président du Conseil, voulait être mieux placé que le Garde des Sceaux, Paul Reynaud. Il me fallut donner tort à mon cher patron. Avoir été le chef d'un gouvernement ne conférait aucune prérogative et celle du Garde des Sceaux remontait à Henri III. Heureusement que Sarraut avait le cœur trop généreux pour m'en vouloir.

On ne reverra jamais, je pense, un pareil repas : quatorze plats et quatorze vins. Le Grand Chancelier de la Légion d'honneur s'endormit dignement au dixième sans déranger personne. Albert Lebrun... On sait la suite.

Winston Churchill, simple membre de la Chambre des Communes, mal vu de l'équipe Chamberlain alors au pouvoir, se trouvait là. Je demandai à un diplomate anglais de ma connaissance s'il avait des chances de redevenir ministre. Mon interlocuteur se mit à rire :

— Ce vieux fou ? Jamais !

***

Le 8 juillet, une voiture venant de Vichy nous arracha enfin à l'isolement où nous nous trouvions depuis le 15 juin. Deux inspecteurs des Beaux-Arts en descendirent. Ils nous informèrent qu'au terme de la convention d'armistice, les administrations telles que la nôtre continueraient à fonctionner à Paris. Nous devions y rentrer et reprendre nos postes dès qu'un train nous le permettrait.

A notre grande stupéfaction, les deux messagers parlaient au nom d'Alfred Cortot qui assumait la direction des Beaux-Arts. Et Georges Huisman ? Oh ! c'était un cas douloureux. Huisman, ayant commis la coupable folie d'embarquer sur le *Massilia*, avait été révoqué. Lui aussi venait d'administrer la preuve qu'il ne se sentait pas vraiment français.

Je devais apprendre plus tard que Cortot en personne, se targuant des prétendues confidences de Chautemps, avait convaincu Huisman de gagner le navire maudit. Puis, de sa propre autorité, il s'était installé dans le fauteuil vacant de son ami, devenu un « fuyard », un « déserteur ». Naturellement, le 8 juillet, je ne soupçonnais rien de pareil et considérais Cortot comme je l'avais toujours fait.

Un des inspecteurs, que je connaissais bien, demanda à me parler en particulier.

— M. Cortot, me dit-il, comprend parfaitement votre situation. Il vous laisse libre de ne pas rentrer à Paris.

Stupidement, je crus qu'on venait à mon aide. Je répondis :

— Remerciez M. Cortot. Je serai trop heureux de le rejoindre à Vichy puisqu'il garde quelques fonctionnaires auprès de lui, mais il me faut un ordre de mission pour sortir de la zone occupée et ne pas être en faute au point de vue militaire.

L'inspecteur, plaignant ma candeur, me lança un regard dont je ne devinai pas le sens. Il haussa légèrement les épaules :

— Je ne puis que vous confirmer mon message.

Étonné, et pourtant à mille lieues de la vérité, je lui demandai de porter une lettre à Cortot. Il accepta mollement. Je ris encore de moi-même en songeant à ce que j'écrivis. Tout en précisant ma position, je manifestais mon affection et ma reconnaissance. Dès que j'aurais reçu l'ordre de mission, je me précipiterais à Vichy.

Les inspecteurs partirent et notre attente reprit car aucun train ne circulait encore en Poitou. Mon horizon s'était brusquement éclairci, je me croyais sûr d'échapper à l'Occupation, aux Allemands.

Les jours passèrent, aucun ordre de mission n'arriva. En revanche des nouvelles filtrèrent de Paris. Les unes vraies : le calme régnait, les Allemands se montraient *corrects*, terme presque officiellement adopté, ils se bornaient à déménager les maisons de quelques fuyards juifs dont la richesse était une insulte au peuple français. D'autres fausses : des Juifs qui reprenaient insolemment leurs trafics avaient été traités selon leurs mérites.

Charlot me prodigua de nouveau les trésors de son indulgente sagesse : à aucun prix je ne devais rentrer ; si je le faisais, mon compte était bon.

— Eh ! quoi, lui rétorquai-je, on dénonce à longueur de journée ceux qui ont quitté leur poste. En abandonnant sans ordre écrit celui où je suis affecté, j'aurais l'air d'agir comme eux. J'aime mieux affronter les Allemands que d'être accusé de trahison.

Il leva les bras au ciel :

— Malheureux ! Vous n'avez peut-être plus de domicile à Paris. C'est dans votre intérêt que je vous parle.

Le 22 juillet, notre aventure collective prit fin. Un train était entré en gare de Dissay. Il partirait pour Paris le lendemain à l'aube. Je fis, non sans émotion, mes adieux au bourrelier et à sa femme, je bouclai ma valise et me tins prêt. Toute la nuit je restai en alerte, craignant qu'on me jouât le même tour qu'à Chaumont. A quatre heures du matin, la pluie tombant à seaux, je me rendis à la gare et me casai sur la banquette inhospitalière d'un compartiment de troisième classe où aucune équipe de nettoyage n'était passée depuis au moins deux mois. Les Français tombés du haut de leur grandeur n'avaient plus droit qu'aux troisièmes. L'occupant disposait des autres wagons.

En me voyant monter, Charlot eut un geste de colère :

— Ma foi, dit-il, si vous tenez à tâter du camp de concentration, c'est votre affaire !

Cette phrase prit plus tard à mes yeux un intérêt historique. Elle prouvait bien qu'on ne " découvrit " pas avec stupeur les camps de concentration en 1945.

Affreusement pénible à cause de l'entassement, de la chaleur suffocante et de notre soif que nous n'avions aucun moyen d'apaiser, le voyage dura une quinzaine d'heures.

Charlot, du moins, nous offrit un divertissement. Il pérorait. Devant un public ébloui par sa connaissance des choses et indigné de ses révélations, il expliquait les origines de la guerre. En résumé Hitler s'était vu, bien malgré lui, obligé de la provoquer parce que Léon Blum, d'accord avec l'Angleterre, s'apprêtait à se proclamer roi des Juifs. Je n'invente rien, je le jure.

Peu après la Libération, je revis Charlot dans une antichambre ministérielle. Il m'aurait étreint si je ne m'étais dégagé et ne manqua pas de me rappeler quel secours il m'avait apporté pendant l'exode.

CHAPITRE VII

Vers huit heures du soir, traînant toujours valise et pelisse, je sortis du métro à quelque distance de chez moi. Comment décrire les impressions d'un homme qui, ayant quitté sa ville natale six semaines auparavant, y rentre en se demandant s'il n'y est pas un proscrit ?

Il faisait encore jour, les rues étaient vides. Quelques concierges familières prenaient le frais sur le pas de leur porte. J'évitais de les regarder, je rasais les murs, n'arrivant pas à chasser l'idée confuse qu'elles allaient peut-être ameuter le quartier contre moi.

Qu'il est donc facile de donner mauvaise conscience à un innocent ! J'avais été surpris, scandalisé même, que les Juifs allemands n'aient pas mieux résisté aux nazis. J'en découvrais une des causes.

Évidemment c'est ma propre concierge au sujet de laquelle je me pose le plus de questions. O douceur, ô joie ineffable ! Elle se jette presque dans mes bras, elle appelle à grands cris ma fidèle gouvernante qui m'espérait, qui pleure d'émotion. Mais non, personne ne m'a demandé, la maison est intacte, prête à me recevoir.

J'entre, je n'en crois pas mes yeux, voici mes livres, voici le portrait du vieux Camondo, mon trisaïeul, qui travailla avec Cavour à la création du royaume d'Italie et dont cent mille personnes suivirent le convoi funèbre. Voici celui de ma mère par Van Dongen que nous appelions Kiki. Voici une photographie d'elle, entourée des surréalistes à l'époque où elle aidait Louis Aragon et ses amis à lancer leur revue, *Littérature*. Me voici moi-même près de Lyautey quand, tout jeune, je m'occupais des questions de protocole (déjà !) à l'Exposition coloniale et que j'osais affronter la colère du maréchal pour placer l'ambassadeur d'Angleterre avant le duc d'York.

Je ressemble depuis mon voyage à un personnage de Pirandello et ces pièces à conviction me prouvent, sans pourtant me convaincre absolument, que je suis bien moi.

Le lendemain, je me rends au Palais-Royal, siège de la direction générale des Beaux-Arts. Saisissement ! Les Allemands ont mis les scellés sur les bureaux de mon service. Ils ne se sont pas intéressés aux autres. Évidemment à cause de notre activité pendant la " drôle de guerre ". Je m'occupe d'abord de trouver un refuge, je l'obtiens dans les locaux de la Censure cinématographique où mes collaborateurs et moi nous entassons. Privés de nos dossiers, nous n'avons aucun moyen d'y travailler.

Le lendemain matin, je suis en proie à une véritable fureur, ayant vu imprimées les calomnies les plus folles contre des hommes que j'estime, parfois que j'aime. Cette presse présente un miroir déformant, tout ce que nous respections hier y prend un aspect grotesque. Je rougis d'avoir été l'ami de Robert de Beauplan qui parle avec attendrissement des soldats allemands, " ces touristes d'une espèce particulière ".

Et puis il y a les drapeaux dont la croix gammée soufflette la place de la Concorde, la rue de Rivoli.

J'éprouve le besoin violent de me révolter. J'appelle ma secrétaire, qui me croit devenu fou, et lui dicte une lettre adressée au gouverneur allemand de la région parisienne. Parfaitement ! Je rappelle de manière fort sèche que la Convention d'Armistice a prévu le fonctionnement des administrations françaises à Paris et que la mienne est paralysée. Je demande donc à réintégrer mes bureaux.

On me supplie de renoncer à cette démarche insensée. Je m'obstine et je signe rageusement. La lettre partira !

En sortant du Palais-Royal je rencontre quelques artistes de la Comédie-Française et le contrôleur général Bourdet-Pléville, frère d'Édouard Bourdet, administrateur du théâtre. Pour l'intelligence de ce qui va suivre, il me faut revenir en arrière. J'aimais beaucoup Édouard et Denise Bourdet qui sont restés des amis très chers et très fidèles tant qu'ils ont vécu. Édouard s'était inspiré de mon *Henri III*, en écrivant sa pièce *Margot* où Christian Bérard révéla son génie scénique.

Il eut au début de la guerre un accident à la suite duquel il dut renoncer pendant longtemps à toute activité. Son frère, qui ne lui ressemblait en rien, exerçait les fonctions de contrôleur général d'une manière très discutable. Georges Huisman n'aimait ni l'un ni l'autre. Il décida de révoquer Bourdet-Pléville. Ce dernier courut me demander aide et assistance. Je n'éprouvais pas à son égard beaucoup de sympathie. Je n'en fus pas moins choqué de le voir frappé quand son frère ne pouvait le défendre.

Sarraut était ministre de l'Éducation Nationale. Je lui dis ce que je pensais, il m'approuva, Bourdet-Pléville resta à son poste et m'assura d'une gratitude éternelle. Cela se passait en avril 1940.

Me voici trois mois après devant lui et devant Maurice Escande, Pierre Bertin, André Brunot qui me témoignent leur joie de me retrouver sain et sauf. Effusions. Sur ma lancée je tends la main à Bourdet-Pléville. Il s'écarte comme si le diable voulait le saisir.

— Sachez, dit-il, que je suis un royaliste catholique et que je n'ai jamais serré la main à un Juif.

C'est l'aspect burlesque de son attitude qui me frappe d'abord. Je pars d'un grand éclat de rire et le laisse pantois. J'ai toujours adoré Labiche. Je m'aperçois qu'il eut du génie en mettant au jour les ressorts de M. Perrichon. Il n'existe peut-être pas chez les pauvres humains de réflexes plus automatiques et plus puissants.

***

Réfléchissant ensuite à l'incident, je me sentis moins hilare. J'avais cru ou essayé de croire que la conduite de mes collègues pendant l'exode était une misérable revanche de leur jalousie. Il me fallait maintenant l'admettre : entre la menace allemande et l'hostilité d'un nombre imprévisible de Français, j'étais pris dans une tenaille. Quelle chance avais-je d'y échapper ? Rien de plus normal que de risquer sa vie en temps de guerre, mais je redoutais les outrages, les tourments, la dégradation de la personne humaine.

Je me rendis chez un jeune médecin de mes amis, récemment démobilisé. Il comprit parfaitement mon cas (encore une fois on connaissait la férocité nazie bien avant 1945) et il n'hésita pas à me remettre une ampoule grâce à laquelle je pourrais éviter le pire qui n'était pas la mort. J'éprouvai une telle joie en recevant ce talisman que je m'écriai :

— Comme ça la vie est belle !

Exclamation saugrenue qui nous fit rire l'un et l'autre, nerveusement.

Ayant des loisirs forcés, je me promenais beaucoup à travers un Paris insolite. L'absence de voitures ouvrait des perspectives qu'on n'avait pas soupçonnées et valait aux arbres de luxuriants panaches.

Les cafés, les cinémas rouvrent un à un. J'apprends qu'ils dépendent, ainsi que les théâtres, les restaurants et autres lieux publics, du bon plaisir d'un tout-puissant capitaine R. Ce garçon de vingt-huit ans, qui fait faire antichambre au Préfet de Police, habite l'appartement de Henri Bernstein en compagnie d'une comédienne célèbre. L'artiste a voulu préserver ainsi les biens de l'auteur du *Secret*, en route vers les États-Unis. A son retour, Bernstein n'appréciera pas et deviendra mon ennemi mortel quand son ancienne pensionnaire jouera une pièce de moi.

Pour en revenir au capitaine R., il se montre bon

enfant, surtout si les intéressés savent lui glisser une enveloppe avec tact. Il patronne Roger Capgras, associé d'Alice Cocéa, qui a rouvert les Ambassadeurs, il voudrait lui donner la haute main sur l'industrie du spectacle.

Il n'est pas seul, paraît-il, à être vénal. *Maxim's* abrite un véritable service auquel s'adressent les gens en quête d'une autorisation, d'un passe-droit. Or il faut pratiquement obtenir des autorisations ou des passe-droits en toute circonstance. Les Allemands, peu au courant de la valeur des choses, ont mis uniformément leur complaisance au prix de 3 000 francs. Lorsqu'ils seront découverts et châtiés, leurs successeurs doubleront le tarif. La culbute se poursuivra jusqu'à la fin de l'Occupation.

En somme, ces Teutons sont très compréhensifs. Qui donc parlait de la rigueur intraitable des nazis ? Encore une légende forgée par les Juifs ! Les hommes d'affaires véreux commencent à se frotter les mains. Il y a d'autre part les naïfs qui n'en finissent pas de s'émerveiller devant la " correction " presque caricaturale du vainqueur, et ceux que parcourt un délicieux frisson lorsqu'ils admirent les superbes athlètes blonds sous leurs manteaux de cuir vert. Curieusement la presse mentionne cette espèce de masochisme politico-sexuel. En s'extasiant, naturellement.

Les Parisiens ont d'abord ignoré les concerts en plein air de la Wehrmacht. Maintenant les badauds s'arrêtent. Cependant le vent de Fronde s'est levé. Deux incidents dont je suis le témoin me réchauffent le cœur. Dans un wagon de métro un officier allemand s'efface pour laisser sortir une vieille dame.

— Mais non, lui dit la douairière, suave, passez, monsieur, vous êtes chez nous.

Un soldat s'égare rue Washington. En mauvais français il demande à un triporteur le chemin des Champs-Élysées.

— Mon vieux, lui répond posément le gamin, on t'a pas invité, t'as voulu venir quand même, démerde-toi !

Un cinéma programme le film qui doit immortaliser la visite d'Hitler à Paris le 23 juin. Je m'y précipite, poussé par la curiosité de l'historien. Je ne veux pas avoir manqué de telles images. La séance terminée, je pense surtout à un effet de caméra. Le spectateur suit exactement le parcours d'Hitler. Il fonce avec lui le long d'avenues désertes. Et, comme il s'attend machinalement à voir ces avenues grouillantes de voitures et de passants, le dictateur semble créer sur son passage la désolation, le néant.

Il se colportait beaucoup d'histoires au sujet de ce bref voyage du Führer dans la capitale. Serge Lifar, qui était sans doute à l'époque le plus célèbre danseur du monde, avait, disait-on, montré lui-même l'Opéra à Hitler qui lui aurait promis de le nommer un jour directeur de tous les théâtres d'Europe. Ces extravagances ne furent jamais démenties pendant la guerre parce qu'elles servaient trop bien la propagande allemande, et me causèrent du souci quand je plaidai la cause de Lifar après la Libération. Elles privèrent plusieurs années l'Opéra de celui qui devait rendre à son corps de ballet une gloire perdue.

Aujourd'hui nous possédons deux récits de la fameuse visite, l'un d'Arno Breker, l'autre de Speer. Les deux témoins oculaires s'accordent à préciser qu'à l'aube du 23 juin, il n'y avait personne à l'Opéra en dehors d'un gardien qui refusa dignement le pourboire offert.

Arno Breker affirme qu'Hitler émerveillé rendit hommage à la beauté de Paris, mais le livre de Speer, *Au cœur du Troisième Reich*, contient une anecdote troublante.

A son retour, le dictateur examina les plans du futur Berlin, tels que Speer les avait conçus. Enthousiasmé, il s'écria :

— Je n'aurai pas besoin de faire sauter Paris, Berlin sera la plus belle ville du monde.

Pauvres Français auxquels on ressassait pendant ce temps que le prestige du maréchal tenait en respect leur vainqueur !

***

Ma secrétaire entre, affolée, dans la petite pièce où j'ai aménagé un semblant de bureau :

— Sauvez-vous, sauvez-vous, on vient vous arrêter !

— On vient m'arrêter ?

— Deux Allemands sont devant la porte de la rue. Pendant que nous parlementerons avec eux, vous pourrez sortir par le jardin.

Pas question ! Je me refuse encore à être un hors-la-loi. D'ailleurs où me cacherais-je si vraiment... J'aime mieux en avoir le cœur net, faire front :

— Je recevrai ces messieurs. Qu'on les introduise immédiatement s'ils me demandent.

Ils sont là : un capitaine portant un splendide uniforme vert sur lequel tranche le ruban rouge et blanc, insigne des conquérants de la Pologne, et un sous-officier interprète. J'ai l'impression de me dédoubler. Il y a un personnage qui se prépare à l'épreuve et cherche la force de la supporter. Il y a un personnage appliqué à faire bonne figure au point de mal comprendre ce qu'on lui dit. Mais non, je ne rêve pas.

L'interprète parle un bon français :

— Vous avez demandé la levée des scellés sur vos bureaux ?

— En effet.

— Ils sont levés. Vous pouvez reprendre possession de l'étage.

Je murmure une espèce de remerciement.

— Toutefois, poursuit le sous-officier, il faut que vous l'inspectiez d'abord avec nous et que vous constatiez que rien ne manque.

Je les suis, ayant rassuré au passage mes collaborateurs d'un signe de tête. Nous examinons méticuleusement, ils y tiennent, l'enfilade de pièces qui servit de garçonnière au duc d'Aumale. Tout est en place. J'aperçois même deux caisses que je suis ébahi de reconnaître.

— Ces documents appartiennent bien à votre service ?

J'acquiesce.

— Nous les avons retrouvés, ajoute l'Allemand sans la moindre ironie, et... les voici. Veuillez signer ce papier qui dégage notre responsabilité.

Je signe dans le brouillard. Alors le capitaine claque ses talons, porte la main à sa casquette, puis me la tend. Je ne m'attendais pas non plus à cela. Une espèce de tourbillon mélange en mon esprit des chromos de 1870, l'image de Clemenceau, le souvenir de la Nuit Bleue, de la Nuit de Cristal où les nazis inventèrent une nouvelle forme de pogrom. Mais, étant là ès qualité, je ne puis créer un incident. Mes doigts touchent donc ceux de l'officier et j'ai l'impression de recevoir une décharge électrique.

Ouf ! ils sont partis. J'appelle mes collaborateurs éberlués. Toutes portes verrouillées, on décloue les caisses. Je ne m'étais pas trompé et cependant je reste " stupide ". Seule cette expression du XVIIe siècle me paraît assez forte. Les caisses contiennent les pièces que nous avions confiées au service de destruction des archives compromettantes après les avoir mises en des sacs plombés. Les grosses lettres rouges dont les sacs étaient timbrés flamboient toujours : *Très Secret — A détruire sans regarder.*

Les Français n'ont pas détruit et les Allemands n'ont pas regardé. " Le vrai peut quelquefois n'être pas vraisemblable. " Encore ces réminiscences d'école !

Cette nuit-là, j'ai failli mettre le feu au Palais-Royal. Pendant des heures, le vénérable fourneau sur lequel avaient été préparés les repas du fils de Louis-Philippe nous permit de réduire en cendres plusieurs kilos de documents mortels.

CHAPITRE VIII

Le gouvernement de Vichy a décrété que chaque personne ayant quitté la France sans ordre de mission entre le 10 mai et le 30 juin perdra la nationalité française et verra ses biens confisqués. La première liste de proscriptions paraît. Elle comprend un grand nombre de Juifs connus dont certains d'ailleurs sont déjà revenus en France. Il y a là des hommes aussi importants et aussi respectables que David Weill, président du Conseil des Musées et leur bienfaiteur inlassable.

Je suis pleinement édifié quand je lis parmi les noms des " traîtres " celui d'un ménage auquel, je le sais de bonne source, le maréchal lui-même avait, dès le mois de mai, donné amicalement le conseil discret de se rendre en Espagne. On ne saurait désormais garder un doute sur les tendances de la " révolution nationale ". Ces mesures ahurissantes ne sont en aucune manière une conséquence de l'armistice.

Les hommes de Vichy ont repris une doctrine de Barrès selon laquelle tous les maux survenus depuis la Révolution sont dus aux idéologies juive et étrangères. C'est la tardive revanche de ces antidreyfusards qui proclamaient : " Le Juif a été créé par Dieu pour servir de traître partout. " Qui aurait cru que le triomphe de l'Allemagne serait celui de son vieil ennemi Maurras ? O " divine surprise " !

Qu'est-ce que je deviens là-dedans ? Ah ! voici une

autre liste, interminable : celle des fonctionnaires révoqués. Parmi eux se trouvent Marx et Huisman (1). Je m'use les yeux à chercher mon nom. Il n'y figure pas, ce qui me trouble beaucoup.

Pourquoi cette mansuétude ? Je suis de " ces gens qui nous ont fait tant de mal ", j'ai été le collaborateur d'un des caciques du régime maudit. Cortot ? Dès lors qu'il ne m'a pas envoyé d'ordre de mission, je ne crois plus beaucoup à son amitié. Serais-je en droit de compter sur celle de certains royalistes qui entourent le maréchal ?

J'ai servi la défunte République comme la servait cette administration grâce à laquelle la France, pendant soixante-dix ans, supporta allègrement ses crises politiques, resta une grande puissance et conquit un Empire. Le fascisme et le nazisme m'avaient amené à l'aimer avec sa bonhomie, ses jeux byzantins, ses ridicules, le carrousel de ses dirigeants.

Je ne saurais compter les ministres de l'Instruction Publique ou de l'Éducation Nationale, les sous-secrétaires d'État aux Beaux-Arts auprès desquels j'ai travaillé entre 1926 et 1940. L'un d'eux se nommait Léo Bouyssou. Rigoureusement étranger aux Muses, il ne devait rester en place que huit jours. Or, au cours de cette semaine, il fallait célébrer le centenaire de Camille Pissarro. On présenta au ministre le discours que j'avais préparé. L'excellent homme qui portait la belle barbe, emblème du radicalisme méridional, éclata de rire. On voulait lui refaire la farce du mythique Hégésippe Simon. Pissarro, ça n'existait pas davantage. L'administration consternée eut recours à un ami politique du sous-secrétaire d'État, qui réussit à le convaincre : Pissarro avait bel et bien existé et il était important de célébrer sa mémoire.

— Oh ! s'écria le ministre, soudain alarmé, c'était un parent des frères Sarraut ?

(1) D'autres listes suivront. Le nombre des révoqués atteindra exactement 2 282.

Bon ! Voilà que la folle du logis m'a de nouveau égaré dans les méandres du passé. Je reviens à mes réflexions. Donc je gardais à la IIIe une espèce de loyalisme attendri, mais, intellectuellement et surtout historiquement, mon admiration allait à l'ancienne monarchie. Non pas, je le précise, au régime que l'Action Française prétendait restaurer et qui, depuis quelque temps, ressemblait fâcheusement aux dictatures du xxe siècle. J'aimais la monarchie que je croyais connaître et qui n'était ni celle des manuels scolaires ni celle des camelots du roi.

C'est pourquoi, jouant au détective (Marcel Pagnol me surnommera un jour le Simenon de l'Histoire), j'avais entrepris de chercher sous les masques et les caricatures les véritables visages des princes les plus calomniés. En réhabilitant Henri III et le Régent, je les avais montrés sous un jour qui aurait pu déplaire à l'extrême-droite. N'importe ! Ce fut la presse de tendance monarchiste qui fit le succès des deux livres et leur consacra des études telles que peu d'historiens peuvent en espérer aujourd'hui s'ils ne traitent pas un sujet d'actualité.

Cela m'avait valu des amitiés solides chez des hommes qui, en principe, ne se trouvaient pas du même côté que moi de la barricade — puisque hélas ! depuis 1934 notre climat était celui de la guerre civile. Et, naturellement, aux yeux de quelques antisémites déclarés, je représentais l'éternelle exception qui confirme la règle.

Ceux qui occupent des postes à Vichy seraient-ils intervenus en ma faveur ? Mais alors se pose un problème de conscience. La fameuse solidarité juive que nos ennemis nous reprochent tant et qui aurait depuis longtemps disparu sans eux, cette solidarité, je n'ai jamais voulu l'admettre. Sauf évidemment en cas de persécution. Puis-je rester fonctionnaire d'un gouvernement qui, à l'évidence, en prépare une ?

Une grande nouvelle change le cours de mes pensées. Cortot, qui n'avait jamais été nommé directeur des

Beaux-Arts, a été prié de céder la place à un secrétaire général, l'ancien conservateur du Musée d'Art Moderne, Louis Hautecœur. Il ne marchera pas, fût-ce modestement, sur les traces de Paderewski qui devint président de la République polonaise. Je l'ai toujours soupçonné d'avoir eu une si étrange conduite par désir d'égaler complètement son illustre aîné.

Louis Hautecœur est attendu à Paris. Il va fixer mon sort sans que j'aie vraisemblablement à m'interroger davantage. Je connais Hautecœur depuis longtemps, j'ai souvent collaboré avec lui et j'estime sa science, ses capacités d'organisateur. Je connais aussi son caractère difficile et ses rancunes. Il en veut depuis longtemps à Georges Huisman, il a une vigoureuse animosité confraternelle à l'égard de mon ami René Huyghe, conservateur au Louvre, et me reproche de lui avoir confié trop de missions.

En franchissant le seuil de son cabinet, je suis donc prêt à recevoir mon congé. J'en éprouve d'ailleurs un vague soulagement. Hautecœur me tend cordialement la main. Ses cheveux ondulés et rejetés en arrière accusent son profil. Son visage tout entier paraît coupant comme l'arête de son nez, et l'expression... l'expression dépend entièrement de ses yeux, des yeux étonnants d'un bleu très rare. Ils peuvent être durs jusqu'à la cruauté, ils peuvent aussi rayonner de bienveillance. En me fixant ils ont cette douceur, j'en suis presque décontenancé.

Il résulte de ses propos qu'on ne m'assimile en aucune façon aux fuyards, que je reste à la tête de mon service où j'aurai beaucoup de besogne malgré l'interruption des échanges artistiques internationaux. Je n'en reviens pas. Il me paraît à peu près impossible de répondre par une démission, mais c'est une autre raison qui me détermine. En aucun cas je ne veux être traité de déserteur, en aucun cas je ne donnerai aux journaux le prétexte de clamer qu'à mon tour, j'ai montré la lâcheté d'un métèque.

J'hésiterais davantage si j'évitais des risques en

prenant ce parti. Ce n'est pas le cas. La protection de Hautecœur ne me mettra pas à l'abri du danger, je le sais trop bien. Elle m'y mettra d'autant moins que j'ai la ferme intention de contrarier de mon mieux les projets des Allemands et, si c'est nécessaire, ceux de l'État Français.

Le sort en est jeté ! Que les gens de Vichy me révoquent s'ils le veulent ! Je ne partirai pas avant et ne resterai pas les bras croisés.

***

Une voix impérieuse, percutante, à laquelle l'accent méridional donne sa généreuse chaleur fait vibrer le téléphone :

— C'est vous ? C'est bien vous ? Vous êtes là ?

Je reconnais Marguerite Long.

— Mais oui, madame, je suis là.

— J'en étais sûre ! Venez me voir, j'ai des choses importantes à vous dire. Non, pas demain, ce soir même.

On ne résiste pas à la Marquise, ainsi que ses amis appellent affectueusement la grande artiste dont le mari était en effet marquis de Marliave. Je me rends au 16 de l'avenue de la Grande-Armée dans le bel appartement plein de souvenirs où je n'ai pas été convié souvent jusque-là et qui va devenir mon havre de grâce.

Marguerite Long revient de Vichy. Les tribulations de l'exode ne lui ont rien enlevé de son dynamisme. Voûtée, non à cause de l'âge, mais parce qu'elle s'est trop longtemps penchée sur son piano, son visage d'une fascinante laideur éclairé par une flamme qui brûlera au-delà de quatre-vingt-dix ans, elle me tend ses deux mains grâce auxquelles Chopin, Ravel et Fauré ont si souvent enchanté des foules.

Je suis ému, un peu surpris aussi. Comme je l'ai expliqué, je penchais du côté de Cortot lors de la petite guerre que se livraient insidieusement les deux maîtres du clavier.

Marguerite Long ne s'embarrasse pas de préambules :

— Ainsi, dit-elle, vous étiez à votre poste, quand on vous traitait de déserteur et qu'on parlait de vous fusiller ?

Je sursaute :

— Quoi ! On disait cela à Vichy ?

— Vous savez que Cortot s'était nommé lui-même directeur des Beaux-Arts. Il devait y penser depuis longtemps. Dans la confusion on l'a laissé faire. En voyant la tournure que prenaient les choses pour Huisman et pour d'autres, j'ai pensé à vous. J'ai été voir Cortot malgré ma répugnance à lui demander quelque chose. J'ai parlé de votre cas. Ah ! mon cher, il ne m'a pas laissé prononcer deux phrases. Il s'est écrié : " Le malheureux ! Lui aussi a perdu la tête. Il a eu peur de rentrer à Paris comme il le devait. C'est-à-dire qu'il a déserté. " Je lui ai demandé : " Vous êtes sûr ? " Il m'a répondu : " J'ai de bonnes raisons de l'être. Vous savez quelle amitié j'avais pour lui, mais, dans les circonstances présentes, les choses devront suivre leur cours. " J'ai vu que je ne pourrais rien en tirer de plus, j'étais outrée, j'ai cherché à savoir ce que vous étiez devenu et puis des nouvelles de Paris sont enfin arrivées, j'ai su que vous vous y trouviez. Le hasard a voulu que, le même jour, je rencontre Cortot. Je lui ai triomphalement démontré son erreur.

Le flot de ses paroles s'arrête net. Je la vois hésiter. Je la questionne avidement :

— Et alors ? Quelle a été sa réaction ?

— Après tout, mieux vaut que vous le sachiez. Il m'a dit sèchement et presque d'un air déçu : " Si c'est vrai tant mieux, mais, quoi qu'il en soit, les gens comme lui n'ont plus leur place dans la France du Maréchal. " J'ai failli lui jeter à la figure ce que je pensais. Lui, le mari d'une Juive qui l'a tant aidé ! Lui qui faisait aussi bien la cour à Léon Blum qu'aux Rothschild ! En définitive, j'ai préféré me taire. Heureusement, une semaine après, on le reléguait dans un petit bureau sous les combles et on nommait notre ami Hautecœur.

Elle a un rire de jeune fille :

— On vous racontera peut-être que j'y suis pour quelque chose. Il ne faut pas croire les potins. Dieu sait s'il y en a là-bas !

Je dois faire une drôle de tête.

— Ça vous a secoué ? C'est vrai que vous l'admiriez un peu trop; moi, je suis fixée sur son compte depuis belle lurette. Allons, prenez un doigt de porto (expression typique de son époque), vous en avez besoin.

Oui, j'en ai besoin. Et pourtant j'ose à peine comprendre. Le message oral délivré à Dissay et que rien n'a confirmé devait-il vraiment m'inciter à me perdre ? Ce n'est pas possible ! Mais Huisman n'a-t-il pas été convaincu par des moyens analogues de prendre le *Massilia ?*

Les événements extraordinaires que nous vivons agissent comme des rayons X. Ils mettent au jour le fond des cœurs. Je découvre des sentiments abominables chez des êtres dont je me croyais l'ami, et un dévouement miraculeux là où je n'en soupçonnais pas.

— Vous êtes ici chez vous, me dit Marguerite Long. N'hésitez jamais à faire appel à moi en cas de besoin.

Le monde de la musique n'a pas fini de me réserver des surprises. L'année précédente, j'avais accordé une subvention plutôt modeste à un jeune pianiste, Gilles Guilbert, ce qui m'a donné l'occasion de connaître son ménage. Claire Gilles Guilbert est une femme passionnée, d'une intelligence et d'une énergie peu communes. Voilà qu'elle aussi me téléphone, m'assure de son affection et me parle de la situation en termes tels qu'effrayé, je lui demande de prendre garde aux tables d'écoute (le procédé est déjà courant).

Je l'avais rencontrée deux fois, trois peut-être. Je n'aurai pas de plus ferme appui pendant la longue épreuve que je vais traverser.

CHAPITRE IX

Quel été ! Août, septembre sont aussi splendides que les mois précédents. Paris semble engourdi dans une étrange torpeur qui contraste avec l'agitation de la zone " no-no " (non occupée) et les premiers efforts de la France Libre que la B.B.C. nous permet maintenant de suivre. La Gestapo n'est pas encore là et, mis à part le pillage de nombreuses maisons vides, les Allemands s'abstiennent soigneusement de commettre des excès. Sous leur impulsion surgit peu à peu une presse si manifestement inspirée qu'elle n'a aucune résonance. Même l'abominable *Pilori* provoque moins de colère que de haussements d'épaule.

Le résultat est inattendu : sous la botte de l'ennemi, beaucoup de gens dont je suis ont l'impression d'être plus libres que s'ils habitaient l'étrange royaume du maréchal, où l'arbitraire est sans limites, où la Déclaration des Droits de l'Homme a été biffée d'un trait de plume, où sévit un Ordre Moral en comparaison duquel celui du pauvre Mac-Mahon paraît scandaleusement tolérant.

A ce moment précis il ne s'agit pas d'une chimère. Nombre de Parisiens qui, fuyant le paradis vichyssois, se hâtent de rentrer chez eux, sont des Juifs. Ils ne reviennent pas seulement avec l'espoir de préserver leurs biens. L'antisémitisme français leur paraît si intolérable qu'ils préfèrent s'exposer à celui des nazis.

Le retour d'exode va s'amplifier au point d'irriter les Allemands. En septembre, ils interdisent aux Juifs de franchir sous aucun prétexte la ligne de démarcation. Bientôt cette ligne deviendra pour tous le barrage qui verra tant de drames et tant d'actions héroïques. Les mêmes se produiront vingt ans après devant le Mur de Berlin. Le destin aura-t-il voulu punir les Allemands d'avoir imaginé les premiers une frontière contre-nature ?

Grâce au fameux capitaine R., la plupart des lieux de plaisir ont rouvert et, jusqu'au couvre-feu, les noctambules reprennent leurs habitudes. Certains, incapables de se coucher à minuit, préfèrent attendre l'aube dans un des établissements privilégiés, fréquentés par des officiers allemands.

Le Bœuf sur le Toit est du nombre. Un soir, je ne résiste pas à la tentation de m'y rendre. Sur la porte une affichette porte : *Interdit aux Juifs.* Je veux voir si l'on m'expulsera de cet endroit dont je suis le familier depuis vingt ans. J'entre sans difficulté, le patron, le célèbre Moysès, manifeste sa joie de me revoir.

Le Bœuf refuse du monde. Les révolutions, les régimes, les guerres passent, *le Bœuf* reste lui-même et garde sa vogue. Quelque chose a-t-il changé depuis ma dernière visite, il y a deux mois, quand les illusions avaient la vie dure ?

Oui, force officiers allemands boivent du champagne en joyeuse compagnie et le nombre de beautés vénales appartenant aux deux sexes a beaucoup augmenté. J'apprends la raison de ce dernier phénomène : les mesures impitoyables qui, en l'autre zone, protègent la famille et la moralité, ont rejeté vers Paris toute une faune méridionale.

Un de mes meilleurs amis, un conseiller d'État, ancien chef de cabinet de Poincaré, a été nommé récemment préfet des Alpes-Maritimes. Il paraît qu'il pousse la rigueur contre les prostituées et les homosexuels (même s'il s'agit d'hommes placés aux étages élevés de la société) jusqu'à les faire interner dans un camp aménagé aux abords de Sisteron. Près de deux mille personnes, dit-on, s'y entassent déjà. J'essaie de me figurer quel aspect peut présenter une pareille communauté, mais surtout je me demande comment mon ami est devenu un défenseur aussi brutal de la vertu. J'ai toujours apprécié son libéralisme, son humour et son mépris des passions politiques qui l'a incité à refuser des postes importants. Je lui croyais trop d'esprit pour s'ériger en Père la Pudeur.

Moysès me tire de mes réflexions :

— Vous trouverez des connaissances au bar, me dit-il.

Je comprends vite. La clientèle, les filles et les garçons faciles se partagent nettement en deux catégories. Les uns s'asseyent volontiers à la table de l'occupant. Les autres se retranchent au bar où on ne voit aucun uniforme et que des volets mobiles séparent de la grande salle.

Ce refuge du patriotisme est efficacement défendu. Si un de nos vainqueurs essaie d'y pénétrer, les rires, les caquetages, le va-et-vient frivole des habitués s'arrêtent immédiatement. Une immobilité générale, un silence de plomb mettent en fuite l'intrus décontenancé.

On raconte qu'au moins une partie du " Milieu " est déjà acquise aux nouveaux maîtres. Je constate que la société du *Bœuf*, ce mélange subtil de gens du monde, d'intellectuels et de professionnels du plaisir, déteste les Allemands et plus encore l'État Français qui, de Marcel Proust à Picasso, insulte ses dieux. L'antisémitisme n'y a pas cours.

Une jolie femme d'une quarantaine d'années, richement entretenue par un homme d'affaires qu'elle ne montre pas, se jette dans mes bras. Quand je l'ai connue j'avais dix-huit ans et elle s'appelait Simone de France — simplement. Au lendemain de la première guerre, la France victorieuse servait de prénom à de nombreuses fillettes et de pseudonymes à des femmes que la vieille génération traitait encore d'" horizontales ".

Simone s'était amusée quelques mois à me faire bénéficier de son expérience amoureuse. Elle m'impressionnait à cause de ses tapis de fourrure blanche et de son domestique nègre. Depuis, elle est devenue, plus dignement, Simone Defranc. Nous nous rencontrons rarement, mais toujours avec plaisir.

Elle m'offre le champagne et lève sa coupe comme elle saluerait le drapeau :

— En rentrant à Paris, quand j'ai vu ces croix gammées, j'ai eu envie de mourir. Le père Clemenceau doit se retourner dans sa tombe. En tout cas, si jamais on veut t'ennuyer, préviens-moi, je te prends sous mon aile.

— Parce que... ?

— Oui, mon ami est en affaires avec les Boches. Et, crois-moi, ils ne peuvent rien lui refuser, ces salauds-là.

***

J'ai pris l'habitude de passer mes dimanches solitaires à me promener avenue Foch ainsi que je le faisais jadis à la sortie des Sciences Politiques. Il y avait encore des amazones et des demi-mondaines à cette époque. L'une d'elles, la belle Fernande Cabanel, arborait le premier manteau de fourrure qui eût, disait-on, coûté un million or. Devant les menaces d'un avenir dont le terme risque d'être proche j'appelle mes souvenirs, j'essaie de retrouver grâce à eux un univers auquel j'ai cessé d'appartenir.

Des souvenirs, l'avenue Foch m'en offre de pleines brassées. Un des plus anciens est celui de la Reine Wilhelmine des Pays-Bas sortant de la gare réservée aux souverains, toute en blanc et couronnée d'un chapeau pareil à une énorme pâtisserie nappée de crème. J'avais demandé à ma gouvernante si on le mangeait après les cérémonies.

A partir de l'automne 1918, bien d'autres chefs d'État descendirent l'avenue. Le 14 décembre, eut lieu l'arrivée inoubliable du président Wilson, porteur des espérances du monde. Je revois le balancement de son chapeau haut de forme, le sourire définitivement accroché à son visage. La foule délirante acclamait le « dispensateur de la justice », le « protecteur des opprimés », le « chef de la croisade pour le Droit ». Nous croyions fermement à ces formules, Wilson aussi : « Il se voyait, devait écrire Churchill, placé au sommet du monde, donnant des lois à l'humanité. » Cependant que Clemenceau grommelait :

— Je suis tombé sur le seul homme qui croit s'y connaître en paix depuis Jésus-Christ.

Après l'avoir effectivement regardé comme une sorte de Messie, nous avons maudit sa candeur, son inexpérience et son manque de réalisme. Aujourd'hui, en 1940, je me demande s'il ne faudrait pas lui reprocher, au contraire, de n'avoir pas été contre vents et marées fidèle à ses principes. N'aurait-il pas dû balayer l'équilibre des forces, la distribution de récompenses aux vainqueurs et de punitions aux vaincus, les vénérables traditions, génératrices des guerres passées ou futures ? Pendant quelques jours le mouvement d'opinion fut tel qu'il aurait pu le faire. On lui opposa les arguments qui avaient déjà été ceux d'une diplomatie fatale. On lui montra les traités secrets dont chaque pays semblait avoir une caisse pleine. Il marchanda. Rien n'est peut-être plus dangereux qu'un idéaliste qui transige avec son idéal. Au vrai, Wilson devint le fossoyeur du sien.

J'avais quinze ans pendant cet hiver 1918-19 où Paris fut, une dernière fois, la capitale du monde. Autant ma grand-mère et ses sœurs tenaient à vivre en vase clos, autant ma mère, Irène Hillel-Erlanger, se passionnait pour tout ce qui allait bouleverser à la fois les nations, les mœurs, la société et la culture. En pleine guerre elle avait fondé avec Germaine Dulac une société de production cinématographique et écrit des scénarios, au grand scandale des douairières. Amie de Saint-John Perse, elle scandalisait davantage encore en accueillant les dadaïstes. Elle ne s'intéressait pas moins à la politique et aux hommes qui changeaient les mosaïques de la planète.

Malgré la réprobation de ma grand-mère, je figurais quelquefois à ses dîners. J'y découvris pêle-mêle lord Balfour qui, le premier, avait promis une patrie au Juif Errant; Venizelos rêvant de ramener les Grecs en Asie ; Paul Valéry dont je fus saisi d'apprendre qu'il était sans doute l'homme le plus intelligent de France ; deux poètes roumains aussi dissemblables que la presque royale Hélène Vacaresco et le révolutionnaire Tristan Tzara ; Jean Cocteau, encore pareil à un adolescent et Louis Aragon qui en était vraiment un.

Lorsque Anna de Noailles devait venir, il fallait se plier à des rites éprouvants. Vers huit heures du soir, l'illustre auteur du *Cœur Innombrable* faisait téléphoner qu'elle se sentait très mal, mais que, néanmoins, peut-être... On attendait. Les coups de téléphone se succédaient, entretenant à la fois l'espoir et la crainte. A neuf heures on apprenait que la comtesse avait pu se lever. A dix heures elle surgissait, tel un oiseau rare venu d'Orient à tire-d'aile. Elle s'asseyait, épuisée, prenait la parole et ne s'arrêtait pas avant deux ou trois heures du matin.

Je me rappelle la fureur muette du président Louis Barthou, étincelant causeur réduit au silence par la petite Shéhérazade qui, d'une main nerveuse, interdisait aux convives de dire un mot chaque fois qu'elle avalait une bouchée.

Un des familiers de la maison, Philippe Berthelot, arbitre de notre diplomatie, racontait des anecdotes sur la Conférence de la Paix. Il mimait Clemenceau et Lloyd George près d'en venir aux mains.

— Des excuses ! Des excuses ! criait le Premier ministre anglais.

— Vous les attendrez aussi longtemps que la pacification de l'Irlande ! ripostait le Tigre.

Un de ces dîners fut presque historique. Ma mère admirait le grand écrivain lyrique Milosz qui luttait farouchement, sans grand succès, semblait-il, pour la résurrection de la Lituanie. Elle ménagea une rencontre avec Berthelot. Ce sceptique, dont Paul Morand a écrit qu'il n'était ni sensuel ni sentimental, croyait à la poésie. En partant il dit à Milosz :

— La Lituanie revivra.

Il y a vingt et un ans de cela. La Lituanie a revécu. Et déjà elle est morte : en 1939, l'année même où disparut Milosz qui avait annoncé la date exacte de notre Apocalypse.

***

Une grande joie ! Au cours d'une de mes promenades dominicales je rencontre René Blum, incomparable animateur des ballets de Monte-Carlo. Je le croyais en Amérique. Il sursaute, indigné. Le frère de Léon Blum ne saurait émigrer. Tant plus cette parenté l'expose, tant plus il se doit d'être à Paris.

Cette profession de foi nous amène à parler de la France Libre. Je me suis demandé naturellement si je ne devrais pas essayer de gagner Londres. A en croire de discrètes rumeurs, certains Allemands sont si âpres au gain qu'ils acceptent de favoriser un voyage outre-Manche moyennant un pot-de-vin considérable. René Blum admire de Gaulle, tous ses vœux comme les miens vont vers lui, mais sa religion est faite. Un Juif quelque peu marquant, surtout s'il occupe un poste, ne doit sous aucun prétexte quitter son pays. Il doit *témoigner*.

Je suis frappé d'entendre ce mot sortir de la bouche d'un libre-penseur, très éloigné du judaïsme. J'ai un grand respect pour le caractère et l'intelligence de René Blum. Me voilà fortifié dans ma résolution de ne prendre aucune initiative avant que Vichy ait traduit en actes un antisémitisme déjà officiel.

— Je n'aime pas les Juifs, a dit publiquement le maréchal lors d'une réunion de la Légion.

Est-ce parce qu'il doit beaucoup à l'un d'eux ? Mon parent, le conseiller d'État Jacques Helbronner, maintenant président du Consistoire de France, était en 1917 le directeur du Cabinet militaire du ministre de la Guerre, Paul Painlevé. C'est lui qui, après le désastre du Chemin des Dames, convainquit Painlevé de remplacer à la tête des armées françaises Nivelle par Pétain. C'est lui qui apporta sa nomination au nouveau généralissime.

Les deux hommes étaient restés amis. Dès que se précisa la menace contre les Juifs, Jacques Helbronner demanda au maréchal une audience qu'il obtint sans peine. Avec un visage aussi riant que pouvait l'avoir cette statue de marbre, Pétain l'accueillit en lui posant une question inattendue :

— Quel bon vent vous amène ?

Après cela, ses assurances quant à la sécurité des Juifs français et au maintien de leurs droits parurent peu convaincantes.

René Blum craint pour son frère qui vient d'être arrêté sans jugement. Vichy a réinventé les lettres de cachet. Depuis dix ou quinze ans, Léon Blum est le Français le plus exécré, non seulement de la bourgeoisie, mais de tous ceux qui n'appartiennent pas au monde du travail. A la veille de la guerre il n'était pas rare d'entendre dans un salon : « Plutôt Hitler que Léon Blum ! »

Léon Blum mourra, vénéré, après avoir refusé d'être Président de la République. Les bien-pensants, ayant toujours besoin, semble-t-il, d'identifier le diable, auront alors remplacé l'image de l'esthète, défenseur des pauvres, qu'on accusa si souvent d'être apatride, par celle du général qui se faisait « une certaine idée de la France ». Seuls de nos jours, Léon Blum et de Gaulle auront en un certain milieu exaspéré la haine jusqu'à la névrose. Peut-être parce qu'ils avaient l'un et l'autre le comportement des princes.

René, qui d'ailleurs voyait peu son frère, me parle de sa noblesse d'âme. La fureur des calomnies m'incite à le croire, encore que je ne sois pas moi-même sans griefs contre le chef de la S.F.I.O.

Je lui reproche son aveuglement lorsqu'il écrivit en 1932 : " Hitler a maintenant perdu jusqu'à l'espérance du pouvoir. "

Je lui reproche surtout d'avoir provoqué tant de crises ministérielles qui rendirent la France infirme. En 1933, Sarraut piqua une colère homérique quand les socialistes lui refusèrent la confiance sous un prétexte dérisoire. L.O. Frossard avait été à la tribune le porte-parole du parti.

— Je regrette, tonna le Président, que M. Léon Blum ne se soit pas donné la peine de m'assassiner en personne. Il se serait servi d'un stylet florentin. Mais vous, monsieur Frossard, vous m'avez coupé la gorge avec un couteau de cuisine !

L'éloquence avait encore des envolées au Palais-Bourbon.

Moins de trois ans après c'était le Front Populaire, cette grande expérience généreuse, malheureusement tentée au plus mauvais moment et dont ne devaient rester en définitive que les congés payés.

Le hasard voulut que je fusse présent quand Léon Blum reçut le premier des coups sous lesquels allaient se briser ses espérances. Cela se passa encore à un gala de l'Opéra (les galas de l'Opéra pourraient servir de jalons à l'histoire de France depuis un siècle). Celui-là était un petit chef-d'œuvre diplomatique dû au prestige et à l'entregent d'une femme, la comtesse de Fels. Marthe de Fels avait créé, sous le titre assez anodin d'" Art et Culture ", une association destinée à resserrer entre la France et l'Angleterre des liens fâcheusement distendus depuis la guerre d'Éthiopie et l'occupation de la rive gauche du Rhin.

A la demande discrète du Gouvernement, inquiet de la situation internationale, elle organisa cette étonnante soirée. Le Président de la République en personne devait décorer le célèbre chef d'orchestre anglais, Sir Thomas Beecham, à l'issue d'un concert qui rassemblait avec le corps diplomatique au complet les principaux membres du ministère et un Tout-Paris frondeur.

Dans les loges alternaient les Excellences révolutionnaires et des duchesses à diadème. Les applaudissements unanimes qui saluèrent le triomphe de Sir Thomas marquèrent le renouveau de l'Entente Cordiale.

Hélas ! tandis qu'à l'entracte circulaient des coupes de champagne, un attaché de cabinet tout effaré vint parler à l'oreille du président du Conseil. Léon Blum devint livide et je crus qu'il allait se trouver mal. Dominant cette faiblesse, il s'excusa brièvement auprès de l'ambassadeur de Grande-Bretagne et disparut. Nous étions le 16 mars 1937. Des ouvriers mécontents et les forces de l'ordre s'affrontaient violemment à Clichy, il y avait des morts, des blessés. Parmi eux, le directeur de Cabinet du Président, André Blumel, frappé d'une balle en pleine poitrine tandis qu'il s'interposait.

Le Front Populaire tirait sur le peuple ! Le visage pathétique de Léon Blum lorsqu'il apprit la nouvelle n'est jamais sorti de ma mémoire. Un grand peintre, un Greco, aurait pu le prêter à l'apôtre tombé du haut de son rêve.

— Beaucoup de gens, me dit René, sont persuadés que le maréchal joue double-jeu et que de Gaulle agit en accord avec lui. Je n'en crois rien.

— Moi non plus. D'autant qu'on se déchire à Vichy. A côté des intrigues dont je reçois les échos au ministère, celles de la Cour des Valois étaient des jeux d'apprentis. Trois remaniements ministériels en deux mois et demi ! La IIIe y allait moins fort.

— Vous connaissez le mot du Garde des Sceaux, Alibert : " J'ai fait Pétain par un mensonge et par un faux " ? Mais je veux m'efforcer d'être juste comme certainement mon frère s'y efforce au fond de sa prison. Assumer le gouvernement dans les circonstances où nous sommes est une tâche effrayante.

— Effrayante, surhumaine, si vous voulez. Être le syndic de la faillite de la France n'a rien d'enviable. L'ennui est qu'on paraisse y prendre plaisir. L'État Français a le masochisme triomphant. Il paraît que, lors d'un conseil des ministres, Weygand aurait reproché à Laval de se rouler dans la défaite comme un chien dans la crotte.

— L'Histoire, je le crains, ne leur pardonnera pas d'avoir livré les réfugiés politiques.

— Il y a pire. Admettons que cette honte ait été inévitable. Mais insulter de surcroît les victimes, les présenter comme des criminels !

— Vous avez vu que Gide et Cocteau sont devenus responsables de la défaite au même titre que la démocratie, les métèques et les francs-maçons ?

— En revanche les vrais responsables, ces généraux aux conceptions aberrantes, se couvrent mutuellement de décorations.

— Quoi qu'il en soit, Vichy bénéficie pour le moment de l'équivoque. Chacun lui donne la coloration de son choix. Et puis il y a naturellement la gloire de ce vieillard. Pourquoi la France aime-t-elle à ce point les vieillards ?

— C'est la bourgeoisie qui les aime. Depuis la Révolution et l'Empire elle se méfie des jeunes gens. Ajoutez à cela l'envie qui représente le trait de caractère dominant du bourgeois moyen. On envie moins ceux qui n'ont pas longtemps à vivre. Et quand ils sont morts... En France les funérailles des grands hommes deviennent des fêtes nationales. Rien ne plaît davantage.

— Peut-être vaut-il mieux quand même que nous n'assistions pas de sitôt à celles du maréchal.

— La question est de savoir s'il nous sert vraiment de bouclier ou si sa gloire va couvrir les pires choses comme un drapeau jeté sur un bourbier.

Nous nous arrêtons, soudain conscients de notre témérité. Nous regardons à droite et à gauche. Non, l'avenue Foch où la nature ne s'est jamais épanouie avec tant de force ne cache aucun piège. Les rares promeneurs sont assez loin de nous et ne nous regardent pas. D'ailleurs, en septembre 40, il n'y a guère de mouchards à Paris. C'est en zone « libre » qu'ils prolifèrent.

CHAPITRE X

Fonctionnaire de Vichy en attente de révocation. Quelle situation bizarre ! Les gens n'y comprennent rien. En général ils croient que je bénéficie de l'immunité pour des raisons occultes, et que je suis d'autant plus puissant. Se livrant à un concours de lâcheté, ils ne doutent pas que je serve le régime avec zèle. Cela me vaut d'entendre à longueur de journée des professions de foi germanophiles.

Beaucoup de mes interlocuteurs jugent la guerre déjà terminée. L'Angleterre ? On lui tordra le cou comme à un poulet, a dit un de nos illustres stratèges. Nul, apparemment, ne s'interroge sur l'issue de la bataille qui se livre au-dessus de la Manche. Les Allemands seront bientôt à Londres. Le capitaine R. y a déjà été affecté. Il y remplira les fonctions dont il s'acquitte si brillamment ici.

Cette conviction des augures et des personnalités qui assiègent le ministère, la masse ne la partage pas. En 1945, des Anglais me parleront non sans amertume de l'hostilité qu'on leur témoignait alors. Les Anglais ont tort de se fier aux voix officielles. Jamais depuis Jeanne d'Arc ils n'ont été aussi populaires à Paris.

La plupart des artistes regardent les choses sous un autre angle. La foudroyante dégradation morale consécutive à la défaite prend le rythme d'une avalanche. Les preuves s'en accumulent devant moi. Ce sont des lettres de dénonciation. Des musiciens, des peintres, des acteurs surtout s'accusent, à qui mieux mieux, d'être des non-Aryens ou des suppôts de la IIIe. Je m'efforce évidemment d'escamoter ces délations, mais beaucoup d'entre elles parviennent à des échelons supérieurs.

Sacha Guitry lui-même, malgré les égards que lui prodiguent les Allemands, juge à propos de publier des photographies représentant les obsèques catholiques de son père. Une comédienne juive vient m'apporter triomphalement les lettres d'amour de sa mère. Elles prouvent que cette dame avait un amant et que l'actrice, enfant adultérine, a seulement 50 % de sang maudit. La voilà sauvée. Une ordonnance militaire allemande vient en effet de définir *le* Juif : sont juives les personnes affligées d'au moins trois grands-parents pratiquant la religion de Moïse. Ces pestiférés devront bientôt être recensés. Nombre de professions leur sont interdites. Il ne sera naturellement pas question qu'ils osent se présenter sur une scène.

Une autre actrice a réussi à se camoufler. Poussé par une maîtresse atteinte de jalousie rétrospective, celui qui fut son mari envoie des pièces qui la confondent.

Une artiste qui me prodiguait les marques de son amitié et même de son admiration, et pour laquelle j'avais organisé de nombreuses tournées, écrit au directeur de mon service, c'est-à-dire, dans son esprit, à mon successeur car, se trouvant à Vichy, elle me croit jeté à la poubelle. Elle déplore ma gestion en termes énergiques et se met à la disposition de ceux qui vont enfin purifier l'atmosphère. Il m'est donné le rare plaisir de déguster cette prose.

A la Libération, personne ne m'accueillera avec plus d'émotion et de démonstrations que cette femme. Je n'aurai jamais le courage de lui parler de sa lettre.

J'admire beaucoup Jacques Copeau auquel le théâtre doit tant. Je suis donc doublement affecté en apprenant qu'il s'est fait nommer administrateur de la Comédie-Française après avoir obtenu la révocation d'Édouard

Bourdet parce que ce dernier reçut sa charge au temps du Front Populaire. Mais un coup de théâtre (c'est le mot) se produit. Les décrets de l'État Français doivent recevoir l'approbation de l'occupant avant de paraître au Journal Officiel. Or une brève enquête révèle que le fils du nouvel administrateur, Pascal Copeau, se trouve aux côtés de De Gaulle.

Fin de Jacques Copeau. Ne sachant qui choisir, Vichy se rabat sur le vieil Émile Fabre, patron de la Comédie-Française entre 1913 et 1936. Nouvelle catastrophe ! Le fils Fabre est lui aussi soldat de la France Libre. Le fauteuil restera vacant jusqu'à la nomination de Jean-Louis Vaudoyer en 1941.

Mon activité ne se borne pas à ruiner dans la mesure de mes moyens les espoirs des personnages aux dents longues, impatients d'occuper des places.

Le système des écoutes téléphoniques n'est pas encore arrivé à son point de perfection. L'ancienne garçonnière du duc d'Aumale, labyrinthe mal exploré, réserve d'autre part des surprises. J'y découvre un poste à tablette qui doit dater d'avant 1914. Premier miracle : à ce poste correspond une ligne depuis longtemps oubliée. Second miracle : grâce à des ruses savantes, j'acquiers la certitude que les Allemands l'ignorent.

J'appelle le ministère des Affaires Étrangères à Vichy, j'obtiens Mlle Borel dont les sentiments ne sont pas douteux. A son tour de travailler ! Bref nous parvenons à établir entre nous des communications qui échapperont aux oreilles de l'ennemi.

Mon principal souci concerne à ce moment les collections françaises que mon service avait envoyées outre-Atlantique peu avant la guerre. Au printemps 1939 s'était ouverte à New York une grande exposition internationale où figuraient des objets d'art français de toute nature. A la même époque, une centaine de tableaux entreprenaient un long périple à travers les États de l'Amérique du Sud. Nous n'avions rien fait rentrer pendant la guerre à cause du danger. Le danger serait pire encore si ces fabuleux trésors se trouvaient maintenant à portée de la main avide des occupants.

En effet, les pillages s'amplifient méthodiquement. En principe les Allemands s'abstiennent de toucher à ce qui est propriété d'État, moitié par politique, moitié grâce au comte Metternich, un grand seigneur rhénan, officiellement chargé de ces questions. Il n'en va pas de même pour les biens des particuliers. Quant à ceux des Juifs... Or des Juifs ont prêté un nombre impressionnant de chefs-d'œuvre aux deux expositions.

Louis Hautecœur donne son approbation au plan que je vais mettre à exécution grâce à Suzy Borel et à mon téléphone archaïque. En hurlant devant la tablette en bois je déclenche avec ma collègue un gigantesque mouvement. Les collections d'Amérique du Nord seront présentées en Amérique du Sud, celles d'Amérique du Sud seront présentées en Amérique du Nord. Elles voyageront pendant au moins trois ans, peut-être quatre.

Ainsi les aurons-nous sauvées, mais de justesse. Le délai de grâce risquera en effet d'avoir été trop court. En 1944, nos trésors échoueront dans les entrepôts de la douane de New York et celle-ci aura décidé de les vendre aux enchères quand, tel Zorro, je rentrerai à temps pour les récupérer.

A ce propos, une petite anecdote prouvera combien, en 1940, il est difficile d'agir sans recevoir un blâme quelconque. A cette époque, de Gaulle a chargé le professeur René Cassin de s'occuper entre autres des questions concernant l'Éducation Nationale et les Beaux-Arts. Je l'ignore et ne possède, de toute façon, aucun moyen d'envoyer des messages à Londres. À la Libération, je raconterai fièrement mon exploit au professeur Cassin et aurai la surprise de n'en recevoir aucune félicitation. J'aurai même l'impression que le futur Prix Nobel me reproche d'être passé par l'administration de Vichy. Eh ! comment aurais-je pu l'éviter ?

Bernard Champigneulle m'a quitté, à mon grand regret. Il faisait seulement un intérim, pendant que mon adjoint en titre, Michel Florisoone, était mobilisé.

Florisoone rejoint son poste. C'est un étrange garçon que son apparence rendrait d'emblée sympathique s'il ne sentait d'une lieue l'hypocrisie.

Je l'ai pris auprès de moi sur la recommandation de René Huyghe et, grâce à Sarraut, ai obtenu quantité de passe-droits qui lui ont valu au ministère une situation inespérée, car il n'appartenait pas aux cadres. Je devine que la révolution nationale comble ses vœux, mais je m'en méfie surtout à cause de sa dette envers moi. Ne jamais oublier M. Perrichon !

***

En remontant les Champs-Élysées je rencontre Louis Jouvet et Marcel Herrand revenus à Paris depuis peu. Exclamations, effusions. Nous allons prendre un verre au *Fouquet's*. Jouvet est furieux contre les Allemands. Il a décidé de rouvrir son théâtre, l'Athénée. L'occupant l'y a autorisé à condition qu'il ne joue ni Giraudoux, ancien Commissaire à l'Information, ni Jules Romains en route vers les États-Unis.

Avec sa voix qui hache les phrases pour mieux mettre les mots en valeur, Jouvet nous joue la scène entre... Jouvet et le représentant des services de la Propaganda Staffel. Impossible de ne pas rire aux larmes. La Propaganda Staffel a fini par admettre une reprise de *l'École des Femmes* après avoir passé au crible chacun de ses vers. Il paraît que Molière n'a commis aucun sacrilège contre le nazisme.

— Ensuite, commente sombrement Jouvet en reprenant le ton usuel, je serai réduit au chômage. Est-ce que ton fameux capitaine R. ne pourrait rien faire ? demande-t-il rageusement à Herrand.

Celui-ci hausse les épaules :

— Les services des Boches se chevauchent, se court-circuitent et se dénoncent à plaisir. R. ne se compromettra pas en ce moment. N'oublie pas le camouflet qu'il vient de recevoir.

Je demande :

— Quel camouflet ?

— Il avait misé sur Capgras. Il voulait le mettre à la tête d'une espèce de fédération des théâtres parisiens que les Allemands ont l'intention de créer. Mais Sacha Guitry est rentré. Il ne l'entendait pas de cette oreille. Les Allemands le considèrent comme le plus grand écrivain français. C'est une opinion. En tout cas, ils ont l'air de croire qu'il peut leur être utile. Tu sais qu'ils ont lancé sur les intellectuels l'offensive de la séduction.

— Sacha s'était démené il y a deux ans pour jouer à l'Élysée devant le roi d'Angleterre.

— Nous sommes tous des putains, tu ne le sais pas encore ?

— A propos de Sacha, intervient Jouvet, on raconte une histoire d'essence. Tu ne la connais pas, mon petit père ? (C'est une de ses expressions favorites).

Il joue de nouveau en imitant la voix célèbre et nous voilà encore une fois tordus de rire. Guitry, cherchant à regagner Paris en auto, va demander de l'essence à des autorités françaises qui l'envoient paître sans seulement avoir l'air de connaître son nom. Indigné, il s'adresse à la Kommandantur locale où on s'exclame :

— Maître, nous sommes à vos ordres.

— " J'ai compris ", aurait conclu Sacha. L'histoire est probablement fausse. N'empêche qu'il a déboulonné Capgras. C'est un ami à lui qui contrôlera leur fédération. Nous avons de beaux jours en perspective.

— Il aurait mieux valu, dit Herrand, que R. gagne la partie bien qu'il soit un peu pourri. Ce n'est pas l'idiot du village et il s'en fout pourvu qu'il trouve son compte...

Il s'interrompt et me regarde, la bouche ouverte, les yeux ronds :

— Je parle, je parle et tu me laisses aller. Tu le connais mieux que moi notre beau capitaine.

— Moi ?

— Ah ! non ! ne fais pas l'innocent ! J'y pense tout d'un coup. C'est grâce à lui qu'on ne t'embête pas ?

Je comprends que tu ne tiennes pas à le crier sur les toits, mais entre nous... D'ailleurs Jean Marchat et moi sommes devenus très copains avec R. Tu sais le nom de son amie ? Oui, naturellement. Elle nous l'a amené, on s'est rappelé le bon vieux temps. Ça va nous permettre de rouvrir les Mathurins.

— Marcel, je te jure que je ne comprends pas un mot. Moi, j'ai rencontré ce R. ?

— Tu lui as même acheté de l'aspirine dans des circonstances qu'il n'a sûrement pas oubliées.

— Bernard ! R. serait Bernard ? Je le croyais hollandais.

— Il le disait. Si tu veux mon avis, c'était un espion. A cette époque, nous ne savions pas qu'il existait une cinquième colonne.

— Bernard !

— Alors vraiment tu n'es pas au courant ? Tu ne l'as pas revu ?

— Absolument pas !

— Tu sais entortiller les gens comme personne, lâche sentencieusement Jouvet, et pourtant tu es un naïf. C'est ce qui me plaît en toi, mon petit père.

***

Bernard ! Je retourne au début des années 30, à l'épilogue des années folles. Certes, depuis le krach américain et la poussée du nazisme, l'Europe changeait d'aspect, mais la crise n'avait pas atteint une France fière de ses tonnes d'or, on croyait encore en Briand, " le pèlerin de la paix ", on se moquait du " bel Adolphe, " de sa moustache, de sa défaite électorale devant le vieux maréchal Hindenburg, symbole du militarisme prussien en 1918, rempart de la liberté en 1932.

Pour ma part, je présentais la Comédie-Française à la Société des Nations qui acclamait Marie Bell dévorée des yeux par Herriot, je renonçais au roman après avoir soumis un manuscrit à Cocteau qui me répondait " Je n'ai pas trouvé ton fil sous les manteaux du vestiaire " et j'entreprenais ma première biographie historique, celle de Marguerite d'Anjou, la *Rose Sanglante*.

— Personne ne saura de qui il s'agit ! gémissait mon éditeur, l'excellent Émile-Paul. Enfin si vous y tenez...

J'y tenais (1). Émile-Paul pouvait se permettre de prendre des risques grâce au *Grand Meaulnes* et surtout grâce aux tirages fabuleux de Pierre Frondaie, l'auteur de *l'Homme à l'Hispano*.

Étrange personnage, ce Pierre Frondaie qu'adoraient ses épouses, ses maîtresses et toutes les femmes éblouies par l'image truquée d'un monde dont la porte leur était fermée ! Je lui dis un jour, croyant le flatter, qu'il ressemblait à Mussolini, alors au sommet de sa gloire.

— Il voudrait bien ! répondit dédaigneusement le Don Juan glabre et chauve.

Pierre Frondaie composait de beaux poèmes qu'il cachait soigneusement car ils auraient pu nuire à son image de marque. Il me conseillait de ne pas perdre mon temps auprès d'une reine d'Angleterre oubliée et d'écrire sur les Borgia un livre croustillant. Je me récriais. A l'époque, j'étais plutôt pudibond en ce qui concernait la littérature et surtout l'histoire.

Cela ne m'empêchait pas de participer presque chaque soir à la grande fête parisienne commencée au lendemain du 11 Novembre et qui se poursuivait de Montmartre à Montparnasse en passant inévitablement par *le Bœuf sur le Toit*. Une foule d'étrangers venaient goûter à nos plaisirs. S'ils nous amusaient, nous nous liions facilement avec eux sans poser des questions indiscrètes. C'est ainsi qu'apparut au *Bœuf* un garçon très beau, trop somptueusement vêtu, qui parlait l'allemand et l'anglais, point le français. Comment il entra dans notre groupe, je ne saurais le dire. Le fait est qu'il nous accompagna de boîte en boîte et qu'à la faveur d'innombrables

(1) Je devais vendre exactement 27 exemplaires de *Marguerite d'Anjou* lors de sa parution. La revanche ne vint qu'en 1961. Je fus particulièrement heureux alors du succès remporté par le livre en Angleterre.

cocktails (le whisky ne régnait pas encore), la sympathie naquit entre nous.

Vers trois heures du matin, la bande se dispersa place Pigalle. Bernard toussait beaucoup. Au moment où j'allais lui dire adieu, il me demanda le plus naturellement du monde si je ne voulais pas l'inviter à souper car il n'avait pas mangé depuis deux jours.

Je fus surpris. Certes il n'avait rien payé, mais le magnifique manteau à col de fourrure, la chemise en pure soie (c'était la mode), les boutons de manchette ne trahissaient pas le dénuement.

Bah ! nous étions habitués aux choses extraordinaires. J'emmenai Bernard chez Graff, gigantesque brasserie de la place Blanche, ouverte jour et nuit, qui accueillait toutes les sortes de noctambules. Les catégories variaient au fil des salles, depuis la clientèle très élégante de la première jusqu'aux épaves qui mangeaient leur sandwich quotidien au fond de la dernière en espérant vaguement un appel de la chance.

Au milieu de ses quintes de toux Bernard avala une énorme omelette, deux steaks, la moitié d'un camembert, je ne sais combien de gâteaux. Il ne parlait pas. Je le regardais, fasciné comme je l'ai toujours été par les individus insolites. Celui-là avait maintenant l'air d'un enfant. D'où sortait-il ? Pourquoi ce contraste entre la richesse des vêtements et une complète misère car, retournant ses poches, il m'avait montré qu'elles étaient vides ?

Sa boulimie calmée, je l'aurais interrogé si la violence de sa toux et son teint congestionné n'étaient devenus inquiétants. J'exigeai de lui tâter le pouls, il avait au moins 39°.

Je lui demandai où il comptait coucher, il n'en savait rien. Il était arrivé au cours de l'après-midi, venant de Londres, il ne connaissait personne à Paris, il ne connaissait pas davantage la ville.

— Et tu es allé tout droit au *Bœuf ?* (nous parlions anglais).

— Oui, des amis m'avaient donné l'adresse. En

arrivant, il me restait juste de quoi prendre le métro. J'ai demandé : " Champs-Élysées ? "

— Tu ne vas quand même pas dormir sur un banc ?

Il fit un geste vague avant d'être plié en deux par une nouvelle quinte. La pitié m'envahit. J'avais vingt-huit ans et ne me méfiais pas encore des tours que me jouaient à la moindre occasion les bons sentiments dus aux leçons de ma grand-mère. Je dis à Bernard :

— J'ai une petite garçonnière, rue Washington, un studio. Si tu veux, tu peux y rester deux ou trois jours jusqu'à ce que ta grippe soit passée.

Il me remercia brièvement comme si la chose allait de soi. Rue Washington je le vis grelotter de fièvre. De nouveau j'eus un réflexe de boy-scout. Juste en face de l'immeuble se trouvait une pharmacie ouverte pendant la nuit. J'y courus et rapportai un tube d'aspirine, une boîte de pastilles Valda. J'indiquai à Bernard les doses à prendre et le quittai, un peu étonné qu'il ne parût pas l'être lui-même.

En rentrant chez moi, je me morigénai selon mon habitude après avoir suivi mon premier mouvement. Quelle idée d'héberger un inconnu ! Et si c'était un malfaiteur ? Heureusement il n'y avait rien à voler. Je ne me doutais pas qu'un jour je devrais la vie à cette B.A. inconsidérée.

Le lendemain je fus très occupé. Le surlendemain je me rendis rue Washington, il était parti, laissant la pièce dans un ordre parfait. La fameuse propreté hollandaise.

Je le revis, au *Bœuf* naturellement. Une semaine environ avait passé et, curieusement, il semblait prospère. Il se jeta dans mes bras, nous devînmes de grands amis ou plus exactement d'inséparables compagnons de plaisir. Bernard avait l'esprit vif et curieux — oh ! combien curieux ! Il m'interrogeait sur tout et sur tous. Innocemment je m'amusais à jouer les pédagogues. Je le présentai à beaucoup de gens, notamment dans le monde du spectacle où il fut adopté d'emblée.

Lui-même répondait peu aux questions. Il était

hollandais, batteur d'un orchestre de jazz, ce qui procurait alors un certain prestige. La formation à laquelle il appartenait ayant eu à Londres des mécomptes qu'il ne précisait pas, il avait échoué sans ressources à Paris. Maintenant les choses allaient mieux, sa famille lui envoyait des mandats.

Nous étions insouciants et ne cherchions pas à percer des mystères auxquels nous n'attachions pas d'importance. Pendant près d'un an, Bernard fut un pilier des boîtes à la mode. Puis il disparut. Une étrange histoire circula. Il aurait séduit à Strasbourg la femme d'un colonel d'état-major qui se serait suicidé.

Un jour je reçus une carte de Hambourg. Bernard avait dû abandonner son ancien emploi car Hitler régnait maintenant et proscrivait le jazz. Il s'était mis à la chanson et y réussissait bien. Une autre carte me parvint à l'occasion du nouvel an, puis cette correspondance cessa, je ne pensai plus à Bernard.

Marcel Herrand voudrait que je reprenne contact avec lui. Cela pourrait m'être bien utile. Il s'offre à tâter le terrain. Je le prie énergiquement de n'en rien faire. Pour rien au monde je ne veux connaître le capitaine R. Je suis assez furieux d'avoir soigné un agent de l'Allemagne. Nazi par-dessus le marché et, s'il faut en croire les ragots, quelque peu parent de Goering.

CHAPITRE XI

Le 16 septembre 1940 se produit à Paris un phénomène dont j'ai vainement, depuis, cherché l'explication. La veille, la bataille d'Angleterre est parvenue à un point culminant, la Luftwaffe a subi de si lourdes pertes qu'Hitler renoncera peu de temps après à son plan d'invasion. Évidemment le communiqué allemand ne laisse rien pressentir de pareil. Quant aux Anglais, la B.B.C. attendra 1941 et le premier anniversaire de ce duel mémorable pour le célébrer comme il convient. Eh bien ! dès le lendemain matin, Paris est au courant, miraculeusement.

Lorsque j'arrive à mon bureau mes collaborateurs et moi nous serrons les mains, les larmes aux yeux.

— Ils n'ont pas passé, ils ne passeront plus !

A peine suis-je attablé au restaurant où je prends mes repas que le patron se précipite comme s'il me félicitait personnellement.

— Ils n'ont pas passé, hein ? Maintenant ils sont foutus.

J'entre au magasin du Louvre, puis dans une librairie. Les employés sont rayonnants. Ceux qui me connaissent n'osent pas trop extérioriser leur joie, mais ils m'adressent des sourires complices. Au Palais Royal le hasard facétieux me met en présence de Kunstler que je n'avais pas revu depuis l'exode. Il me saisit par le bras avec une espèce d'enthousiasme.

— Venez donc faire quelques pas.

L'admirable jardin est à peu près désert. On ne le fréquente pas beaucoup depuis la Révolution. Kunstler s'assure que nul ne peut nous entendre. Puis il explose :

— Eh bien ! ils ont raté leur coup ! Je l'avoue, je croyais qu'ils l'avaient mieux préparé et qu'ils étaient sûrs de gagner. Je ne le crois plus du tout, nous les aurons, comme on disait en 14 !

Il me chuchote à l'oreille :

— Vive l'Angleterre !

Il en est à se dédouaner ! Des rats quittent déjà le navire hitlérien ! C'est un indice sérieux. J'en éprouve une joie si forte que, je le sens, je pardonne à Kunstler son ignoble conduite à Dissay.

Le monde vient de se transformer. L'espérance donne aux choses une couleur nouvelle. Je ne méconnais pas les épreuves et les souffrances que nous réserve l'avenir immédiat, mais, au bout du tunnel, s'est allumée une lumière.

Au ministère je reçois la visite de H. R. Lenormand, auteur dramatique injustement négligé aujourd'hui, très célèbre alors à cause de pièces qui marquèrent l'entre-deux-guerres, *le Temps est un songe*, *les Ratés*. On le surnomme en plaisantant Homère-Racine à cause de ses initiales et de la haute idée qu'il a de lui-même.

La candeur des gens n'a pas fini de me frapper. Me jugeant bien renseigné, Homère-Racine vient me demander si vraiment les Allemands ont perdu la guerre. Je lui réponds qu'ils ont manqué une occasion de la gagner. Quant à la suite, je n'ai pas le don de double vue.

— Bien sûr ! soupire Lenormand. C'est ce qu'il y a de terrible. Ah ! si on savait quel sera le vainqueur !

Quelques jours après, autre visite qui me trouble davantage, celle de Jean Cocteau. Lorsque la guerre a été déclarée, Cocteau, désespéré du départ de Jean Marais, s'est fait sévèrement juger en clamant son pacifisme. L'exode l'a entraîné en zone " libre ". Il s'y est un peu attardé et rentre maintenant, impatient de reprendre en main ce Paris où les journaux, les théâtres, les maisons d'édition retrouvent rapidement leur activité.

Cocteau a été un des dieux de ma génération, le poète protéiforme devant lequel nous restions bouche bée, le magicien scandaleux et d'autant plus admiré. Personnellement, je l'adore sans ignorer les curieuses faiblesses que cachent ses feux d'artifice. L'inconscience en est une.

Rentré dans sa bonne ville, Cocteau a l'impression qu'on lui a volé son sceptre. Sacha Guitry domine le théâtre. La presse qui reparaît sous le contrôle de l'occupant et qui est fort bien faite, à l'exception de quelques feuilles abjectes, le dédaigne. Ni *les Nouveaux-Temps* de Luchaire, ni *la Gerbe* d'Alphonse de Châteaubriant ne lui ont encore demandé sa collaboration.

Cocteau entend mettre bon ordre à cet état de choses inadmissible. Puisque j'occupe un poste administratif et que tout, à présent, dépend des autorités, il a naturellement recours à moi, ne doutant pas, avec raison, de mon amitié.

Je le reverrai toujours, arpentant mon bureau et donnant libre cours à son indignation. A quarante ans il a conservé sa jeunesse. Son visage n'est qu'un profil et ses mains s'agitent comme, sous la bourrasque, des fleurs aux longs pétales pointus.

— Ils osent me traiter de la sorte parce que mon public est derrière les barbelés. Mais la guerre ne durera pas toujours. Ils devront rendre compte à la jeunesse lorsqu'elle sera libérée. On ne lance pas un pareil défi à la jeunesse. C'est à toi de leur montrer ce qu'ils risquent.

Pauvre cher Jean ! Lui expliquer que je suis le dernier à pouvoir remplir une telle mission ? Il me rangerait aussitôt parmi ses ennemis. Lui prouver quel avantage il aurait à s'écarter des protégés de Goebbels et, puisque Vichy l'insulte, à prendre l'aspect d'une victime de l'ignorantisme et de la tyrannie ? Cela supposerait un effacement au moins temporaire et il ne le supporterait pas. Comment lui en vouloir ? Il a été créé pour étinceler sous les projecteurs.

Je m'en tire en lui prodiguant de bonnes paroles et de vagues promesses. Bien vite, d'ailleurs, il sera de nouveau une vedette de l'actualité. Qu'après la défaite la France ait été partagée en zones étanches, nous aura du moins valu plusieurs œuvres de lui. Il n'aurait pu les produire, exposé à la vigilante censure de Vichy où il sentait le soufre.

En 1945 des amis communs nous réuniront dans un bistrot de la rue Montpensier. Malgré mon désir d'éviter les sujets brûlants il les abordera aussitôt. Il s'expliquera longuement sur ses relations avec Arno Breker grâce auquel il a pu préserver bien des vies menacées. Me voyant sceptique, il précisera :

— Tu comprends... (lorsqu'il prononce ce mot qu'il aime, son index frôle la commissure de ses lèvres), tu comprends, il ne me disait jamais rien, mais son regard parlait.

Le merveilleux est le domaine des poètes. On accepte mal de les en voir sortir. Beaucoup plus tard, lorsque Cocteau préparera son élection à l'Académie, sa sœur, Mme de La Chapelle, sera présentée à une admiratrice américaine qui en restera suffoquée :

— Jamais, me dira ensuite cette personne chimérique, je n'aurais cru Jean capable d'avoir une sœur !

***

L'État Français, en préparant des mesures contre les Juifs, se heurte à de bizarres complications. Il y a ceux qui se soucient uniquement de donner une satisfaction substantielle aux Allemands parce qu'ils préparent la “ collaboration ”. Pierre Laval niera énergiquement avoir eu cette pensée. A la fin de ce mois de septembre, sans posséder aucun renseignement particulier, j'ai l'impression qu'au mieux, il ne nous défendra pas. Lorsqu'il était président du Conseil en 1935, il m'avait fait demander un exemplaire des *Protocoles des*

Sages de Sion. J'avais compris, horrifié, qu'il attachait une importance à ce faux de la police tsariste. J'étais parvenu à trouver le pamphlet... antibonapartiste (!), principale source d'inspiration des provocateurs russes, *les Dialogues aux enfers de Machiavel et de Montesquieu.* J'avais longuement expliqué que cette œuvre d'un chrétien, Maurice Joly, visait Napoléon III et portait une date (1864) antérieure de trente-trois ans au prétendu Congrès de Bâle où les Juifs auraient préparé la conquête du monde.

J'ignore en 1940 l'effet qu'a pu produire ma prose. Je crains celui d'une imposture colossale qui serait burlesque si elle n'avait déjà causé tant de ravages (1).

Quoi qu'il en soit de la position de Laval, ce sont d'autres hommes qui débattent avec les Allemands de l'orthodoxie en matière d'antisémitisme. Pour le Garde des Sceaux, Alibert, et ses amis de l'Action Française, il s'agit de religion et de nationalisme. Pour les nazis il s'agit de race. Hitler obtiendra que la loi française adopte sa définition du Juif (un prêtre catholique restera juif si ses parents le furent). Quant au reste, il permettra qu'on exhume des traditions médiévales.

Les ministres du maréchal préparent donc un statut des Juifs comme s'ils étaient des légistes de Philippe le Bel ou de Charles VI. Nous saurons un jour par les notes du ministre des Affaires Étrangères, Paul Baudoin, que le vainqueur de Verdun les incite à la sévérité. Pendant ce temps, la Gestapo envoie à Paris un véritable névrosé de l'antisémitisme, Theo Dannecker, chargé en attendant mieux d'adapter la mentalité antidreyfusarde à l'esprit de *Mein Kampf.* Il est le représentant d'un fonctionnaire inconnu, un certain Eichmann.

Une flambée imprévue de la vie parisienne a lieu tandis que ces menaces restent encore vagues. Des salons s'ouvrent à nos « charmants vainqueurs »,

(1) En 1974 l'Arabie Séoudite se sert encore des *Protocoles* comme arme de propagande contre Israël !

comme minaudent quelques jolies femmes. On y accueille d'un même cœur deux adversaires farouches : le séduisant ambassadeur Otto Abetz et le sournois policier Knochen. Un organisme très spécial, le " bureau Otto ", va donner une vigoureuse impulsion aux affaires.

Il y a de nouveau des répétitions générales élégantes. A six heures du soir à cause du couvre-feu. Le Théâtre Sarah-Bernhardt devient le Théâtre de la Cité car le nom juif de la plus grande tragédienne française ne saurait désormais souiller la capitale. Je suis affligé que son nouveau directeur, Charles Dullin, accepte cela sans protester. En revanche, le critique et polémiste Georges Pioch trouve le moyen de consacrer trois colonnes à Marie Dubas sans écrire son nom, blasphématoire lui aussi, puisque la célèbre fantaisiste n'est pas aryenne.

Je décide de me montrer partout. Je parade aux entractes, je serre autant de mains que possible, je prends des airs protecteurs. Naturellement je rencontre quelques amis (mon instinct ne me trompe pas) envers lesquels j'ai un comportement normal. Les autres me regardent, médusés, et je m'amuse beaucoup à suivre le travail auquel ils essaient de soumettre leur logique.

La reprise de l'*École des Femmes* a lieu dans une atmosphère que peut-être aucun spectacle ne connut jamais. On croit voir la France ressuscitée, la France de Molière et la France contemporaine incarnée par le génie de Jouvet, l'invention de Christian Bérard. Les lustres de style classique pendus aux arbres du jardin d'Arnolphe sont des porte-flammes. Les acclamations vont au-delà de l'œuvre et des artistes. Allons ! la gangrène ne s'est pas tellement étendue.

J'en reçois une nouvelle preuve la semaine suivante pendant une représentation à la Comédie-Française. Alors que nul ne s'y attendait, les sirènes entrent en action. Une alerte ! Des avions anglais survolent Paris qu'ils vont peut-être bombarder. Les spectateurs sont invités à gagner les abris. Ils se lèvent sans quitter leur place et applaudissent à tout rompre sous le nez des officiers allemands qui garnissent une partie du balcon. Pour la première fois depuis longtemps je dormirai bien cette nuit-là.

CHAPITRE XII

Très astucieusement les gens de Vichy s'emploient à diviser les Juifs. Avec, semble-t-il, l'accord tacite des Allemands ils ne négligent rien pour établir des lignes de démarcation morales entre les Français et les étrangers, puis, à l'intérieur de ces catégories, entre les Français d'origine et les naturalisés, entre les étrangers installés avant 1933 et les réfugiés. Il y a même des subdivisions plus subtiles.

Quoi qu'on puisse croire en lisant les journaux, les Juifs sont des hommes, c'est-à-dire qu'ils comptent une minorité de héros. Ils ne résistent pas toujours comme il le faudrait au raz-de-marée bourbeux lancé à l'assaut des consciences.

Bref, la plupart fouillent leur généalogie. Ceux qui étaient là avant 1870 se découvrent une supériorité sur ceux d'avant 1914 qui, à leur tour... C'est la mentalité du *Mayflower*. Mais, en Amérique, les immigrants de fraîche date, complexés par le souvenir du fameux bateau, ne se sentaient pas exposés au pire.

A quoi bon le nier ? Certains Juifs " de vieille souche" sont tentés de suivre le courant et de ne pas défendre leurs coreligionnaires de l'Est, les vrais, les seuls fauteurs de guerre. L'Anschluss ? La Tchécoslovaquie ? La Pologne ? Prétextes ! Bagatelles ! Nos malheurs sont dus aux complots des êtres malfaisants devant lesquels Hitler éprouvait une allergie trop naturelle !

Cette épidémie de lâcheté, heureusement, a d'étroites limites. En revanche, la propagande officielle donne aux Juifs français un dangereux sentiment de sécurité — au moins relative. Jamais on ne touchera aux anciens combattants, aux fils des soldats morts pour la France, à ceux dont les travaux l'honorent. Le maréchal ne l'a-t-il pas attesté, solennellement ?

Je pense, quant à moi, qu'il s'agit d'une tactique. Je rappelle la méthode nazie, dite du râteau : il faut enlever les feuilles une à une, qu'il s'agisse des pays à conquérir ou des gens à éliminer. Cela m'attire une vive réprobation, même dans ma famille. Pessimiste incorrigible ! Je n'ai cessé de l'être depuis 1933 ! C'est maladif ! Il y a des optimistes si résolus qu'ils iront se faire recenser avec l'idée rassurante qu'ils se mettent à l'abri ! Ils ne risqueront pas dorénavant d'être les victimes d'une confusion !

Car l'heure du recensement a sonné. Je n'ai pas d'illusions, je ne suis pas sûr de revenir du commissariat de police auquel je suis tenu de me rendre *sans y être nommément convoqué*. Et cependant je n'éprouve pas une minute la tentation de me dérober. Certes, étant trop connu, je dois craindre une dénonciation, mais beaucoup d'autres auxquels il serait facile de se camoufler n'y songent pas plus que moi. On n'a pas encore vraiment analysé la soumission de la plupart des Juifs, leur fatalisme devant leur éternel malheur.

Il faut reconnaître que tout contribue à les piéger.

Ainsi je me refuse toujours à quitter de moi-même le ministère, à laisser dire que j'ai fui. Je mets aussi un point d'honneur à ne pas me renier. Ces louables scrupules me conduisent directement à l'un de ces commissariats où les Allemands relèveront, parfaitement répertoriés, les noms et adresses de 160 000 Juifs parisiens. Les Français leur auront évité bien du travail !

Dans la grisaille sinistre d'un petit matin d'octobre, me voici donc au milieu du troupeau promis à l'abattoir.

La file est longue, l'attente interminable. Je frissonne malgré ma compagne des mauvais jours, ma pelisse endossée en prévision de drames obscurs. L'ampoule de poison s'y trouve, à portée de ma main.

Le temps passe. Je rêve, je pense à mes parents et me félicite qu'ils aient disparu assez jeunes pour avoir évité cet avilissement grotesque. Mon père dont *le Juif Polonais* et *Aphrodite* firent des centaines de fois les beaux soirs de l'Opéra-Comique, était célèbre au point de n'avoir pas à payer son tailleur. Ce commerçant ne croyait pas perdre au change en inscrivant sur la grande glace de son magasin : " Fournisseur de Camille Erlanger ".

Mon père tournait la tête à toutes les femmes. Je devais trouver un jour, selon les traditions romanesques de l'époque, des liasses de lettres d'amour. Leurs auteurs usaient parfois d'un papier quadrillé, parfois de somptueuses imitations de parchemin auxquelles ne manquait pas la couronne fermée.

La cantatrice Marthe Chenal qui aurait pu servir de modèle à la *Vénus de Milo* et qui devint un symbole patriotique en chantant *la Marseillaise* pendant la guerre de 14-18, Marthe Chenal alla un jour trouver ma mère incroyablement aveugle. Elle lui dit :

— Nous aimons le même homme. Il faut que nous vivions ensemble tous les trois.

C'était un usage qu'avait mis à la mode chez les intellectuels évolués le mari de Colette, Willy, qu'on croyait alors le seul auteur des *Claudine*. Ma mère se flattait de marcher à l'avant-garde de la littérature. Chenal fut déçue de constater que sa morale n'en restait pas moins bourgeoise.

— Puisqu'il en est ainsi, dit-elle, je serai votre ennemie mortelle.

Mes parents divorcèrent quelque temps après. Ils n'avaient pourtant pas cessé de s'aimer et renouèrent à la première occasion. Mais, Armand Fallières régnant, le divorce n'était pas une plaisanterie. On le pardonnait difficilement à une femme, même si le tribunal avait reconnu les torts de son mari. Une réconciliation publique, succédant à un tel esclandre, l'aurait mise au ban de la société.

Soucieux de ménager ma grand-mère, mes parents menèrent dès lors dans la clandestinité leur vie d'amants inadmissibles. Nul n'aurait connu leur histoire si une crise cardiaque n'avait emporté mon père au domicile de son ex-épouse. Cela fit du bruit. Ma mère ne put survivre à l'infidèle. Elle mourut onze mois après, à quarante-deux ans. J'évoque leurs obsèques, les montagnes de fleurs, le représentant du Président de la République me serrant cérémonieusement la main, les discours pleins de métaphores grandiloquentes, le défilé des hommes politiques, des hommes de lettres, des gens du monde, la princesse de Guermantes, je veux dire la comtesse Greffulhe, encore merveilleuse, jetant un regard indéfinissable à Chenal qui pleurait en portant à ses yeux un énorme bouquet de violettes de Parme...

L'appel de mon nom me ramène brutalement à la réalité. Bien entendu on me parle comme à un clochard suspect. Réagir serait un manque de dignité. J'obtempère. Jadis j'obtempérais bien aux abois de l'adjudant qui nous ordonnait de faire remplacer les clous de nos brodequins avant qu'ils soient tombés.

Je m'efforce de vider mon esprit, je remplis la fiche, je signe, je tends ma carte d'identité. On me la rend. Voilà : je suis classé officiellement en dehors... en dehors de tout et de tous.

Et maintenant ? Maintenant rien. Je sors, étonné d'avoir de nouveau les apparences et la liberté des êtres normaux. J'appelle un taxi, il s'arrête, il me prend en charge de la même façon que si j'étais un passant ordinaire. Je me rends au ministère où les huissiers de l'antichambre se lèvent respectueusement à mon entrée. Je gagne mon bureau, mes collaborateurs me présentent le courrier, me demandent des instructions que je donne d'une voix ferme. Comment ces choses sont-elles possibles ? J'ai l'impression d'avoir été transporté dans un univers monstrueux et risible, semblable à celui que crée au musée Grévin la galerie des miroirs déformants.

***

Le 18 octobre, paraît enfin le statut des Juifs. Ce n'est pas une surprise, c'est cependant un choc. Dicté par un tyran fou tel qu'Hitler, il me blesserait à peine. Ce serait simplement une calamité entre les mille calamités des vaincus, l'incendie d'une maison située près d'un champ de bataille, un accident tragique. Mais qu'il porte la signature d'un héros national, que la gloire de Verdun serve à cautionner la calomnie et la superstition, à légitimer un des crimes permanents de l'humanité, voilà qui est difficilement supportable.

Eh bien ! puisqu'il le faut, réintégrons le Moyen Age. Les bûchers vont sans doute se rallumer bientôt. Quant à la spoliation, on n'a pas perdu de temps. Mes biens vont être confiés à un administrateur provisoire. Je me hâte de retirer de ma banque ce dont je puis encore disposer. Le directeur de cette maison fondée par ma famille me fait valoir avec quelle générosité il me laisse emporter les débris de ma fortune.

Chez moi je suis pris d'un rire nerveux en cherchant la cachette où je vais enfouir mon trésor. Harpagon et sa cassette !

Le statut me permet de rester à mon poste deux mois encore, jusqu'à la fin de l'année. Je vais demander à Hautecœur s'il désire mon départ immédiat. Hautecœur se récrie. Il compte me maintenir et m'attribuer les fonctions autorisées de conseiller technique tandis que mon adjoint occupera officiellement ma place.

Je suis ému et de nouveau perplexe. Je consulte René Blum, impavide sur ses positions : il faut rester. Je consulte aussi Jean Cassou auquel me lie une profonde amitié et dont l'œuvre me ravit. Cassou, adjoint au conservateur du Musée d'Art Moderne, est très exposé en raison de son attitude pendant la guerre d'Espagne et de sa collaboration au cabinet de Jean Zay.

Cassou, c'est " une grande âme ". De pareils mots aujourd'hui prêtent à sourire. Tant pis ! Je n'en trouve pas d'autres. Son doux sourire, sa sérénité faussement fataliste n'empêchent pas l'auteur des *Massacres de Paris* de préparer déjà avec Paul Rivet le noyau de Résistance qui se formera au Musée de l'Homme. Lui aussi recommande de s'accrocher au terrain. J'accepte d'autant mieux ses raisons que j'ai encore des choses à faire avant de disparaître.

Le soir, les amis fidèles me téléphonent, m'invitent. Je vais dîner chez les Gilles Guilbert dont l'affection n'a jamais été si combative. A leurs yeux la défaite allemande ne pose plus de problèmes.

Le lendemain a lieu une réception intime chez Marguerite Long. Je m'y rends au grand déplaisir de mon voisin, le compositeur Gustave Samazeuilh, qui, depuis mon retour, changeait de trottoir en m'apercevant et n'ose pas refuser de me serrer la main. L'accueil chez les autres musiciens, particulièrement celui de Francis Poulenc, est chaleureux.

Marguerite Long rappelle fièrement son exploit de la veille. Prononçant une conférence sur Ravel, elle a plusieurs fois cité l'ancien directeur des Beaux-Arts, Paul Léon, malgré l'interdiction des occupants. Eh bien ! les murs ne se sont pas écroulés en entendant ce nom juif. Des applaudissements l'ont même salué.

— Vous voyez, il n'y a qu'à leur tenir tête ! conclut l'intrépide Marquise.

J'en arrive à oublier que je suis *différent*. L'œil ruisselant de malice, le teint violemment coloré, le nez provocant, Poulenc n'a rien perdu de son esprit ni de sa gaieté. Il peut avoir la dent terriblement dure, il est aussi capable d'une exquise délicatesse. Il plaisante avec moi comme s'il voulait me dire qu'il n'y a rien de changé. Il me rappelle le temps déjà lointain où pendant deux mois je fus — à vingt-trois ans — le critique musical du *Figaro*.

Curieuse expérience ! Bien sûr la musique était un domaine familier au fils de mon père, mais je n'avais aucune compétence spéciale et surtout aucune expérience pour juger les œuvres nouvelles des compositeurs et les exécutions des interprètes. J'arrivais au ministère, fort impressionné à la suite d'un cours de haute stratégie administrative que venait de me faire Philippe Berthelot. Je me répétais une phrase que je ne devais jamais oublier :

— Sachez-le bien : dans les bureaux il vous faudra choisir entre le pouvoir et ses apparences.

Méditant cette maxime, je fus éberlué quand mon nouveau chef, un homme adorable d'ailleurs, Robert Brussel, m'annonça d'abord qu'il me faudrait apprendre à imiter sa signature, puis qu'il allait entreprendre un long voyage et qu'il attendait de moi le service de tenir pendant son absence sa rubrique au *Figaro*. Au *Figaro !* Je fus épouvanté d'entrer dans l'illustre maison par une telle porte et peut-être de me fermer les autres à cause de mon insuffisance. Robert Brussel balaya mes objections :

— Aucune importance ! Vous signerez Intérim. D'ailleurs tout est arrangé.

Il quitta Paris et, au lieu de compulser des dossiers, je courus les salles de concert. Quatre grandes Sociétés symphoniques jouaient alors le dimanche et mettaient une rare perversité à donner leurs premières auditions presque à la même heure. Les encombrements n'étaient heureusement pas ce qu'ils sont aujourd'hui. Je pouvais bondir d'une salle à l'autre, attraper le commencement d'un morceau, la fin d'un autre au risque de les confondre. De la pure folie ! On me conseilla de poster des émissaires qui me téléphoneraient leurs impressions. J'eus recours à des camarades mélomanes.

Fort de leurs renseignements et des notices des programmes, je distribuais sans complexe la louange et le blâme, le tout prudemment enrobé d'une abondante littérature, une forme de critique que l'on prisait alors.

Le lundi j'allais au *Figaro* porter mon papier au

directeur en personne, car il fallait préserver l'incognito d'Intérim. Le directeur, c'était un de ces Parisiens aussi éloignés de nous que d'Artagnan ou Voltaire.

Robert de Flers, une des idoles de la Belle Époque, régnait encore sur le théâtre et sur la presse, paré en guise d'insigne, de sa célèbre cravate lavallière. Ses pièces, écrites avec Gaston de Caillavet, triomphaient immanquablement lors de leurs reprises ainsi qu'elles avaient triomphé à leur création.

Le Roi, *l'Habit Vert*, *le Bois Sacré*... Leur légèreté, leur humour irrésistible avaient plus de force et de profondeur que l'ennui désespéré de tant d'œuvres modernes. J'avais vu *le Roi* joué par Raimu, Harry Baur, Max Dearly, André Lefaur, l'acide Spinelli et l'incomparable Gabrielle Dorziat. Une distribution dont l'équivalent n'existe plus. C'étaient les derniers grands jours du théâtre souverain auquel, malgré ses réussites et même ses chefs-d'œuvre, le cinéma muet osait à peine se mesurer.

Robert de Flers avait une gentillesse proverbiale. Moi, si timide alors, je ne l'étais en rien devant ce favori de la fortune, comme aurait dit Ronsard, que la plus belle des reines, celle de Roumanie, avait aimé au point de l'empêcher longtemps de rentrer en France.

Il me demanda un jour de ne pas me montrer sévère à l'égard d'une cantatrice fameuse que sa voix trahissait. Je m'en tirai de mon mieux. Mme Croizat, dis-je, avait tant de grâce qu'elle donnait l'impression de chanter derrière une haie de roses. Quel effet produirait à présent un pareil style ?...

Poulenc se souvient de ma phrase et la cite en se moquant. Je lui rétorque qu'elle me valut des félicitations. Elle marqua d'ailleurs le terme de ma carrière de critique musical. Beaucoup d'années devaient s'écouler avant que je rentre au *Figaro* et que j'y parle d'autre chose — avec moins d'inconscience, espérons-le.

Je quitte Marguerite Long, quelque peu rasséréné. En regagnant mon domicile où je crains de trouver la mélancolie, j'apprends par une affiche qu'Édith Piaf se produit à la salle Pleyel (ou est-ce au Théâtre de l'Étoile ?). C'est un de ses premiers récitals. J'y vais et me laisse envoûter.

C'est ce jour-là, je crois, que Piaf créa l'*Accordéoniste*. Cent fois cette chanson lancinante reviendra à mes oreilles. Elle provoquera toujours en moi la sensation qu'aurait sans doute éprouvée la Dubarry si le bourreau, cédant à sa prière, lui avait accordé de connaître encore un moment le bonheur de vivre.

CHAPITRE XIII

L'Occupation a au moins un effet bénéfique. Elle draine vers les musées et les concerts un peuple privé d'essence, de week-ends. La culture du Français moyen y gagnera beaucoup.

Les théâtres ne désemplissent pas. Cela ne donne aucun optimisme à Jouvet que j'ai la joie de voir fréquemment, soit au restaurant, soit dans son curieux appartement aux meubles noirs incrustés de fleurs en écaille. Jouvet est au sommet de sa carrière. Le *Docteur Knock*, puis la rencontre miraculeuse de Giraudoux et de Christian Bérard ont permis à celui qui sera Don Juan vers la soixantaine une fracassante revanche sur le jeune comédien que Jacques Copeau humilia en le condamnant sans appel aux rôles de " ganaches ".

Il y a eu aussi le cinéma. Mais l'interprète inoubliable d'*Entrée des Artistes* et de *Carnet de Bal* déteste le cinéma. Il déteste même qu'on lui en parle. Le cinéma n'est bon qu'à lui fournir l'argent grâce auquel il montera des pièces.

Peu d'hommes réservent autant de surprises si on a le privilège de vivre à leur contact. Cet amant presque fanfaron de beautés qu'il rend célèbres, a une épouse bourgeoise et des enfants qu'il ne néglige pas. Ce seigneur glacé, d'une politesse impeccable — si différente de celle presque insolente d'un Sacha Guitry —, manie avec un art absolument personnel la truculence, la verdeur et l'obscénité. Ce tyran, ce « patron » terrible est un anxieux, un timoré. Copeau lui a donné un complexe dont la gloire ne le délivre pas.

Il se sent mal à l'aise dans un Paris métamorphosé, trop fier pour répondre aux avances des Allemands, trop prudent pour prendre des risques. Il ne se hasardera pas à miser sur de nouveaux auteurs.

— Ah ! Si Claudel n'était pas si con !

Il avait proposé de présenter à sa manière les œuvres du poète-ambassadeur, de les révéler au grand public comme Barrault le fera bientôt. Claudel, buté, n'avait rien voulu entendre. Lui, du moins, après son ode au maréchal (qui sera un jour dédiée à de Gaulle) n'aurait pas rencontré le veto opposé à Jules Romains et à Giraudoux. On ne peut éternellement recourir à Molière. Alors ?

— Je n'en ai rien à foutre de leur politique. Moi, je suis du parti des grands écrivains français !

Jouvet se demande s'il ne devrait pas s'expatrier ainsi que l'en presse Madeleine Ozeray. Cette idée m'enthousiasme. Si Jouvet allait défendre à l'étranger le prestige intellectuel de la France et prouvait que sa culture est restée libre, ce serait un beau coup porté à l'ennemi !

— Décide-toi, lui dis-je au lendemain de la publication du statut. Il me reste seulement deux mois pour t'ouvrir la porte.

Jouvet hoche la tête.

— *Ils* vont comprendre, *ils* ne voudront pas. Et ces abrutis de Vichy ? Est-ce qu'ils lâcheront l'argent ?

— Donne-moi ton accord, je me charge du reste.

Il le donne, je me mets à l'œuvre. De nouveau le vieux téléphone oublié sera providentiel. Suzy Borel, enchantée, se charge des négociations avec la plupart des pays de l'Amérique latine. J'obtiens de Hautecœur l'autorisation d'accorder les crédits nécessaires à une grande tournée officielle. Marcel Karsenty, organisateur sans égal, résout sur le plan matériel tous les problèmes insolubles.

Restent les Allemands. Bien entendu on ne leur parle pas d'Amérique du Sud. Jouvet demande seulement à se rendre en Suisse afin d'y remplir un contrat cinématographique signé depuis un an. Les Doryphores (cette appellation tend à remplacer celle, surannée, de Boches) font la sourde oreille.

Heureusement que le capitaine R. existe et que Jouvet l'impressionne beaucoup. Jadis — il y a sept ans — Bernard, impatient de parler français et de se frotter à des gens notoires, aimait le théâtre. Il m'y accompagnait souvent. Ma foi oui !... Je l'ai amené dans les coulisses de la Comédie des Champs-Élysées que Jouvet dirigeait alors.

Cette fois je ne vois pas d'inconvénient à une intervention de Marcel Herrand. De laborieuses négociations s'engagent. Elles aboutissent ! Jouvet accepte de lire à Radio-Paris, surnommé Radio-Allemand, un texte dont la subtile ironie échappe totalement aux pesants délégués de Goebbels. En échange de quoi il obtient ses visas, ses ausweis. Le mot est devenu d'usage courant, même en français. J'en suis heureux comme d'une victoire et c'en est vraiment une ! Allons ! je n'aurai pas été pour rien fonctionnaire de Vichy !

Je me réjouirais plus encore si je connaissais certaine directive du Fuhrer à ses gens : " Le résultat de notre lutte victorieuse devra être de briser la prédominance française dans la propagande en Europe et dans le monde... Toute assistance à cette dernière serait un crime contre la nation. "

Et Laval déclare aux Allemands, stupéfaits d'une pareille capacité d'illusion, qu'Hitler a prouvé son génie en comprenant qu'il ne pourrait créer son Europe sans la France !

Je veux fêter notre succès. Jouvet joue ce soir, mais Herrand est libre. Nous allons dîner dans un de ces bistrots qui ont commencé à organiser la résistance contre la pénurie. Naguère je n'étais pas très porté sur la nourriture ni sur l'alcool. Je leur trouve une saveur inconnue depuis qu'*ils* nous en privent. Quelles délices offrent une tasse de café, une bonne bouteille, un poisson pêché clandestinement, une cigarette américaine, quand ils sont dégustés à la barbe de l'ennemi et du Gouvernement !

Nous glissons à l'euphorie, nous effaçons les horreurs et les ridicules du temps présent. Le cognac apporté par le patron avec des mines de conspirateur nous ramène à ce passé dont nous ne savions pas à quel point il était merveilleux. Nous remuons des souvenirs en vrac : les bals démentiels de Magic City où le Tout-Paris allait contempler un millier de travestis (“ J'ai connu, dit Marcel, des garçons bouchers qui économisaient pendant un an pour se payer une belle robe ”) ; les Dolly Sisters montant, gare Saint-Lazare, dans leur train spécial après la représentation du Casino de Paris, faisant vers deux heures du matin leur entrée à celui de Deauville et jetant négligemment des plaques d'un million qui semblaient naître de leurs mains aux diamants monstrueux ; leurs rivaux, les Rocky Twins, maquillés à la ville comme à la scène, portant eux aussi collier de perles et bracelets, mais tirant, à l'occasion, des coups de revolver (l'un d'eux, héros de la guerre, finira colonel) ; Jane Renouardt, maintenant rangée, si coûteuse que quatre milliardaires s'associèrent pour l'entretenir ; Mistinguett...

Son amour de l'argent va au-delà de sa légende même. C'est la seule femme qui ait réussi ce tour de force : gagner là où les autres dépensent. Elle se faisait payer pour porter une robe, pour choisir une voiture, un restaurant.

Elle frisait la cinquantaine quand elle connut sa gloire universelle de meneuse de revue. Elle le dut en grande partie au jeune affichiste-décorateur Geismar qui devait mourir à la fleur de l'âge. Geismar, devenu lui-même célèbre, “ valait ” de grosses sommes que Mistinguett exigeait et percevait en son nom. Comme à un enfant elle lui donnait chichement de l'argent de poche, car il vivait chez elle. Geismar n'osait se plaindre qu'à ses amis dont nous étions.

Mistinguett, force terrible de la nature, animait après le spectacle le cabaret du *Perroquet*, attenant au Casino de Paris. En y soupant une nuit qu'elle se montrait moins féroce que d'habitude contre le genre humain en général et les femmes en particulier, l'un de nous s'enhardit à lui parler du cas Geismar. Mécontente, elle brandit le long fume-cigarette, obligatoire alors.

— Je lui garde sa galette jusqu'à ce qu'il ait du plomb dans la tête. Et, crois-moi, quand je la lui remettrai, il n'aura rien perdu.

Elle prit un temps et ajouta :

— A moins qu'il ait du cœur et qu'il m'offre quelques bracelets.

La geste de la Miss est sans fin. On prétendait que, pour éviter à Maurice Chevalier de retourner au front après sa blessure et sa libération qu'elle avait obtenue du roi d'Espagne, elle se serait substituée à lui et aurait fait partie des services de contre-espionnage. Le fait est qu'elle resta longtemps " indésirable " en Allemagne.

On parlait de ses sacs d'or car, se méfiant des chèques et du papier-monnaie, elle recevait ses cachets sous cette forme. Les sacs d'or auxquels elle ne touchait jamais s'alignaient en de vastes coffres. Lorsqu'elle fut morte le bruit courut que ses héritiers les avaient cherchés en vain. Les bijoux se seraient volatilisés de même. Mystère... Peut-être le trésor restera-t-il à jamais en un abri sûr dont la vieille rapace, devenue à la fin quelque peu amnésique, aurait oublié l'emplacement.

Une chose est certaine : la démarche très particulière que j'eus à faire auprès d'elle. On a déjà compris que, pendant mon apprentissage aux Beaux-Arts dans un service voué à disparaître rapidement faute de crédits (et que j'allais néanmoins développer, quarante années durant), je fus chargé des missions les plus hétéroclites. Celle-là, relevant d'une tradition galante de la IIIe République, consistait à montrer les lieux de plaisir à un très grand homme d'affaires scandinave, venu secrètement aider Poincaré à sauver le franc.

C'était un quinquagénaire courtois, taciturne et glacé en compagnie duquel je passai des soirées plutôt mornes à l'*Abbaye de Thélème*, au *Grand Écart*, au *Saphir* où Mistinguett et Fréhel s'étaient battues comme des chiffonnières pour les beaux yeux de Chevalier et, naturellement, au *Perroquet*.

Le financier restait désespérément correct envers les dames, pourtant bien choisies, qui prenaient place à notre table. Brusquement, il m'ouvrit son cœur. Le seul objet de ses désirs était l'illustre Miss en dépit de l'âge que lui attribuaient les chansonniers.

Le sort de notre monnaie était en jeu. Le message fut transmis grâce à une femme haute en couleur, épouse du compositeur Maurice Yvain (*Mon homme*) après avoir été celle du fameux Dranem.

La Miss ne se sentit pas outragée. En me disant adieu, l'homme du Nord m'avoua qu'il emportait d'elle un souvenir ineffaçable. J'eus encore à faire parvenir à la destinataire un amas de roses liées par un fil de diamants.

Je ne sais quelle influence eut cette aventure sur la stabilisation du franc. L'année suivante, l'opposition reprocha aigrement à Poincaré d'avoir eu des contacts avec un escroc qui venait de se suicider à l'issue d'un krach formidable, précurseur du cataclysme boursier de 1929.

CHAPITRE XIV

— Le misérable va nous obliger à combattre les Anglais !

Claire Gilles Guilbert, indignée, traduit le sentiment éprouvé par un grand nombre de Parisiens depuis que sont connus les conciliabules de Pierre Laval et des Allemands. Je redoute au dernier point le résultat de leurs tractations. Si la France entrait en guerre aux côtés de l'ennemi, il n'y aurait vraiment plus qu'à mourir !

Ayant suivi de près les péripéties de la réconciliation franco-italienne de 1935 et son échec, j'ai sur Laval une opinion personnelle qui me vaut d'ordinaire des haussements d'épaules. N'importe ! Je suis de mon avis et je le partage, comme disait ?... Henri Monnier peut-être.

L'homme politique, si célèbre par sa ruse, son astuce, sa roublardise et ses talents de négociateur, est à mes yeux un faux Talleyrand souvent aveugle et même candide. En quittant autrefois le parti socialiste il a dit :

— Je n'écouterai plus que la voix intérieure qui ne me trompe jamais.

Cette voix le persuade qu'il est de force à se jouer de n'importe quel interlocuteur, un dictateur ou un Parlement. Ses armes favorites sont " la combinaison, l'intrigue et l'entregent " dont Léon Blum, naguère, lui faisait grief à la Chambre. Or, elles ne sont pas à l'échelle des événements. Laval a tort de croire qu'elles lui permettront de séduire, puis de tromper les hommes exceptionnels qui aujourd'hui mènent les peuples.

En cet automne 40, convaincu d'une prompte victoire allemande, il se flatte de sauver son pays en obtenant d'Hitler cette collaboration, précisément nécessaire au succès du nouveau plan du Fuhrer : atteindre l'Angleterre à travers l'Espagne et l'Afrique puisque la Manche n'a pu être franchie.

Malgré propagande, censure et barbelés, des bribes de vérité filtrent jusqu'à nous. Nous savons qu'une nouvelle partie est engagée, nous nous interrogeons sur cet entretien Pétain-Franco où le vieux maréchal a peut-être remporté sa dernière victoire contre les Allemands (laissons-lui l'honneur d'avoir persuadé Franco qu'il ne fallait pas céder à Hitler). Cela, malheureusement, nous l'ignorons, comme nous ignorons si Pétain joue vraiment double jeu. Certains de ses fidèles l'affirment pourtant. Que croire ?

Et puis c'est le coup de tonnerre de Montoire, la photo de la poignée de main échangée entre l'homme de Verdun et l'homme de la Nuit des Longs Couteaux, le discours du maréchal à la radio : " C'est dans l'honneur... que j'entre aujourd'hui dans la voie de la collaboration... Cette collaboration doit être sincère... "

Autour de moi règnent l'indignation et le désespoir. Je ne me console nullement à la pensée que le persécuteur des Juifs ne pourra plus invoquer un nationalisme inflexible. Des amis qui me reprochaient de ne pas me fier à lui malgré tout, déchirent son portrait. En contrepartie quelle explosion de joie chez les partisans de l'Allemagne auxquels vient d'être donné ce formidable alibi !

Montoire est une preuve éclatante du danger couru par ceux qui prétendent écrire l'histoire *à chaud*. Combien ridicules et même comiques paraissent maintenant les commentaires innombrables, trop hâtivement consacrés à un épisode si différent de ce qu'il parut être !

Ce fut en réalité une Journée des Dupes. Hitler

n'eut pas ce qu'il voulait. Pétain qui avait contribué à son échec y perdit la confiance d'une foule de patriotes. Laval crut avoir obtenu au moins une part de ce qu'on n'imaginait pas de lui accorder. Beaucoup de Français engagèrent leur destin sur un malentendu. Le sort des autres ne reçut aucun des adoucissements espérés.

Au contraire, l'occupant va moralement aggraver leurs souffrances en se servant de l'arme psychologique qui lui a été fournie. Trop d'écrivains, hélas ! lui facilitent la tâche. Le grandiose Claudel délire comme l'ingénu Maurice Rostand. L'un écrit : " France, écoute ce vieil homme qui sur toi se penche... Fille de Saint Louis, écoute-le. "

Et l'autre : " Vous avez su vraiment faire de la défaite
Comme une victoire du cœur. "

Le bon sens populaire trouve spontanément une meilleure définition de la collaboration : " Tu me donnes ta montre et je te dirai l'heure. "

***

La presse parisienne patronnée par Abetz et la Propaganda Staffel me fascine. C'est le miroir d'une perversion intellectuelle proprement diabolique. A l'exception de quelques sycophantes en folie, les rédacteurs ont en général beaucoup de talent. Ils forment un dur noyau d'opposition à Vichy et on a toujours plaisir à voir les loups se dévorer entre eux. Les délires du fanatisme nazi, qui donnent le vertige, en arrivent à devenir réjouissants.

Je décide de découper et de conserver les articles, les déclarations particulièrement pimentés. Hélas ! je ne pourrai emporter ces témoignages quand je quitterai Paris, mais un certain nombre de perles resteront incrustées dans ma mémoire.

Le Cri du Peuple de Doriot dénonce les salonnards qui osent critiquer l'Allemagne et la collaboration. Il réclame simplement pour les bien-pensants une carte de policier grâce à laquelle les traîtres pourraient être arrêtés séance tenante.

Bernard Grasset, à son retour de Vichy dont il blâme les timidités et le conservatisme, a senti son cœur d'Européen se dilater à la vue des soldats allemands gardant la ligne de démarcation.

Marcel Déat souhaite des camps de concentration, des fusillades en masse si ce " forceps " doit mettre au monde une France hitlérienne.

La palme revient, je crois, au délicat Jacques Chardonne. L'écrivain, tout pénétré de la douceur des Charentes, proteste contre un blasphème. D'aucuns prétendent que les morts de 14-18 se sont sacrifiés en vain. C'est faux ! Leur héroïsme a permis la défaite de l'Allemagne et cette défaite a rendu possible l'avènement d'Hitler !

Sinistre mois de novembre ! L'absence de chauffage, le rationnement, le pillage méthodique des Allemands et, indirectement, celui qu'exerce le marché noir devenu indispensable... La France sent à présent l'aiguillon d'une misère telle qu'elle n'en a pas connue depuis le XVIIIe siècle. On se précipite chez le tailleur, le cordonnier pour arracher le dernier coupon de vrai drap, les dernières chaussures en vrai cuir. Les choses les plus banales deviennent précieuses. Les brumes de l'automne enlèvent aux rues sans voitures le charme qu'elles devaient à la belle saison et les rendent lugubres. Les bicyclettes semblent parfois porter des spectres. Les parades allemandes et les fanfares n'arrangent rien.

Oserai-je dire que je garde pourtant de ces quelques semaines un souvenir empreint d'une étrange douceur ? Ce sont les dernières d'une existence à peu près semblable à mon existence antérieure. J'ai l'impression que la vie va me fuir et ses moindres dons me paraissent inestimables. Prendre un bain — hebdomadaire — est une volupté rare.

J'ai de la chance (!). La haine de l'occupant " qui nous prend tout " provoque l'inverse du choc qu'avait créé sa foudroyante victoire. Des amis, perdus de vue depuis six mois, m'invitent soudain et multiplient les attentions, les prévenances. De simples relations dont certaines vénèrent encore Pétain et ses dogmes se comportent d'une manière exactement contraire à celle de mes collègues pendant l'exode. Me témoigner de la sympathie équivaut à fronder Hitler et la collaboration. C'est quand même bien agréable.

Ce phénomène se produit à chaque échelon de la société. Il permet de mesurer quelle faille verticale la politique du Gouvernement a creusée dans l'édifice français. On rencontre des pro-nazis et des résistants en puissance chez les duchesses comme chez les putains.

Je fréquente beaucoup Hélène et Éric Allatini. Ce ménage prodigue chez lequel se pressait naguère l'intelligentsia non conformiste possédait avant la guerre une solide réputation d'excentricité. La famille rigoriste d'Hélène leva les bras au ciel lorsqu'elle se fit construire un hôtel par Mallet-Stevens, architecte révolutionnaire. Les Allatini donnaient des fêtes, lançaient des modes, recueillaient les animaux abandonnés, ne comptaient jamais. On leur prédisait ruine et déchéance. Ils ne l'auraient pas volé !

Qui se serait douté que ces personnages un peu farfelus avaient des âmes de héros ? Leur pitié pour les bêtes en détresse, les Allatini la reportèrent sur les victimes des persécutions et se consacrèrent à les aider. L'hôtel tendu de cuir fauve devint une plaque tournante du lamentable parcours des réfugiés. La nouvelle s'en répandit à travers les pays engloutis et les visiteurs se multiplièrent tandis que déferlait la vague du nazisme.

Avec ses grâces de jolie femme évaporée, Hélène obtenait des permis de séjour, des visas, des emplois, des secours. Elle tenait toujours un lit et un viatique à la disposition de n'importe quel proscrit, sans se soucier de son origine ni de sa religion. Au moment de l'exode, quand chacun fuyait Paris exposé à devenir champ de bataille, elle resta parce qu'à la veille de son départ, elle avait vu arriver une Tchécoslovaque enceinte de neuf mois.

Vint l'Occupation. Les Allatini reprirent leur tâche d'un cœur léger. Juifs, mais Italiens, ils bénéficiaient à ce titre d'une grande liberté de mouvements. Hélène avait en outre de nombreuses relations en Europe centrale. Téméraire jusqu'à l'inconscience, bravant l'indignation de ceux qui ne connaissaient pas son activité, elle attira chez elle, séduisit, abusa des Allemands médiocrement attachés à leur régime. Son mari créait en même temps une filière qui s'étendit au Portugal, aux Amériques.

Hitler avait lancé ses chiens sur les traces de ses adversaires. La Convention d'Armistice les lui abandonnait et Vichy mettait de la coquetterie à jouer un rôle que la pègre même juge ignominieux. Ainsi les Allemands purent tranquillement cueillir dans les rangs de la Légion Étrangère leurs ressortissants rebelles. Ainsi Thyssen, commanditaire d'Hitler, puis son ennemi, fut-il mis en résidence surveillée (en zone libre), lorsqu'il lui restait encore une chance de s'échapper. Puis la police française prit la peine de le livrer elle-même à ses futurs bourreaux.

Les Allatini ne manquaient donc pas de besogne. Je me mis à leur disposition. Chose extraordinaire : pendant plus d'une année, un secret absolu enveloppa l'espèce de conspiration grâce à laquelle des dizaines de personnes évitèrent la déportation ou la mort sans phrase.

La bonne humeur et l'apparente frivolité d'Hélène étaient indestructibles comme son courage. Si aujourd'hui je réussis à effacer leur contexte, je garde de nos dîners un souvenir presque joyeux. Nous ne faisions rien de méritoire, nous aurions eu honte d'évoquer le danger. Nous étions simplement des nains malicieux qui jouaient de bons tours à l'ogre. Nous vidions allègrement une des dernières bouteilles de champagne quand un socialiste tchèque, une famille juive de Pologne, un ancien diplomate autrichien avait pu, sain et sauf, s'évader de la douce France.

***

Hautecœur, lui aussi, se montre téméraire. Il nomme Jean Cassou conservateur du Musée d'Art Moderne. L'ambassadeur d'Espagne, Lequerica, court, furieux, se plaindre auprès de Pétain. La nomination est rapportée. Hautecœur, au bord de la disgrâce, rétablit difficilement sa propre situation.

Du coup, c'est un autre homme et son attitude à mon égard change du tout au tout. Le regard bleu si bienveillant devient dur et glacial. Je ne suis donc pas surpris de m'entendre signifier de façon plutôt brutale que la combinaison prévue quelques semaines auparavant s'avère, en définitive, irréalisable et qu'il me faudra quitter la place. Florisoone me remplacera. Je sais que, depuis son retour, il n'a rien négligé pour en arriver là.

Défenseur de l'ordre moral, Florisoone est un homme très pieux. Je m'étonne, comme toujours en pareil cas, de voir la dévotion s'accommoder si bien de la traîtrise et de l'ingratitude. Naïf ! Est-ce que le gouvernement du maréchal n'a pas interdit de représenter *Tartuffe* ? Quel aveu !

Heureusement, les préparatifs de la tournée Jouvet sont maintenant achevés, les terribles formalités remplies. La troupe quittera Paris au début de janvier.

Je mentirais cependant si je prétendais que mon prochain départ du ministère ne me brise pas le cœur. Le malheur a beau s'annoncer longtemps d'avance, ses coups n'en font pas moins mal. Où sont mes beaux rêves de 1938 quand je devins le plus jeune directeur de l'administration ? Quelle farce sinistre du destin, qui termine ma carrière à trente-sept ans !

Une compensation inattendue ! Je ne sais pourquoi, mon nom est omis sur la liste des écrivains dont les livres sont interdits. Cette distraction de la censure va permettre à *Henri III* et au *Régent* d'avoir des lecteurs inespérés pendant cette période qui sera un âge d'or de la librairie, mais retrouverai-je jamais le droit d'être publié ?

Je dois rester en fonction jusqu'à la fin de l'année. Cela me vaut de recevoir du ministre de l'Éducation Nationale, Ripert, une circulaire impérieuse qui me rend brusquement heureux de partir. Désormais les chefs de service seront responsables des opinions politiques de leurs subordonnés. Autrement dit, il leur faudra se changer en espions et en délateurs s'ils ne veulent pas courir des risques graves. Je ne me vois vraiment pas dans de pareils rôles. Allons ! d'une certaine manière, les choses ne s'arrangent pas trop mal. J'aurai eu le temps de bien travailler, du moins je le pense, et je quitte au bon moment la galère maudite.

J'ai beau relire la circulaire, je parviens difficilement à y croire. Le gouvernement d'un maréchal de France a-t-il pu tomber si bas ? Ceux qui entretiennent sa légende dorée n'avaient pas assez d'indignation quand ils évoquaient le " système des fiches " de la IIIe !

L'habitude est prise maintenant d'écouter chaque soir la B.B.C., seul réconfort après la lecture des articles qui chantent la collaboration. Cette collaboration à laquelle il refuse de donner un sens en libérant les prisonniers vivants, Hitler, naïvement romantique, croit la sceller en rapatriant un mort, Napoléon II. Effet raté ! Transis par les premiers froids, les Parisiens goguenardent : " Ils ont pris le charbon et nous renvoient les cendres. "

Il paraît que Pétain va, en personne, recevoir à Paris le cercueil de l'Aiglon. C'est bien inquiétant. On soupçonne Laval et les Allemands de tendre un piège au vieillard. Heureusement la discorde règne parmi les ministres. Sous la pression de son entourage, le maréchal agit comme aurait pu le faire ce Louis XIV dont il se flatte de dépasser l'absolutisme. Alors qu'il s'y attendait le moins, voilà Pierre Laval chassé du gouvernement, arrêté !

La nouvelle étourdit les Parisiens. Les collaborateurs

écument. La masse est partagée entre la joie et la peur. Joie de voir disparaître le machiavélique Auvergnat. Peur que les Allemands se vengent de l'injure en occupant l'autre zone et en exerçant des représailles. Une satisfaction : Ripert suit Laval dans sa chute.

Au bout de quelques jours, la tension tombe. Il n'y aura pas de représailles violentes. J'essaie avec René Blum de tirer une moralité de cette tragi-comédie : Hitler a décidément grand besoin de la fiction d'un gouvernement indépendant. Il ne trouvera jamais mieux pour diviser les Français et leur imposer ses volontés sous la caution de Saint Louis.

Quant au maréchal, il n'a aucun moyen de tenir tête à l'occupant. Est-ce qu'Abetz n'est pas venu lui demander raison, escorté d'un char d'assaut ? Il y a cependant une vraie brouille entre Berlin et Vichy. Mais, quelle que soit la pensée profonde du vainqueur, il paraît clair que la politique personnelle de Pétain s'adapte parfaitement à la sienne. Par exemple, les invocations réitérées à “ la terre qui ne ment pas ” tendent à faire de la France un pays rural, pratiquement sous-développé. A d'autres le progrès industriel ! On saura un jour qu'Hitler avait bien construit de la sorte l'Europe de ses rêves.

Et l'année finit. Les bonnes gens parlaient à tout propos de l'An 40.

— Eh bien ! me dit René, on s'en souviendra de l'An 40 !

***

Le soir du réveillon, Otto Abetz offre à l'ambassade d'Allemagne une réception grandiose. Perfidement, *Signal*, magazine allemand écrit en français, publiera sur plusieurs pages les photographies des personnalités parisiennes qui se sont bousculées pour l'honorer de leur présence.

31 décembre. La nuit tombe sur le Palais-Royal où les vieilles pierres prennent des reflets bleus. Je suis

seul dans mon bureau que je vais quitter pour toujours à moins d'un miracle. Je regarde les tableaux et les objets prêtés par le Louvre. Bêtement je m'attendris en contemplant une sculpture que je suis fier d'avoir naguère dénichée au fond des réserves : un amour chevauchant un dauphin, qui orna les appartements du fils de Louis XIV. Pourquoi suis-je si étroitement lié au passé d'un pays qui me rejette ?

Le téléphone sonne. C'est Bernard Champigneulle. Avec une grande délicatesse il tient à me dire qu'il pense à moi. Allons, c'en est fait ! Je quitte la garçonnière du duc d'Aumale et ses fantômes.

Les Gilles Guilbert, attentifs à ce que je ne me sente pas trop isolé, m'ont invité à un réveillon intime. En arrivant chez eux j'ai le souffle coupé. Claire a entièrement décoré de petits drapeaux anglais l'immense atelier qui lui sert de salon et de salle à manger. Elle a un optimisme si robuste, si dynamique, qu'en vidant nos verres nous ne doutons plus de la victoire finale.

Je me suis accordé le plaisir de recevoir le lendemain à déjeuner Louis Jouvet et sa troupe qui partent deux jours après. A l'aube d'une année déjà lourde d'un inconnu terrible, nous voici rassemblés chez Lucas-Carton, le restaurant préféré des Beaux-Arts au temps de la défunte République. M. Alex, son directeur, a réalisé des prodiges pour nous servir un menu presque digne des temps heureux. Jouvet parle d'abondance. Il étincelle afin de conjurer la poignante mélancolie de ces adieux.

— Oh ! s'écrie Madeleine Ozeray, il neige !

En effet des flocons petits et serrés se sont mis à tomber. Nous les voyons jeter un tapis blanc sur la place de la Madeleine et la rue Royale désertes, ils créent une atmosphère irréelle. Nous avons l'impression d'y flotter... vers quels mystérieux rivages ?

Jouvet et les siens vont parcourir l'Amérique du Sud et sillonner les mers pendant près de cinq ans. Et moi, où vais-je échouer ? Je n'imagine pas qu'au retour de Louis, je serai chargé de l'accueillir— officiellement et triomphalement !

Nous nous séparons vers quatorze heures trente. Il faut qu'à quinze heures il n'y ait plus personne dans les rues. Sur les ondes de la B.B.C. de Gaulle en a donné l'ordre.

CHAPITRE XV

La Roumanie d'où le Roi Carol II a fui sous les balles dans un train rempli, dit-on, de ses trésors, la Roumanie subit à son tour un gouvernement pronazi dirigé par Antonesco. Le fils de mon banquier est parvenu à sortir du pays après de folles aventures. Il atterrit lui aussi chez les Allatini et me donne des nouvelles. J'apprends ainsi — je m'en doutais d'ailleurs — que les biens juifs, donc les miens, ont été mis sous séquestre.

Je tiens en effet de ma famille maternelle des magasins, des terrains situés à Bucarest. Sur les terrains j'ai eu l'idée de faire construire des immeubles comprenant des appartements de deux, trois et quatre pièces. Ce fut une petite révolution. A Bucarest on ne connaissait que des palais et des taudis.

Tout ce que j'y possédais a donc été escamoté en un instant. Je m'habitue. A force de recevoir des coups je commence à être anesthésié et je pense à Bucarest comme le voyageur à une oasis dépassée.

Car cette ville slave et latine, sans beauté architecturale, me ravit dès mon premier contact avec elle. C'était en 1926 à l'automne, la saison exquise, entre la chaleur suffocante de l'été et les frimas sibériens des mois d'hiver. J'y trouvai à la fois l'indolence et la corruption orientales, la civilisation française du XVIIIe siècle, des intrigues de palais dignes d'une tragédie classique et un climat d'opérette.

La Roumanie regorgeait de richesses. Le pétrole notamment y était moins cher que l'eau, si bien qu'on s'en servait volontiers pour arroser les rues. Cela exposait à de graves dangers les autos, peu nombreuses d'ailleurs. Bucarest résonnait délicieusement du bruit produit par les clochettes, ornements des harnais à la russe, que portaient les chevaux des innombrables victorias. Les cochers, énormes et glabres, dans leurs longues robes de velours noir à ceinture de cuir clouté ajoutaient au pittoresque. C'étaient des eunuques.

Des eunuques héréditaires (!) appartenant à la secte des Très Pures Colombes, devenue aussi une corporation. On mariait les garçons à quinze ans, on les châtrait à vingt. Cela n'étonnait personne.

Malgré la prodigieuse prospérité de son sol, la Roumanie, après la guerre, ne s'était pas relevée économiquement à cause de la fantaisie de ses gouvernants et de la vénalité de ses fonctionnaires. Qu'il s'agît d'un ministre ou d'un chef de bureau, si on voulait obtenir quelque chose, il fallait employer la méthode du parapluie. En quittant le personnage auprès duquel on avait effectué une démarche, on oubliait cet objet modeste entre les plis duquel se cachaient des billets de banque. Si le personnage jugeait le pot-de-vin insuffisant il renvoyait le parapluie, évidemment délesté de son contenu, et il n'y avait qu'à recommencer.

En 1926 régnait le Roi Ferdinand, un homme taciturne, bon et doux, entièrement éclipsé par son éblouissante épouse, la Reine Marie. Cette petite-fille de la Reine Victoria et du Tsar Alexandre II avait la beauté de Marie Stuart, la grâce de Marie-Antoinette, l'intelligence et le tempérament de la Grande Catherine. Elle fut sans doute la dernière à se comporter comme les souveraines qui n'entendirent jamais parler de démocratie. Elle disait : " Mon peuple " avec un naturel superbe.

Ressemblant un peu à Sarah Bernhardt, elle avait tendance à *jouer* le rôle de reine. La photographie dédicacée que je possédais d'elle la montrait devant le décor d'un couvent byzantin, couverte de voiles blancs et de croix en pierreries. Ses portraits garnissaient les vitrines des magasins. On la voyait dans les poses et les costumes les plus divers, toujours splendide, un peu trop théâtrale.

Vers 1920, la Reine Marie, chose extraordinaire, avait fait une tournée aux États-Unis afin de collecter des fonds destinés à secourir ses pauvres sujets. S'inspirant encore de Sarah Bernhardt, elle parcourut l'Amérique en train spécial et les cow-boys galopèrent longtemps pour contempler une reine bardée de perles, comme leurs pères avaient galopé à la rencontre de Phèdre et de la Dame aux Camélias.

Carol, le fils aîné des souverains, s'était signalé par des frasques retentissantes parmi lesquelles un mariage morganatique que ses parents avaient fait annuler. Il était exilé, déchu de ses droits à la couronne. Non à cause de ce péché de jeunesse, de l'échec de sa seconde union, royale celle-là, ou d'autres peccadilles, mais parce qu'il avait giflé l'amant en titre de sa mère, le prince Stirbey. Il vivait à Neuilly. On parlait beaucoup de ses réceptions qui s'achevaient en bacchanales et de sa virilité, absolument extraordinaire, à en croire ses intimes. Le prince laissait raconter qu'il pouvait casser des noix d'une manière qui n'était pas à la portée de tout le monde.

Le vrai maître de la Roumanie, un homme d'État d'envergure, Jean Bratiano, avait des liens de parenté avec le prince Stirley, garant de son maintien à la tête du gouvernement. Cette combinaison si semblable à celles de Versailles au temps de Louis XV me ravissait.

Lors de mon premier séjour à Bucarest, les mœurs étaient encore telles que les vieux serviteurs de ma famille voulurent me baiser la main, ce dont je fus affreusement gêné. Au fond des lointaines campagnes, subsistait l'âge du troc, les paysans ignorant l'usage de la monnaie. Quant aux salons de la bonne société, automatiquement ouverts à un Parisien, ils ressemblaient à celui de Mme du Deffand.

En beaucoup plus somptueux. Je n'ai jamais rien vu de pareil aux festins de Roumanie. Le caviar n'était pas considéré comme un véritable mets. On plaçait au milieu de la table, telle une vulgaire corbeille à pain, la vaste bassine d'argent qui le contenait. Que penseraient les hôtes de la princesse Cantacuzène ou de la princesse Ghika du rutabaga et des topinambours auxquels nous sommes condamnés ?

Le Roi Ferdinand mourut, puis Jean Bratiano, probablement empoisonné, Carol monta sur le trône, après en avoir délogé son jeune fils Michel, qu'Antonesco vient d'y replacer. L'histoire du Roi Michel qui appellera les Russes contre les Allemands et sera renversé par eux à vingt-six ans, non sans avoir reçu l'ordre de Lénine, restera unique dans les annales des monarchies.

La vie aimable et frivole de Bucarest se poursuivit au cours des années 30 malgré les orages politiques. C'était toujours le règne de Louis XV, le roi gouvernant selon son bon plaisir et perdant sa popularité à cause d'une favorite exécrée.

En 1937, voyant toutes les issues fermées devant lui, il fit appel à un émule d'Hitler nommé Gauga. Il existait alors une redoutable légion de S.S. roumains, la Garde de Fer. Gauga médita de les lâcher à travers la capitale en vue d'y perpétrer un pogrom. Mon avocat, l'ayant découvert, réussit à m'en avertir. J'alertai aussitôt Sarraut et le Quai d'Orsay. Pendant une nuit mémorable, il y eut un grand remue-ménage diplomatique entre Paris, Londres et Moscou qui, pour une fois, marchaient à l'unisson. Dès le lendemain matin, les ambassadeurs des trois puissances allèrent trouver le roi. Il s'ensuivit le renvoi de Gauga qui mourut de rage, emporté par une attaque. Je fus très fier de mon rôle en cette circonstance. Hélas ! la Roumanie n'avait gagné qu'un répit de trois ans.

La voilà submergée à son tour. Mes amarres se

rompent l'une après l'autre. Malgré des conseils pressants, je me cramponne à ma maison et refuse d'envisager un départ que René Blum persiste à me représenter comme une lâcheté. A Paris, du moins, je garde l'illusion de ne pas m'en aller à la dérive.

CHAPITRE XVI

Je reprends le manuscrit de mon *Charles VII* interrompu depuis longtemps. Dieu merci, il me reste ce recours ! Au lieu d'aller au ministère, je m'installe à la Bibliothèque Nationale qu'on n'a pas encore eu l'idée d'interdire aux Juifs. J'y plonge dans les archives et, rentré chez moi, j'écris, j'écris. Diversion providentielle. J'ai l'impression de trouver un refuge au cœur du XVe siècle. Notre monde absurde et sauvage cesse de m'environner. Oh ! celui de la guerre de Cent Ans ne valait guère mieux, mais il était moins démentiel. La folie des rois ne se traduisait pas en actes et la férocité ignorait les méthodes scientifiques.

Quoi qu'il en soit, c'est un soulagement immense de tout oublier en menant l'enquête sur Jeanne d'Arc, Yolande d'Aragon et Agnès Sorel ! Et puis j'éprouve, à raconter la première résurrection de la France, des sentiments dont je ne soupçonne pas qu'ils seront à ce point démonétisés en 1974.

Le 10 janvier, le téléphone sonne le soir, à une heure indue. C'est Marcel Herrand. Il tient absolument à ce que nous déjeunions ensemble le lendemain. Nous nous retrouvons près des Champs-Élysées, au fond d'un petit restaurant qui sert aux habitués de la viande illicite et où il n'y a pas à craindre de mouchards. Car on en est là. Depuis la chute de Laval, d'obscures menaces créent un climat oppressant. On commence à sentir la Gestapo.

Marcel parle de choses et d'autres jusqu'au café. A ce moment, s'étant assuré que personne n'écoute, il me met en garde :

— J'ai vu Bernard hier. C'est un honnête salaud, en définitive. Il m'a chuchoté qu'une rafle monstre allait avoir lieu pendant la nuit du 14. Si ça peut te faire plaisir, il ne s'agit pas seulement des Juifs. Tous les hommes valides de 18 à 40 ans doivent être enlevés et déportés en Allemagne. Moi, heureusement ou malheureusement, j'ai passé la limite, ne le répète pas. Mais toi, tu ferais bien de ne pas coucher cette nuit-là à ton domicile.

En rentrant je constate des espèces de frissons internes qui ne tiennent pas au froid malgré la température polaire. Comment me cacher ? Je me souviens brusquement de Simone et de ses offres obligeantes. Le soir je vais au *Bœuf*. Par bonheur elle s'y trouve. Elle n'hésite pas :

— Il y a des chances que ce soit vrai, mon ami a parlé de quelque chose de ce genre. Écoute, le 14, il sera en voyage. Apporte ta brosse à dents à la maison, ça nous rappellera le bon vieux temps. Pas de danger qu'*ils* viennent. Les affaires avec eux marchent trop bien !

Chère Simone ! Je n'aurais jamais demandé pareil service à des gens beaucoup plus respectables, sachant trop quel embarras j'aurais causé.

Je dîne donc, le 14, dans un appartement décoré avec un luxe neuf, épouvantable. En quelques mois, la collaboration économique s'est révélée singulièrement fructueuse. Pour me remonter le moral, la brave Simone n'a lésiné ni sur le foie gras ni sur les vins. Je suis quelque peu étourdi, surtout à cause du chauffage dont j'ai perdu l'habitude. Chez moi, malgré les efforts d'un petit " mirus ", la température ne dépasse pas... 5°.

Verre de cognac en main (je froisserais beaucoup mon hôtesse si je refusais), nous nous affalons après le repas en de vastes fauteuils. Simone, attendrie, évoque les souvenirs du début des années vingt. Elle travaillait alors chez Chéruit, une maison de couture qui eut son heure de gloire. J'avais dix-huit ans. A sept heures, j'allais l'attendre. La place Vendôme était encombrée de " petits jeunes gens " portant comme moi guêtres, pantalon-fuseau, long veston cintré, gilet très haut, cravate piquée d'une perle et, comme moi, respectueux des usages. Un garçon élégant se devait de choisir sa " petite amie " parmi les filles qui exerçaient le métier fascinant et si nouveau de mannequin.

A la belle saison, après les cocktails pris au *Ritz* ou au *Cintra*, on dînait au Bois. Ensuite commençait le carrousel des voitures. Les phares échangeaient des signaux. De modestes lampes électriques s'allumaient le long des allées. Cela se terminait parfois sur quelque pelouse, en quelque fourré. La police eut un jour la curiosité d'y aller voir et recula en désordre lorsqu'elle découvrit l'identité de certaines des personnes qu'elle avait dérangées.

Puis c'était Montmartre. Rarement les cabarets célèbres, souvent les établissements qui se dissimulaient. Les initiés s'entassaient à *la Petite Chaumière*, la première boîte de travestis, à laquelle le patron avait eu l'idée géniale de laisser l'aspect d'un bouge. Pour être travesti à cette époque il fallait mettre beaucoup d'esprit et de verve au service de l'obscénité. Sans toujours comprendre, les Américains mouraient de rire.

Un des travestis avait un visage d'une rare beauté. On l'appelait simplement Lysiane de Monceaux, patronyme que sa féminité semblait justifier. Il était entretenu par une baronne au nom célèbre qui, un soir, ne craignit pas de sauter à la gorge d'une danseuse, également connue, dont elle était jalouse. Ce fut une bataille homérique. Les perles (vraies) tombaient en cascades des colliers rompus, roulaient sous les tables. Je doute qu'elles aient été toutes récupérées.

Il arrivait aussi qu'on allât en groupe, chacun avec sa chacune, faire un tour dans une maison close. Des femmes du monde ne craignaient pas de s'y commettre. On était à l'heure de la " Garçonne ".

6

Nous avions, une fois, poussé jusqu'à l'affreuse usine du *Panier Fleuri* où chaque " gagneuse " faisait, le samedi, jusqu'à soixante passes pendant la nuit, mais nous préférions les palais féeriques du quartier de l'Opéra. Que de glaces, de dorures, de damas rouge, de cupidons en stuc ! Nous offrions le champagne à quelques pensionnaires, généralement belles. Certaines avaient des cheveux qui leur tombaient jusqu'aux jarrets. Je me plaisais ingénument à leur demander leur histoire et je les écoutais plein de crédulité, voire d'attendrissement. Cela devait m'inspirer un roman qui reçut un accueil très honorable. J'eus soin, plus tard, d'en effacer les traces.

Nous eûmes la joie de rencontrer à Deauville une de ces créatures. Altière et bardée de gemmes, elle gourmandait à haute voix le vieux duc de Galliera enchanté.

Deauville ! Rien ne peut donner une idée du Deauville de cette époque, quand il suffisait de spéculer en Bourse... et de gagner. Gantées jusqu'au coude de bracelets en diamants, aristocrates, actrices et femmes entretenues rivalisaient de folie sous l'œil amusé d'Alphonse XIII. Citroën perdait en une soirée la somme fabuleuse de huit millions tandis que sa femme se laissait aller à une crise de nerfs. En revanche, Henri de Rothschild, qui avait oublié une plaque sur la table de jeu et causait avec un ami, était prévenu que son numéro venait de sortir cinq fois de suite.

La princesse Fahmy Bey attirait tous les regards. Cette beauté, après avoir été l'ornement de la ruineuse maison de rendez-vous de la rue Bizet et connu divers avatars, avait épousé un prince égyptien, son cadet de vingt ans. Elle le tua d'un coup de revolver au *Savoy* de Londres. A l'issue d'un procès retentissant, elle fut acquittée parce que son mari avait des goûts trop orientaux pour ne pas scandaliser une Angleterre encore puritaine. Rien ne l'empêcha dès lors d'hériter de la fabuleuse fortune de sa victime...

Simone, un peu grise, savoure la nostalgie de ces

belles années. Les ai-je vraiment vécues ? En ce moment même les Allemands font peut-être irruption chez moi afin de m'offrir un voyage en enfer. Je ne parviendrai pas à m'endormir.

Le lendemain, de bon matin, Simone empoigne son téléphone et va aux nouvelles. Il ne s'est absolument rien passé.

— Tu vois, soupire la brave fille, il ne faut pas croire aux bobards. Enfin, à ta disposition !...

J'en veux, sinon à Marcel Herrand, du moins au capitaine R. qui s'amuse évidemment à semer la panique. Longtemps après, la guerre finie, j'apprendrai que les Allemands avaient réellement formé le projet de rafler la jeunesse masculine de la zone occupée et qu'ils y avaient renoncé au dernier moment.

***

Pourquoi les guerres valent-elles à la France des hivers inconnus en temps de paix ? 1709, 1870, 1917... La série continue. La neige qui s'est mise à tomber le 1er janvier 1941 ne cesse pas. Elle ne cessera pas avant le 18 février ! Le thermomètre descend à —15°. A +2° chez moi. J'écris, ganté, sous la protection de ma chère pelisse. Le soir, n'en pouvant plus, je vais au *Bœuf* qui est chauffé grâce à la présence des officiers allemands.

Les trajets dans un sens et dans l'autre, qu'il faut naturellement faire à pied, ne représentent pas de petites expéditions. Les services de voirie désorganisés ont renoncé en effet à enlever la neige. Celle-ci est recouverte d'une épaisse couche de verglas sur laquelle il faut évoluer sans y voir clair à cause du black-out. Le seul recours est la lampe électrique de poche... interdite. Des agents sournois la traquent. Une nuit, l'un d'eux me confisque ce fil d'Ariane d'un nouveau genre. Je mettrai en titubant près de trois heures à descendre de l'Étoile jusqu'au bas de l'avenue de Wagram.

Mais la pire aventure sera celle du dégel. Arrivé

à six heures à l'Opéra-Comique quant tout était gelé — car on m'invite encore à certaines répétitions générales et je me refuse à me cacher —, je trouverai en sortant les rues changées en fleuves.

Curieuses journées partagées entre mon intérieur inhabitable, mon travail chez les Allatini, la Bibliothèque Nationale et *le Bœuf ! Le Bœuf* m'est devenu indispensable non seulement à cause du chauffage, mais parce que je veux échapper au dilemme de rester claquemuré auprès de Charles VII ou d'être tourmenté par des questions sans réponse.

L'imprévu est un des charmes de cet endroit. Je vois venir à moi la dernière personne que je m'attendais à y trouver : un adolescent un peu hagard, un peu sauvage, aux cheveux fous. C'est le fils de Vendéens très nobles, très catholiques, très légitimistes. Un déjeuner chez eux il y a deux ans m'avait permis de connaître le jeune Olivier.

Je lui offre un verre. Avec une extrême volubilité il me raconte que son père, ridiculement à cheval sur les principes, l'a chassé parce qu'il s'était montré trop indépendant en des circonstances qu'il explique mal. Il est seul maintenant à Paris, il se débrouille, il ne se plaint pas. Pourtant, si je pouvais lui avancer mille francs... Je lui en donne la moitié.

— Je vous rembourserai sur mon héritage !

Il s'éloigne en riant. Au bout d'un moment, Simone qui de sa table nous a observés, me fait signe.

— Tu ne devrais pas parler à ce garçon, il est dangereux.

— Il n'a pas dix-huit ans.

— En voilà une raison ! Il vit d'une fille qui fait le trottoir. De plus il attire des pigeons chez lui et les dévalise.

Je hausse les épaules. Les coups reçus depuis quelques mois ont fort entamé mon respect de la morale courante. Quand Olivier reviendra chercher auprès de moi un reflet de sa vie antérieure (déjà), je ne le repousserai pas.

Janvier, février sont passés. Les Allemands se soucient beaucoup moins de correction et l'étau se resserre. Les premières affiches annonçant des exécutions tachent les murs, on parle d'arrestations nocturnes.

Le metteur en scène Germaine Dulac, l'ancienne amie de ma mère, revient de Vichy. Elle me téléphone, elle voudrait me voir. Oh ! pas chez elle ! Le ton de sa voix me saisit. Suis-je lépreux à ce point ? Nous prenons rendez-vous au parc Monceau comme des conspirateurs.

Germaine Dulac a eu du mérite à s'y rendre car, depuis une attaque, elle ne peut marcher qu'en s'aidant de deux cannes. Je contemple ce fantôme venu du fond de mon enfance. Quand je l'ai connue c'était une femme très belle, très coquette. J'ai devant moi une infirme célèbre qui a marqué l'histoire du cinéma et créé les premiers ciné-clubs. En vingt-cinq ans elle est devenue presque masculine avec ses traits sculptés à la romaine, ses cheveux courts, son béret basque, ses bagues massives. Sa voix seule n'a pas changé. Sans l'influence que Germaine Dulac exerça sur ma mère et, à travers elle, sur moi, je n'aurais probablement pas cette passion du cinéma, il n'y aurait pas de Festival de Cannes, Rossellini n'aurait pas tiré un film classique de mon *Louis XIV*.

Ce n'est pas de cinéma qu'il s'agit aujourd'hui. A Vichy, Germaine a vu la maréchale. Mme Pétain lui a confié qu'à partir du mois de mai, la situation des Juifs serait intenable en zone occupée. Se souvenant de ma mère, elle lui a conseillé de m'en prévenir. Que les jeux du destin sont déconcertants !

Je remercie. L'appréhension évidente de Germaine d'être vue en ma compagnie me frappe plus encore que l'avertissement. Nous nous disons adieu. Je suis ému à la pensée que je ne la reverrai pas.

Puis je me perds en des réflexions qui tournent au cauchemar. Il faut donc partir, tout abandonner, recommencer l'exode ? Et où aller ? Et comment franchir la ligne ? C'est maintenant un exploit sportif que je ne me sens pas capable d'accomplir. Chacun a sa forme de courage. Le mien flanche, je l'avoue, à la perspective des barbelés, des chiens, de la trahison possible d'un passeur et du sort qui me serait réservé si j'étais pris. J'aime mieux rester chez moi et me suicider lorsqu'*ils* surgiront. Est-ce que je n'ai pas mon ampoule ?

— Toi tu préfères ton confort à la vie ! me dit Simone, furieuse, quand je la mets au courant.

Elle n'a pas tort. Je ne lui parle pas de mes scrupules à l'égard des Allatini et de René Blum. Elle ne comprendrait pas.

Là-dessus j'apprends l'arrestation de Julien Cain. S'ils s'en prennent aux anciens fonctionnaires de la République... Les Allatini se renseignent. Quoi qu'il advienne au mois de mai, il y aura une nuit dangereuse le 11 mars. De nouveau le coup du 14 janvier ! Cette fois je ne bougerai pas. Mais la chose semble se confirmer. Hélène me dit que je serais stupide de jouer à l'amiral de Coligny attendant ses assassins.

Soit ! Je vais essayer de découcher encore. Quel casse-tête ! L'ami de Simone est à Paris, ce qui me ferme sa porte. Je ne veux compromettre à aucun prix les Gilles Guilbert, si imprudents déjà, Marguerite Long pas davantage. La maison des Allatini risque d'être visitée. Je répugne à solliciter mes amis des beaux quartiers en l'esprit desquels, je le devine, la situation générale provoque depuis peu un nouveau revirement.

Ce soir-là, je bois plusieurs verres au *Bœuf* et, faute de confident plus sûr, j'expose mon problème à l'inquiétant Olivier qui déteste les Allemands. Le garçon réfléchit à peine :

— Vous n'avez qu'à venir chez moi. Ma chambre n'est pas grande mais pour ne pas vous gêner je coucherai avec ma frangine qui habite le même hôtel.

— Un hôtel ? Il peut y avoir une rafle.

— Rien à craindre. La maison est très bien vue par les Verts de Gris.

— Tu sais que tu cours un danger.

— M'en fous !

Me voyant perplexe, il ajoute :

— C'est de bon cœur, vous savez.

Dite d'une voix presque enfantine, cette phrase me décide. Au point où j'en suis !

***

Le 11 mars je campe très tôt au *Bœuf*. Vers onze heures, de manière à respecter le couvre-feu, Olivier et moi prenons le métro en direction de Montmartre. Nous allons jusqu'à la rue Ramey, parfaitement sinistre, qui monte vers le Sacré-Cœur, nous nous arrêtons dans un hôtel où, en temps normal, je n'aurais pas mis les pieds pour tout l'or du monde. Enfin, puisque c'est ainsi ! Malgré mon malaise, je dois réprimer une espèce de fou rire en gravissant l'escalier crasseux.

Heureusement la chambre d'Olivier est propre. Il y a un grand lit, un petit lavabo, une table, un vieux fauteuil épuisé. Le garçon semble soudain pressé :

— J'ai un rendez-vous, je vous laisse. Vous êtes chez vous. La chambre de ma frangine est juste au-dessous. C'est commode.

Commode pourquoi ? Quelle importance, d'ailleurs ? Je me regarde dans la glace de l'armoire branlante et cette fois je ris franchement. Bah ! imaginons que je vis un roman d'aventure !

Je me déshabille seulement à moitié, car il y a bien des choses, depuis l'argent jusqu'au poison, dont je ne veux pas me séparer. Je me couche sur le lit, j'éteins. Trouverai je le sommeil ? J'y suis presque parvenu quand le bruit de la clef me réveille. Je tressaute, j'allume. Olivier entre en coup de vent. Il me tend des objets que je prends machinalement, et me souffle :

— Je reviendrai les chercher d'ici une demi-heure, une heure. Ne vous en faites pas.

Il a disparu, je regarde incrédule un portefeuille assez bien garni, une épingle de cravate, une chevalière en or. Il me faut quelques instants pour comprendre. Olivier a subtilisé tout cela à un client de sa « frangine »... ou à un client personnel ? Quoi qu'il en soit, me voilà receleur, complice d'une mise en l'air. Dieu ! si ma grand-mère me voyait !

Au bout d'un certain temps, Olivier reparaît comme il l'avait annoncé. Que dire ? Je lui rends précipitamment son butin qu'il empoche avant de s'excuser, en homme du monde :

— Je suis désolé de vous avoir réveillé, mais vous savez ce que c'est (jusqu'à présent je ne savais pas). Bon ! Cette fois je ne vous dérangerai plus. Dormez bien.

Je l'informe que je voudrais partir de bonne heure.

— A votre aise. Personne ne vous demandera rien. Moi je ne me lève pas avant midi. Salut !

La nuit me paraîtra longue. On ne prend pas si facilement des habitudes de proscrit. Dès que le jour paraît, je me rhabille. Après avoir hésité je laisse quelques billets sur la table de nuit et je m'en vais. Effectivement, une femme déjà occupée à des soins ménagers m'ignore totalement.

Les Allemands ont-ils vraiment fait des descentes cette-nuit là ? On ne le saura pas avec certitude, mais qu'ils opèrent des arrestations ne fait aucun doute.

Le lendemain soir, au *Bœuf*, Olivier me reproche vivement l'argent qu'il ne songe d'ailleurs pas à me rendre. Il répète :

— C'était de bon cœur.

***

Il n'est décidément plus possible de vivre à Paris et la zone « libre », si rebutante l'été dernier, prend les couleurs de la terre promise.

— Et pourquoi n'y allez-vous pas ? demande Olivier qui semble s'être pris pour moi d'une véritable affection.

Toujours le réflexe de Perrichon ! Je le trouve très collant, mais je n'ose pas l'envoyer au diable.

— Je connais un moyen... poursuit-il.

Je l'interromps. Je ne partirai qu'avec un ausweis en poche.

— Ah ! un ausweis ? Ça c'est une autre paire de manches !

Il m'agace, ce petit voleur, avec ses airs importants !

Je demande à Simone si son ami... Puisque les Allemands ont tant besoin de lui ! Elle le sonde et me rapporte une réponse peu encourageante. L'habile homme d'affaires m'aiderait bien volontiers. Cela lui servirait de couverture au cas où — sait-on jamais ? — la victoire changeait de camp. Le malheur est que je sois trop connu. Même moyennant finances, aucun service allemand ne prendrait le risque. Je suis donc pris au piège si je ne tente pas la grande aventure du passage clandestin. Or un pressentiment tenace m'en empêche.

Perché sur un tabouret au bar du *Bœuf*, je tourne la question dans tous les sens en échangeant de vagues propos avec mes voisins qui s'écartent ostensiblement à l'approche d'Olivier. Ce gamin est vraiment insupportable !

Nullement gêné, il s'installe près de moi, commande une boisson. Son sourire le fait ressembler à un petit Lucifer.

— Vous ne m'aviez pas dit que vous connaissiez le capitaine R.

Je sursaute.

— Et toi, tu le connais ? Je croyais que tu n'aimais pas les Allemands.

— Oh ! non, je ne les aime pas. N'empêche que j'en ai quelquefois besoin pour mon travail.

C'était fatal. Quel que soit leur niveau, les voyous s'attirent mutuellement. A l'âge d'Olivier, Bernard ne valait sûrement pas mieux. Contrôlant les activités des restaurants, des cafés, des boîtes et en conséquence du Milieu, il doit en profiter de bien des façons, bâtir bien des combines :

Le garçon continue :

— Je lui ai parlé de vous.

Je voudrais le gifler :

— De quoi te mêles-tu ?

— De vos affaires. Vous l'aurez, votre ausweis. D'ici trois semaines à peu près.

— Tu te fous de moi ?

— Le capitaine m'a chargé de vous dire que c'était en souvenir de l'aspirine. Il paraît que vous comprendrez.

Je comprends sans y croire. Je fournirai pourtant à Olivier les photos indispensables et une pièce d'identité qui ne porte pas la marque infamante. Le ministère nous avait heureusement délivré des cartes spéciales au début de la guerre. Celle-là sera mon salut.

Je me répète :

— Je n'y crois pas, je n'y crois pas.

Eh bien ! un beau soir, dans les lavabos du *Bœuf*, Olivier me remet le sésame inestimable. Valable pour un mois.

Sceptique et superstitieux à la fois, je n'ai encore rien préparé. Il me faut donc improviser un départ qui risque d'être définitif. D'emblée je bute sur un terrible obstacle. Il faudra que je vive en zone libre où je ne pourrai exercer aucun métier. Certes l'État Français, magnanime, m'a garanti, pendant deux ans encore, un traitement payable par mensualités. Mais rien ne me prouve que la promesse sera tenue ni qu'au bout de deux ans la situation aura changé. Je ne veux pas me hasarder sans mon pauvre trésor de guerre, arraché de justesse aux vautours. Je tiens aussi à emporter mes vêtements puisqu'on n'en trouve plus.

Qu'en pense Simone ? Son ami aurait peut-être là une occasion d'avoir sa couverture à bon compte ? L'excellente fille négocie, aboutit. Le sieur Albin fait régulièrement l'aller-retour entre les deux zones. Il a l'autorisation d'emporter n'importe quelle somme. Il peut aussi expédier des bagages. Nous voyagerons ensemble. Avant la ligne de démarcation je lui confierai mon pécule qu'il me remettra de l'autre côté. Pas de problème en ce qui concerne les valises. La collaboration économique a du bon.

Nous fixons le départ au 18 avril. La date est un peu éloignée, mais j'ai tant de choses à régler avant de quitter Paris !

Je ne me doute pas à quel point je tente le diable. La Gestapo viendra m'arrêter le 27. Déplacement inutile. Je lui aurai échappé grâce à une femme entretenue, à un trafiquant, à un ancien espion nazi et à un voyou.

***

Une quinzaine d'années plus tard, une maîtresse de maison très snob chez laquelle je vais dîner me présente presque cérémonieusement le comte d'A. Je reconnais un Olivier fort engraissé, au teint de braconnier. Ses parents sont morts, il passe la majeure partie de l'année dans ses terres, il est le maire du village, il chasse beaucoup. Nous nous serrons la main en riant.

— Vous chassez ? Non ? Ça ne fait rien. J'aimerais vous avoir au château et vous montrer le domaine.

CHAPITRE XVII

Jusqu'à présent les victoires des Grecs sur les Italiens ont été les seules satisfactions que nous ait apportées l'évolution de la guerre. L'Allemagne et la Russie, complices, tiennent l'Europe à leur discrétion. Mais soudain quelque chose bouge. Alors que la Yougoslavie allait s'agenouiller à son tour, Belgrade est le théâtre d'un coup d'État, le jeune Roi Pierre se range aux côtés des Anglais.

Cette nuit-là, quel que soit le danger, j'ouvre la radio en grand. J'entends l'allocution de George VI, puis le concert des cloches de Londres qui se sont toutes mises à sonner. Je cède à l'exaltation, à l'espérance.

La déception est d'autant plus cruelle. En quelques jours l'armée allemande dévore la Yougoslavie et la Grèce, les Anglais sont chassés de Crète. Le couvercle retombe lourdement, nous n'échapperons pas. Comment nourrir encore des illusions devant la perfection de la machine de guerre nazie ?

Et pourtant, sans le savoir, nous sommes sauvés. J'y penserai bien plus tard, chaque fois que j'aurai l'occasion de voir le Roi Pierre traîner sa vie lamentable à Venise ou sur la Côte d'Azur. La Yougoslavie a fait perdre au moins un mois à Hitler. Si Goliath n'avait dû affronter ce David, ses soldats seraient arrivés devant Moscou en septembre et non en novembre, l'hiver n'aurait pu les changer en statues de glace. (1)

En attendant je dois me hâter. J'irai à Cannes pour plusieurs raisons. J'y connais beaucoup de monde. Le préfet des Alpes-Maritimes a beau appliquer avec zèle les consignes de Vichy, je ne puis croire qu'il ait oublié notre vieille amitié. Je ne l'ai jamais connu antisémite. Même s'il l'est, chaque antisémite a obligatoirement son Juif, considéré comme une exception. Je veux croire que je serai le sien.

Je ne doute pas davantage de l'accueil de Henri Gendre, conseiller municipal et directeur du Grand Hôtel. C'est lui qui, en 1939, déclencha une campagne afin d'attirer à Cannes le Festival International du Film primitivement destiné à Biarritz. Le Gouvernement me chargea alors d'inspecter les deux villes rivales. Je me prononçai en faveur de Cannes mieux équipé et fis entériner mon choix. Cannes m'en fut reconnaissant. Peut-être en reste-il quelque chose ?

Quoi qu'il en soit, Henri Gendre, père d'une vedette en herbe, Louis Jourdan, s'est révélé à la fois un aide précieux et un véritable ami, pendant les préparatifs orageux de la grande manifestation cinématographique que la guerre nous empêcha de réaliser, du moins à la date prévue.

Que d'affaires à mettre en ordre avant de m'exiler ! Je voudrais déposer en lieu sûr des objets auxquels je tiens, mais le gérant de l'immeuble a interdit à la concierge de laisser rien sortir. J'obtiendrai seulement — au prix de quels efforts ! — de confier les valises contenant ma garde-robe à une maison de transport qui se charge de les acheminer vers Cannes. Le directeur de cette maison, très hostile aux Allemands, en prend la responsabilité. Je préfère en définitive avoir recours à lui et ne pas demander un service supplémentaire au sieur Albin. Et puis je pense qu'en

(1) Hitler insistera là-dessus pendant la dernière période de sa vie. Cf. Joachim Fest, *Hitler*.

1939, craignant les bombardements (une invasion était impensable), j'ai confié aux Musées Nationaux les pièces précieuses venues des collections Camondo ainsi que mes livres les plus rares. Mon dépôt parmi beaucoup d'autres se trouve au château de Brissac. Puisque le comte Metternich protège les Musées, cela, au moins, a une chance d'être épargné.

J'ai prévenu mes anciennes secrétaires de mon départ. S'étant cotisées, elles m'offrent une écharpe et une cravate. Je garderai longtemps ces témoignages touchants de leur fidélité. L'une de ces jeunes femmes, Mme Ponsignon, si populaire depuis parmi les habitués du Festival de Cannes, a un mari également jeune, dynamique, insoucieux du danger, prodigieusement débrouillard. Il s'occupe d'affaires auxquelles je ne comprends goutte, mais qui semblent prospères et lui permettent d'avoir un ausweis permanent.

Alain Ponsignon me propose spontanément d'être mon agent de liaison entre les deux zones. Je le remercie avec effusion. Je n'aurai pas grâce à lui l'impression d'avoir coupé les ponts.

Alice, ma précieuse gouvernante, promet de veiller sur mon appartement que je crains bien de ne jamais revoir. Elle réussit à emporter, malgré la concierge, beaucoup de papiers concernant mes travaux historiques et mes biens en Roumanie. Un jour, je serai bien aise de les retrouver. Hélas ! la documentation du *Charles VII* est trop volumineuse. La concierge pousse des cris, il faut la remettre à sa place. Je n'aurai pu la reconstituer quand le livre paraîtra en 1945, ce qui me vaudra d'acerbes critiques et permettra à mes contradicteurs de me dénoncer comme amateur et fantaisiste (1).

Les Allatini approuvent ma décision. Je les presse de m'imiter car ils ont vraiment atteint le bord du précipice. Ils en tombent d'accord. Ils s'en iront dès que celui-ci, celle-là, celui-là encore seront en sûreté.

(1) L'édition de 1973 a remis les choses au point.

J'ai retardé le moment de parler à René Blum. Je m'y résous enfin. Notre entretien sera l'un de mes plus cruels souvenirs de l'Occupation. René ne saurait admettre ma « fuite ». Il le répète : il faut tenir, témoigner. A ses yeux je deviens un déserteur. Toujours l'horrible mot ! Je ne l'accepte pas après ce que j'ai fait depuis huit mois. De l'autre côté, j'aurai encore une chance de servir à quelque chose. En restant je commettrais un suicide inutile.

René ne veut rien entendre. En le quittant, j'éprouve la douleur d'être rejeté par cet homme que j'aime et que j'estime profondément. Je la ressens toujours.

Combien j'aurais été heureux d'avoir eu tort ! Hélas, René Blum sera pris et mourra en camp de concentration.

Le 29 mars est créé le Commissariat aux Questions Juives. Commentaire officiel : « Il ne s'agit pas d'exercer une persécution gratuite, sans objet, mais de donner aux Juifs une juste place dans la société française. » Les nazis doivent bien rire en lisant cela. Il y a pourtant des Juifs français qui disent : « Vous voyez ! » Moi-même je suis encore loin de m'imaginer ce que réserve l'avenir, et je me demande avec une amère curiosité quelle « juste place » on me fera en Z.N.O.

Le directeur de la maison de transport jouit du privilège d'avoir une voiture. C'est lui qui vient me chercher le 18 avril au matin. Ainsi qu'au moment de l'exode je dis adieu à ma gouvernante en larmes, à ma maison. J'emporte l'unique valise autorisée. Cette fois, je n'ai pas oublié le pantalon de rechange. Ni le manuscrit du *Charles VII*.

Émotion ! Panique ! Le moteur du gazogène refuse de se mettre en marche. Enfin il se décide ! A quoi tient la vie ? S'il s'était obstiné, j'aurais manqué Albin et le train où j'ai eu tant de peine à réserver une place. Avant que j'aie pu organiser un autre voyage, la Gestapo aurait eu le plaisir de faire ma connaissance.

Attendre Albin sur le quai de la gare est un supplice. Je crois tout perdu quand il se décide à paraître. Nous

nous installons dans un compartiment bondé de personnes et de bagages. L'horreur des déplacements ne cessera d'augmenter pendant les années noires. Et jamais les gens n'auront eu davantage envie de circuler.

Notre train est évidemment un de ces ancêtres que l'occupant a dédaignés. Il roule lentement. Au milieu des chocs et des grincements, Albin se montre disert, voire didactique. Il vante la force et la puissance de l'Allemagne, il me prouve interminablement qu'elle dominera le monde. Pourquoi, en ce cas, est-il à mes côtés ? Je me tais, résigné.

Après bien des heures, le convoi s'arrête en gare de Moulins où il va rester longtemps. C'est la frontière. Un peu avant d'y arriver j'ai remis à Albin le paquet qui contient ma fortune. Je vois les soldats allemands envahir les wagons. Ils procèdent aux vérifications avec leur implacable minutie, plusieurs personnes descendent. Celles-là ne passeront pas. On les emmène vers le poste de garde. Jamais, je crois, je n'ai discerné si clairement jusqu'à quelles profondeurs la France est tombée.

Les deux militaires, aux trognes classiquement farouches, sont devant nous. Ils scrutent attentivement le bout de carton auquel mon sort est suspendu. Puis ils feuillettent d'un air très soupçonneux le magazine de cinéma que j'ai acheté tant pour me distraire que pour la vraisemblance. Car je suis censé me rendre en Z.N.O. à des fins cinématographiques. Le cinéma aura toujours joué un grand rôle dans ma vie.

Lorsqu'ils me rendent l'ausweis, ce qui équivaut à un *satisfecit*, mes jambes flageolent et je crains d'avoir une faiblesse. Mais une nouvelle épreuve m'attend. Tandis que l'inspection se poursuit ailleurs Albin descend se dégourdir les jambes. Moi, je n'ose bouger. Soudain Albin sort de mon champ visuel et en une seconde je suis trempé de sueur. Qu'est-ce que je sais, en somme, de ce trafiquant ? S'il prenait un autre train et revenait à Paris avec mon argent, que pourrais-je faire ? Et que deviendrais-je ? Lorsqu'il se rassied auprès de moi, je suis prêt à l'embrasser.

Jamais musique ne fut à mes oreilles aussi délicieuse que le bruit de ferraille du train remis en marche. Nous voici en Z.N.O. Sur le moment, j'oublie qu'il ne s'agit en aucune façon d'une terre de liberté. Je m'accroche aux chimères, je crois presque à la promesse du maréchal : " Les Juifs français seront respectés dans leurs personnes et dans leurs biens. " Je vais redevenir un être normal. Enfin, presque.

Albin descend à Lyon. Il me rend mon paquet. Ouf ! En me disant adieu il me conseille de gagner l'Amérique. Je n'ai rien à espérer en Europe. Hitler l'a affirmé : elle sera nazie pendant mille ans au moins. J'opine du bonnet, pressé de le voir partir.

Au moment de son procès, quatre ans après, je témoignerai qu'il m'a aidé à survivre. Nous serons quittes.

Les heureux habitants de la Z.N.O. semblent être encore plus voyageurs que les autres. A chaque station des gens montent. Ils se casent au petit bonheur, emplissent le couloir. La nuit est venue et l'électricité ne fonctionne pas. Malgré tout j'éprouve un sentiment de délivrance, de joie aussi à la perspective de retrouver cette Côte d'Azur que j'aime tant. Voilà seulement vingt mois que je l'ai quittée, peu de jours avant la date fixée pour l'ouverture du premier Festival. Comme c'est loin !

CHAPITRE XVIII

Le Concordat signé en 1929 entre le Saint-Siège et le gouvernement italien avait fait déferler sur la péninsule une vague de vertu sourcilleuse. Une de ses conséquences fut une baisse spectaculaire du tourisme.

Afin d'y remédier, Venise créa une Biennale dans le cadre de laquelle eut lieu... annuellement, une exposition internationale du cinéma, la Mostra.

La Mostra qui s'était ouverte en 1932 se déroulait sans règles précises et sans interventions officielles des pays invités. C'est ainsi qu'en 1934 la France s'y trouva représentée par un seul film, *Bouboule Ier, roi des Nègres.*

Indigné à la lecture du communiqué vénitien, je bondis chez Georges Huisman et le persuadai que nous ne pouvions nous laisser ridiculiser de la sorte.

Il en résulta la création d'une commission chargée de faire la sélection des films qui seraient présentés à Venise. C'était la première fois que des représentants de l'État et des représentants du cinéma travaillaient en commun. La direction de la Mostra qui, en dépit du fascisme, était francophile, accepta de n'admettre à la compétition que les œuvres ainsi choisies. Peu à peu, tous les autres pays adoptèrent notre méthode.

Je devins le premier délégué du Gouvernement à Venise où mon ami Georges Lourau représentait la profession. 1937 fut pour nous une année triomphale puisque, malgré la tension entre la France et l'Italie,

Carnet de Bal de Julien Duvivier reçut le Grand Prix et *la Grande Illusion* de Jean Renoir une autre récompense créée spécialement à son intention. Hitler et Goebbels s'en montrèrent fort irrités. Ils ne pouvaient admettre que Renoir eût montré une sentinelle allemande qui s'abstenait de tirer sur un prisonnier français au moment de son évasion.

Les effets se firent sentir l'année suivante. Nous étions au début de septembre 1938, trois semaines avant Munich. On savait le jury décidé à primer un film américain, mais les pressions de Berlin sur tous les satellites de l'Axe (le jury était international) furent telles qu'à la dernière minute, le Grand Prix échut aux *Dieux du stade*. Or le chef-d'œuvre de Leni Riefenstahl n'y avait pas droit aux termes du règlement puisqu'il s'agissait d'un documentaire. Cela provoqua une grande indignation dans les démocraties, les Anglais et les Américains déclarèrent qu'ils ne reviendraient pas à Venise.

Le lendemain soir, 3 septembre, je pris le train pour Paris, encore ému par la violence de l'incident et profondément inquiet de la crise tchécoslovaque. La guerre semblait inévitable, je m'attendais à être mobilisé, peut-être dès mon arrivée. Songeant à ces choses dans mon wagon-lit, je ne pus trouver le sommeil et rêvai tout éveillé. L'aube naissant, à défaut d'un songe, il me vint une idée. Dès lors que les circonstances enlevaient à la Mostra une indispensable objectivité, pourquoi, si, miraculeusement, la paix était sauvée, ne pas créer en France un Festival modèle, le Festival du monde libre ?

L'idée mûrit jusqu'à la gare de Lyon. Le lendemain j'en parlai à Yves Chataigneau, Secrétaire Général du Gouvernement, à Suzy Borel et à Georges Lourau. Les uns et les autres me promirent leur appui.

Je pouvais dès lors établir un rapport qui serait soumis au directeur général des Beaux-Arts, à Jean Zay, ministre de l'Éducation Nationale, ainsi qu'à Albert Sarraut, doublement intéressé comme ministre de l'Intérieur et comme président de l'Association Française Artistique dont je venais d'être nommé directeur.

Mon projet fut adopté. Il rencontra en revanche l'hostilité de ceux qui voulaient ménager l'Axe et craignaient d'irriter Mussolini. Tout l'hiver l'affaire divisa le Conseil des ministres. Au printemps Sarraut et Jean Zay emportèrent la décision. Il s'agit alors de choisir l'endroit où aurait lieu la périlleuse expérience. Après un débat homérique le Gouvernement, cette fois encore, me suivit et désigna Cannes.

En donnant la préférence à la Méditerranée, je laissais la folle du logis m'emporter plus loin qu'elle ne l'avait fait pendant mon mémorable voyage. Je rêvais de voir la Côte d'Azur prendre l'importance d'un Hollywood européen, à peu près ce que les Italiens, mieux avisés et moins avares que notre ministère des Finances, devaient, après la guerre, réussir à Cinécitta.

L'Association Française d'Action Artistique fut chargée de réaliser le Festival dont je devins le Délégué Général. Louis Lumière, père du cinéma, en accepta la présidence. Albert Sarraut signa le contrat de base avec la ville de Cannes, la date d'ouverture fut fixée au... 1er septembre 1939.

Nous lancions un véritable défi au destin. Au mois d'août, dédaignant les menaces de guerre, Cannes inaugura la grande parade. Les vedettes accoururent de partout. La Metro-Goldwin avait loué un transatlantique pour amener ses représentants. J'eus beaucoup de peine à dissuader une autre firme américaine d'édifier sur la plage une Notre-Dame de carton pâte, destinée à illustrer un film tiré du roman de Victor Hugo. Tyrone Power, Gary Cooper ameutaient les populations, Norma Shearer dansait avec George Raft.

Nous fûmes prêts à l'heure dite. Le nom du Festival

brillait déjà en lettres de néon au fronton du Casino quand la folie des hommes éteignit les lumières. Nous avions perdu notre pari. Nul n'imaginait que nous le gagnerions sept ans après et qu'en 1973 vingt mille personnes se presseraient au Festival tant combattu, qui avait vu " naître " — entre autres — Rossellini et René Clément, Antonioni et Polanski, Brigitte Bardot et Alain Delon, Gina Lollobrigida et Sophia Loren.

CHAPITRE XIX

Je ne l'imagine évidemment pas en débarquant à Cannes. Et pourtant, malgré mes courbatures, je suis presque euphorique. Le printemps resplendit, le ciel, la mer, le soleil, les fleurs me font fête. Il n'est pas possible que le monde soit en feu, il n'est pas possible que des lois insensées...

Encore que je sois choqué d'être remorqué par un homme à bicyclette, j'emprunte un vélo-taxi. Sauf l'absence de voitures, à la rigueur naturelle en cette saison, rien ne semble avoir changé depuis deux ans. Mais, sur un mur, une inscription en lettres énormes me ramène brutalement à la réalité : " Mort aux Juifs !" Allons, il ne faut pas perdre la tête !

J'avais réussi à faire parvenir une lettre à Henri Gendre. Il m'accueille à bras ouverts, ce qui est un puissant réconfort. Il m'a réservé une des meilleures chambres du Grand Hôtel. On parlera du prix une autre fois. Nous allons au bar Henri II où j'ai discuté naguère les clauses du contrat qui donna son existence juridique au Festival. La cave de la maison est encore bien pourvue et nous célébrons mon arrivée.

De nouveau je m'épanouis et, de nouveau, c'est la douche écossaisse. Je demande à Gendre s'il veut bien conserver dans son propre coffre ou dans celui de l'hôtel, le fameux paquet. Pas de problème ! Hélas ! si ! Le comptable auquel Gendre en parle lui répond à mi-voix avec vivacité. Et mon ami revient vers moi, la tête un peu basse. Il vaut mieux que je garde mon argent. Étant donné le nombre de Juifs que l'hôtel abrite déjà, il pourrait y avoir une enquête et... on ne sait jamais !

Quelle vie ! Ma valise va donc être le seul abri de ces billets de banque qui me sont aussi nécessaires que l'oxygène. Cela me vaudra des affres incessantes. Heureusement il y a moins de cambrioleurs à Cannes en 1941 qu'il n'y en aura en 1974.

Le Grand Hôtel est alors un des plus jolis de France, une espèce de château séparé de la Croisette et de la mer par un magnifique jardin abondant en massifs et en palmiers. Je suis exilé au paradis... sous une épée de Damoclès.

Je téléphone de droite et de gauche et j'ai le bonheur de réentendre beaucoup de voix familières.

N'oublions pas l'essentiel. J'appelle la préfecture à Nice, je donne mon nom au chef de cabinet qui me répond, je lui explique mes liens d'amitié avec le préfet, je demande quand il me sera possible d'être reçu. Le chef de cabinet se montre aimable à l'extrême. Il va tout de suite prévenir son chef qui voudra sûrement me parler. Je l'espère bien.

Passe un temps assez long. Le chef de cabinet revient au bout du fil, sa voix a complètement changé. Il me fixe pourtant un rendez-vous assez éloigné. Ce sera une brève audience qui me prouvera, s'il en était besoin, que les temps sont bien révolus.

Tu quoque ! Même lui ! Cela fait plutôt mal.

Tel étant l'état d'esprit du préfet, j'ai lieu de craindre le maire. C'est un notaire doriotiste qui, bien plus tard, échouera en prison, victime, non de son attitude pendant la guerre, mais d'escroqueries monumentales... Henri Gendre me rassure. S'il est vrai que le maire ait en effet envisagé des mesures spéciales contre les Juifs, les commerçants et les hôteliers irrités l'ont aussitôt forcé à battre en retraite. Cannes connaît en effet une prospérité inespérée grâce à l'afflux des Israélites. A tel point que les mauvais plaisants l'appellent " Kahn ".

Parmi ces touristes très particuliers, il y a de nombreux Français et beaucoup d'étrangers. On remarque évidemment ceux qui, ayant garé une partie de leur fortune, habitent des palaces ou des villas. Certains portent des noms aussi connus que Rothschild et Lévitan. La majorité est en détresse et se terre au fond d'hôtels minables.

Il y a aussi les proscrits, telle la vieille baronne Friedlander-Fuld, une des femmes les plus riches d'Allemagne avant 1933. Hitler aimerait bien " effacer " comme Thyssen cette ancienne propriétaire de mines en Silésie, et Vichy, sans doute, ne lui refuserait pas ce nouveau plaisir. La malheureuse octogénaire se cache de son mieux.

Bien entendu, la presse s'en donne à cœur joie contre les Shylocks, cousus d'or, qui insultent à la misère du peuple, se livrent aux pires trafics et organisent le marché noir.

Puisque des impératifs économiques obligent les autorités à ménager les hommes, on s'en prend aux pierres. Le buste du Roi Édouard VII, jadis si populaire sur la Côte, est solennellement démoli par les patriotes de la Légion. Cela fera sûrement plaisir à Hitler. Le chef départemental de la Légion n'est autre que Darnand, un héros de la guerre 14-18, grâce auquel, dit-on, put être arrêtée la dernière offensive allemande. Le destin ricane.

En 1945, j'assisterai à la cérémonie, non moins solennelle, au cours de laquelle un autre buste sera mis à la place de l'ancien. Darnand à ce moment attendra sa condamnation à mort.

Je retrouve avec émotion des amies très chères, Mme Pierre Baudin dont le mari serait devenu Président de la République s'il n'était mort prématurément, Germaine Everling Picabia, ancienne compagne du peintre surréaliste, Mme Fernand Halphen que d'aucuns surnomment la papesse juive. Cette femme remarquable, grande bienfaitrice des Juifs de Palestine et providence des réfugiés, a été dans son milieu un précurseur en art. Veuve, elle s'est vue jadis exposée à perdre la tutelle de ses enfants parce qu'elle avait acheté un Van Gogh.

Ces dames me conseillent de suivre leur exemple et de me tenir un peu à l'écart de la société extraordinairement disparate qui échange des nouvelles souvent fausses sur la Croisette et à la terrasse de l'hôtel Carlton, aussi insensible que *Le Bœuf sur le Toit* aux vicissitudes historiques. Mais le bizarre me fascine et je ne les écoute pas.

Malgré les Juifs, Cannes, en effet, n'a rien d'un ghetto. Il a vraiment fallu des circonstances extraordinaires pour créer cette Babel, microcosme de toutes les catégories de personnes que menacent les nazis ou simplement qui ne les aiment pas. Il y a l'Aga Khan et l'ex-Khédive d'Égypte, d'ailleurs pressés de s'éloigner. Il y a des Bourbon-Siciles, des Bourbon-Parme et des princes russes en exil. Il y a une colonie roumaine rassemblée autour d'Hélène Vacaresco, pareille à une vieille sultane, et de la veuve de Titulesco qui fut un illustre ténor de feue la Société des Nations. Il y a l'ancien ambassadeur hollandais et des hommes d'État grecs.

Émacié, fluet, lointain, passe le duc de la Force, apparemment sorti d'un de ses livres d'histoire. Près de lui son épouse affiche ce dédain de la toilette dont se flattent les vieilles duchesses. La marquise de Noailles, née Corisande de Gramont, historienne elle aussi et pionnière de l'aviation, leur parle avec passion du livre qu'elle veut consacrer à son aïeul, le comte Molé, ministre de Louis-Philippe. Majestueuse et omnisciente, très bonne sous des dehors intimidants, la duchesse de la Rochefoucauld, grande amie de Paul Valéry, se joint à eux.

Les ayant salués, je tombe sur un Maurice Chevalier en pleine forme. Il est à son ordinaire un peu goguenard, un peu protecteur, très sûr de soi avec une ombre de complexe. Il me prend par le bras et me confie quelles angoisses il a éprouvées à cause de « sa petite maîtresse " Nita Raya qui est juive. Maintenant il respire enfin : Nita a vu le jour en Russie. Après mille démarches et des difficultés sans nombre il vient d'obtenir qu'elle soit considérée comme citoyenne soviétique. Elle est sauvée ! Il ne se doute pas que, deux mois plus tard, l'Allemagne sera en guerre contre l'U.R.S.S. et que la pauvre Nita se trouvera doublement exposée à la fureur nazie.

Cette histoire et les bons souvenirs de jeunesse que je dois à Chevalier me rendront très compréhensif lorsqu'en 1946, il viendra, presque implorant, me demander assistance. Les Amériques le réclament et il ne peut sortir de France, Georges Bidault, alors ministre des Affaires Étrangères, ayant interdit de lui délivrer un passeport.

J'irai trouver Suzy Borel devenue Mme Bidault, je plaiderai la cause du créateur de *Valentine*, je raconterai à quels impératifs sentimentaux il ne put se dérober. Mme Bidault s'attendrira, obtiendra le passeport qui représente un nombre impressionnant de millions. Chevalier la bénira et moi aussi.

L'année suivante, Mme Bidault organisera un gala au profit des anciens déportés, et demandera par mon entremise le concours de Chevalier. J'écrirai à Londres, notre fantaisiste national s'y produisant à cette époque. La réponse me parviendra sous la forme d'un télégramme laconique : " Malheureusement impossible ." Je mettrai longtemps à le pardonner à Momo...

Nous n'en sommes pas là. Pour l'heure, je reste béant devant des cyclistes inattendues. Mme Louis-Louis Dreyfus, veuve du roi des céréales, a été une très belle femme à l'ancienne mode. Elle garde grande allure. Je la vois, à bicyclette, suprêmement digne dans son corset et sa robe noire, ses cheveux formant une espèce de tour. Derrière elle se trouve le panier qui contient son pékinois.

Mme Dupont, mère de la baronne James de Rothschild, n'a rien perdu de son impétuosité malgré son âge avancé. Assez semblable à une araignée, elle chevauche fougueusement sa machine. Elle aussi a un panier, celui-là rempli de provisions qu'elle va, dès l'aurore, chercher au fond des campagnes sans se soucier des règlements.

En m'apercevant elle descend et me raconte son aventure. Les Allemands sont venus la chercher chez elle, à Paris. Ils voulaient savoir son vrai nom, refusant absolument de croire qu'une Juive portât celui de Dupont. Elle les a insultés en allemand avec une telle verve qu'ils sont partis, décontenancés. Ils sont revenus le lendemain, mais elle était déjà loin.

Elle repart en riant. Surgit une curieuse apparition. Mrs Clewes, une Américaine de la meilleure société, a été l'épouse d'un sculpteur qui, vêtu habituellement comme un doge, a rempli de ses œuvres le château médiéval de La Napoule. Œuvres bizarres, voire hallucinantes dont l'inspiration rappelle celle de Jérôme Bosch. Le maître a notamment montré l'âme de ses amis sous des aspects qui donnent le frisson.

Au milieu des monstres se dresse çà et là le beau corps dénudé de sa puritaine épouse qui fut sa muse pendant des décennies. Mrs Clewes, personne bonne et charmante, a le genre préraphaélique. Elle s'habille de voiles vaporeux aux teintes pastel. Je les regarde, amusé, flotter autour d'elle tandis qu'elle pédale rêveusement.

Marie-Thérèse Gadala, milliardaire, poète et globetrotter, préfère se promener à petits pas. Des pierres éblouissantes scintillent à ses doigts et elle s'abrite sous une ombrelle comme à la Belle Époque. C'est une amie très fidèle dont la bonne grâce n'a pas de limites.

Elle revient de Vichy où elle a vu trop de choses. Méprisant les conseils de prudence, elle va les raconter dans un livre qu'elle appellera : *Vichy, Grande Grille*.

Contrairement à elle, André Germain ne peut lâcher deux phrases de sa voix fluette sans distiller du venin. Mais il le fait avec une telle drôlerie et une intelligence si aiguë qu'on hésite à lui en tenir rigueur. Ce tout petit homme, fils du fondateur du Crédit Lyonnais, semble devoir s'envoler au souffle du mistral. Il n'en atteindra pas moins l'âge des patriarches. Selon ce qu'il me raconta un jour, son enfance fut gâchée par une gouvernante qui était amoureuse de sa sœur, sa jeunesse par un mariage forcé avec la fille d'Alphonse Daudet. Chétif et malingre, il subit la fascination des grands Aryens blonds, et de l'hitlérisme, assista aux parades de Nuremberg où il lui arriva de troubles mésaventures. On dit que des représentants exagérément vertueux de l'État Français lui causèrent aussi des ennuis.

Le voilà donc deux fois déçu dans son admiration pour les Allemands et pour le maréchal. Ce qui lui a fait adopter une position difficile à définir. Il est antisémite, bien sûr, mais discrètement, et je lui pardonne beaucoup à cause de son esprit si plaisamment féroce et de sa culture encyclopédique.

Je suis surpris, malgré son avarice bien connue, de lui voir une mise de clochard. Une de ses chaussures étale sans pudeur une pièce rapportée. Le finaud me devine et m'explique sa pénible situation. Sentant venir la guerre et oubliant ses tendances politiques, il a transféré l'essentiel de sa fortune en Angleterre. Résultat : il ne peut toucher ses revenus. Je promets de l'inviter à déjeuner puisqu'il me laisse entendre qu'il en serait fort aise.

Contraste : Tristan Bernard s'avance avec sa barbe, sa houppelande et son chapeau défoncé, flanqué de son inséparable Romain Coolus qui, totalement oublié de nos jours, n'en fut pas moins un auteur célèbre. Tristan a sa belle humeur habituelle et fait, si j'ose dire, un « mot » de chaque phrase. Il me chuchote comme un secret celui qu'il se plaît à répéter :

— On bloque les comptes et on compte les Bloch.

Voici Reynaldo Hahn qui garde sa superbe et son élégance proustienne.

Voici des amis très chers, Marcel et Juliette Achard.

Je serais bien surpris si on me prédisait que Marcel sera un des plus brillants présidents du jury du Festival de Cannes. Juliette ne quitte pas son caniche, Gamin, qui, chose plutôt rare chez les chiens, se suicidera un jour en sautant par une fenêtre.

Voici un jeune journaliste étourdissant d'esprit et de malice, grand amateur d'Histoire et d'histoires, Jean Guichot-Pérère qui m'aidera puissamment à supporter l'exil. Voici Jean-Pierre Aumont, Ray Ventura (*Tout va très bien, Madame la Marquise*), le puissant producteur de cinéma Siritzky (enfin, il l'était).

Voici une très jeune femme, diaphane et ravissante, Chelita de Vilar. Elle est ou plutôt fut la femme de l'extravagant comédien-cascadeur Roland Toutain, figure populaire de l'entre-deux-guerres. Il l'a abandonnée pendant l'exode en des circonstances assez atroces. Heureusement elle est argentine et reçoit quelques fonds de son pays. André Germain se pâme d'adoration devant elle.

Voici une épave, un gros homme flasque et barbu agité d'un tremblement continuel et couvert d'un pardessus jaune canari en tissu éponge. C'est lui qui fut le roi de la mode pendant le premier quart du siècle, Paul Poiret.

Voici un philosophe doux et rêveur, Gaston Bouthoul. Nul ne se doute que ses méditations le conduisent à inventer une science très nécessaire à la pauvre humanité, la polémologie, qui analyse les phénomènes générateurs de la guerre.

Voici l'historiographie de Marguerite Long, l'excellente pianiste Janine Weill qui se signalera plus tard dans la Résistance.

J'ai la joie de retrouver un artiste auquel je porte beaucoup d'affection. Tasso Janopoulo aurait pu lui aussi avoir personnellement une brillante carrière de pianiste. Il a préféré rester l'accompagnateur de l'illustre violoniste Jacques Thibaud auquel il a voué sa vie.

Tasso est accompagné de son neveu, un Apollon, naguère partenaire de Mistinguett au Casino de Paris et, dit-on, un peu plus. Georges Lambros, étant grec, a dû fuir la Z.O. Depuis que son pays a été occupé, il court des dangers. Y échappera-t-il en Z.N.O. ?

Quoi qu'il en soit, il a décidé de se recycler, selon une expression à naître. Le danseur deviendra chanteur et prendra un pseudonyme. Celui de Georges Guétary me paraît-il bien sonnant ? Certes. Tasso me demande d'écouter les essais de ce neveu qu'il adore. Il voudrait mon avis.

Je me rendrai donc un jour dans l'arrière-boutique d'un marchand de pianos et je serai le premier public de Guétary.

Lumbroso est là, lui aussi. Notre amitié est définitivement scellée à la table d'une petite brasserie où je prendrai mes habitudes, ayant senti la chaleureuse sympathie de la patronne, une vigoureuse Alsacienne qui sait faire une cuisine à peu près acceptable, presque sans rien.

Lumbroso, toujours débordant d'une activité qu'il a perdu le droit d'exercer, a monté au Casino une opérette de Mireille, *le Prix de Vertu*, inoffensive et charmante. Tous deux, étant des parias, ont dû se cacher derrière des prête-noms. L'absurdité n'a pas de bornes.

Notre repas achevé, mon compagnon propose une boîte de nuit. Il y en a donc en l'austère Z.N.O. ? Oui, la danse est interdite, mais on peut absorber des boissons, dont la composition reste le secret du patron, en écoutant de la musique légère et des chansons. Pas de jazz ! Le jazz a été un des responsables de notre corruption, donc de la défaite.

Je me récuse d'abord. La presse vitupère les Juifs qui se pavanent impudemment, s'amusent, étalent leur richesse. Je ne tiens pas à être " épinglé " moi aussi. Lumbroso insiste. Il y a dans l'établissement en question un jeune chanteur vraiment digne d'être écouté. Je cède à la curiosité. Et puis, que faire à dix heures du soir ?

La boîte, bien décorée, déborde. Elle a un bon orchestre. Des chanteurs se succèdent. Le succès va surtout à *J'attendrai*. Un symbole. Voici l'artiste pour lequel nous sommes là. C'est un mulâtre. Il joue de la guitare et chante des chansons d'amour infiniment douces et mélancoliques. Un joli talent en effet.

Le numéro terminé, Lumbroso nous présente et je m'aperçois non sans surprise que ce garçon sentimental est d'une drôlerie explosive. Tout à fait sympathique. Son nom ? Henri Salvador.

C'est aussi à Lumbroso que je devrai la découverte au Cap Ferrat d'une minuscule hôtellerie, *la Costière*, tenue par un inquiétant, mais très cordial M. Paul, pur produit de Pigalle, à ce qu'il me paraît. Les menus affichés des restaurants offrent alors, outre les abominables rutabagas, des tomates et des concombres. On apporte soi-même sa minuscule bouteille d'huile graduée, son sel et son vin, la ration mensuelle étant de quatre bouteilles. Les Alpes-Maritimes ne produisent pas grand-chose et Vichy approvisionne au compte-goutte un département grouillant de suspects et d'indésirables.

Force est donc de s'organiser si l'on ne veut pas mourir d'inanition comme mourront quelques personnes aux principes de fer. M. Paul a le génie de l'organisation. Il n'en fait bénéficier que ses amis et les amis de ses amis. En passant du train poussif à l'autocar gazogène qu'il faut laisser gravir les côtes sans passagers, on met quatre heures pour aller de Cannes au Cap Ferrat. Le retour, la nuit tombée, est sinistre car les wagons ne sont pratiquement pas éclairés. Un déjeuner à *la Costière* vaut néanmoins cette expédition.

J'y fais la connaissance d'un jeune gaulliste qui met tant d'exubérance à exprimer ses opinions qu'on est obligé de le rappeler constamment à l'ordre, Roger Stéphane.

Claude Bourdet, fils d'Édouard, et bien différent de son oncle Bourdet-Pléville, a, lui, entrepris une action plus discrète et plus efficace. Malheureusement je ne le sais pas. On se cherche à tâtons, en plein brouillard.

J'arrive pourtant à prendre contact avec le général Cochet, chef de la Résistance en Z.O.

Je rencontre encore, de passage sur la Côte, René Mayer, personnage déjà considérable en 1939, futur président du Conseil. Nous sommes liés de longue date. René Mayer ne s'embarrasse jamais de périphrases.

— Ah ! vous voilà ! me dit-il *ex abrupto*. Ce n'est pas trop tôt ! Je vous ai toujours défendu, mais ça commençait à être difficile. Votre présence prolongée à Paris a été très mal interprétée.

Visiblement il me blâme et je ne trouve rien à répondre tant je suis interloqué. René Blum s'est à peu près brouillé avec moi parce que je suis parti, et je dois me justifier devant René Mayer parce que je suis resté trop longtemps !

J'imagine les malentendus effrayants qui naissent ou vont naître, même parmi des gens que tout devrait unir. Hitler a bien manœuvré !

CHAPITRE XX

Aimable régime ! J'ai écrit à des amis repliés à Lyon, à Toulouse. Leurs réponses m'arrivent dans des enveloppes ouvertes. Cela ne s'était jamais produit à Paris. Au moins, au temps du cabinet noir, on avait la pudeur de recacheter !

Et la douche écossaise redouble, balayant toute logique. Guichot-Pérère a organisé pour moi un thé aussi élégant que frugal. Devant la tasse de chaque convive il a placé un exemplaire de mon *Henri III*. J'écoute ces éloges qui, même s'ils manquent de sincérité, sont un miel indispensable à l'écrivain, je signe des dédicaces.

Le lendemain, fidèle à sa promesse, Alain Ponsignon qui parcourt la Z.N.O. vient me voir. Il m'apprend la visite à Paris des agents de la Gestapo, leur fureur en découvrant par la concierge trop bavarde que je suis parti, dûment muni d'un ausweis. Pourvu que Bernard n'ait pas à en souffrir !

En fait, trop de complaisances lui vaudront avant la fin de l'année d'être disgracié et envoyé en Russie où il perdra une jambe. La paix revenue, le hasard d'une tournée amènera l'associé de Marcel Herrand, Jean Marchat, à le rencontrer à Hambourg. Il lui apprendra que sa belle amie doit jouer une pièce de moi. Le capitaine R. en écoutera, le moment venu, la transmission radiophonique et remuera ses souvenirs.

La Gestapo étourdie est partie de chez moi en jetant feu et flammes, mais sans piller l'appartement ni même mettre les scellés. Aurai-je la chance de conserver cela alors que le reste semble à jamais perdu ?

Le second statut des Juifs paraît en effet au début de juin. Cette fois il s'agit d'une simple réplique des lois de Nuremberg. Tandis que les Juifs sont dépouillés comme au Moyen Age " en vue d'éliminer leur influence dans la vie économique nationale " et que leurs avoirs sont définitivement bloqués, ils sont exclus de presque toutes les professions. Les autres interdits se multiplient.

Le " non-Aryen " est donc condamné à vivre de la charité publique. Il va vraiment devenir un parasite ainsi qu'on l'en avait toujours accusé. Bien entendu on l'aura à l'œil. Il lui faudra justifier des moyens d'existence qu'il n'a plus le droit d'avoir ! Faute de quoi il sera suspecté de violer la loi, ce qui permettra de le livrer aux Allemands si les Français ne préfèrent pas lui réserver les douceurs du camp d'internement. Un Ubu sadique n'aurait pas trouvé mieux. Dire que le chef du gouvernement, Darlan, a été le protégé de Léon Blum !

Ces mesures effarantes sont certainement prises sous la contrainte des nazis et, en Z.N.O., les autorités se montreront compréhensives ! Quelle erreur ! La police, la gendarmerie nationale sont aux trousses des Israélites, surveillant les uns, arrêtant et internant les autres, les étrangers surtout. Bientôt elles ne suffiront pas à la tâche et chaque zone aura sa P.Q.J. (police des questions juives) rattachée au ministère de l'Intérieur : une police parallèle formée de volontaires. Non seulement ces bons Français éprouveront un plaisir extrême à traquer le Juif, mais ils feront de cette chasse une entreprise aux bénéfices illimités. Tout cela sanctifié par le képi doré du noble vieillard qui s'était engagé, peu de mois auparavant, à respecter les personnes et les biens des Juifs français.

Un recensement est ordonné en Z.N.O. La meilleure

manière de dépister le Juif n'est-elle pas de l'obliger à se démasquer lui-même ? Cette fois, ceux qui le peuvent s'abstiendront de faire la queue devant les commissariats. La grande majorité, cependant, aura peur des camps et offrira sa gorge au couteau. Quant à moi, je suis ici un point de mire depuis la préparation du Festival. Je me résigne donc à remplir de nouveau l'horrible formalité.

Parmi les fonctionnaires peu amènes auxquels je présente mes papiers, je reconnais certains de ceux qui avaient été mis à ma disposition, il y a deux ans, pour organiser le service d'ordre du Festival !

Je crois entendre pousser l'un après l'autre les verrous de mon invisible prison. Au cours d'un second voyage, Alain Ponsignon me met au courant des événements survenus à Brissac. A la tête d'un commando allemand, un ténébreux baron Von Behr a surgi inopinément. Il semblait connaître très bien les dépôts des musées et ceux des particuliers. Il a exigé la livraison d'un grand nombre de caisses, y compris celles qui m'appartiennent. Adieu les bijoux de famille, le Baudelaire introuvable (édition retirée de la circulation à cause d'une faute de français dans la dédicace à Théophile Gautier (1)), les feuillets ornés de dessins scabreux sur lesquels Verlaine écrivit à l'hôpital ses poèmes érotiques. Adieu le *Gilles* de Watteau peint... par Matisse !

Les administrations nazies se superposent et se combattent à l'occasion. Je saurai un jour que le baron caricatural qu'on ne retrouvera jamais faisait partie de l'état-major Rosenberg, chargé de saisir les œuvres d'art dignes d'être offertes aux maîtres du Reich.

Le comte Metternich, désarmé devant lui, s'efforce néanmoins de le contrer. Quinze ans plus tard je lui marquerai la gratitude du Gouvernement en lui offrant un grand déjeuner. Si quelque devin m'avait prédit cela en 1941 !

(1) " Au grand magicien *ès langue* française ". Baudelaire, averti, a remplacé cette formule incorrecte par " ès lettres françaises ".

Le paradoxal État Français, qui me traite en criminel, me verse cependant les mensualités promises. Jusqu'à quand aura-t-il cette grandeur d'âme ? Il me paraît téméraire de m'y fier et je cherche une meilleure base à ma sécurité.

Là-dessus j'apprends que Francis Carco s'est installé à Nice avec sa femme Éliane, une Juive égyptienne. L'auteur de *Jésus la Caille* a été une des idoles de mon adolescence. Il a beaucoup contribué à me donner le goût des boîtes insolites, la curiosité des personnages troubles, goût et curiosité qui viennent de m'être si bénéfiques. Je vais le voir.

Joie de retrouver son visage de batracien ironique et bienveillant, son regard faussement endormi, sa voix usée, son génie de conteur ! Éliane, enlevée à un premier mari qui leur assure néanmoins une vie luxueuse, lui voue un culte touchant. Auprès d'eux les heures semblent des minutes, la réalité s'estompe. Hélas ! elle ne peut s'effacer complètement. J'en arrive, presque malgré moi, à parler de mon problème.

— Quel problème ? dit nonchalamment le chantre des mauvais garçons. Rien ne s'oppose à ce que vous soyez mon secrétaire. Justement je pense à un roman historique. Personne ne s'étonnera que vous me documentiez.

Cher Carco ! Je voudrais trouver des mots qui ne viennent pas, je voudrais lui sauter au cou. Il enchaîne aussitôt en parlant de la femme-bourreau dont il se propose de raconter l'aventure, une des plus étranges du XIVe siècle.

C'est ainsi que je deviendrai officiellement le collaborateur du maître et serai censé recevoir des émoluments. Maintenant j'attends la P.Q.J. de pied ferme.

***

Un autre de mes amis vit à Nice depuis l'exode. Angelo Donati est un Juif italien, donc à l'abri des persécutions, je l'ai connu en 1935 lors de l'éphémère réconciliation des sœurs latines. Il présidait la Chambre de Commerce italienne à Paris et sa religion, qu'il ne cachait nullement, ne l'empêchait pas d'avoir en son pays une situation de premier plan. Notre collaboration pendant l'année des espérances déçues avait donné naissance à l'amitié, puis à l'affection.

Aussi célèbre pour sa générosité que pour ses bonnes fortunes, croyant et jouisseur, altruiste au-delà de l'imaginable et plus rusé qu'Ulysse, ce bel homme proche de la soixantaine a un cœur assez semblable à ceux des Allatini. Il accomplit d'ailleurs le même travail qu'eux, mais il ne se contente pas d'être l'ange gardien des réfugiés. Il a beaucoup d'intelligences, à Rome. Très influent dans les milieux antifascistes, il a aussi des amis parmi les hommes au pouvoir, qui, prévoyants, cherchent déjà une couverture. Rien de la politique mussolinienne ne lui échappe et il arrive parfois à l'infléchir subtilement.

Mes premiers contacts avec la Résistance naissante m'ont fait découvrir entre les patriotes des divergences idéologiques qui m'effraient. À aucun prix je ne veux être mêlé à des querelles de cette nature ! Le mieux ne serait-il pas que je reprenne la tâche abandonnée à Paris non sans remords et que j'aide Donati à secourir les victimes du Moloch à la petite moustache ?

C'est ce que je décide à la grande joie du " Commandatore ". La besogne ne manquera pas. J'aurai aussi une oreille tendue du côté de l'Italie. Cela pourra être utile un jour, qui sait ? Voilà déjà un an qu'Hitler croyait avoir gagné la guerre.

— Vous rêvez, me dit André Germain auquel je fais cette remarque. L'Allemagne est invincible et, les Soviets étant ses alliés...

— Justement, les journaux suisses parlent de frictions sérieuses entre ces bons amis. Une rupture ne leur paraît pas invraisemblable.

— Folie ! Hitler et Staline sont de la même espèce. Ils se comprennent parfaitement. Ils ne commettront jamais la sottise de se brouiller.

— Vous oubliez que chacun a son grain de démence.

Il me regarde, plein de compassion :

— Mon pauvre ami ! Ne soyez pas un songe-creux ! Nous ne verrons pas la fin du nouvel empire germanique.

Il faut qu'en me quittant il me décoche la flèche de Parthe :

— Vous savez qu'Hitler songe à regrouper tous les Juifs à Madagascar ? Ce sera peut-être intéressant de vivre une pareille expérience.

Le lendemain, au réveil, la radio m'apprend l'invasion de l'U.R.S.S. Mon cœur se gonfle de joie. Quoi qu'en dise André Germain, l'espérance n'est pas une chimère.

***

Le Grand Hôtel possède l'équivalent d'un petit théâtre. On y reçoit des conférenciers. La duchesse de La Rochefoucauld obtient un vif succès après son exposé sur Anna de Noailles. Que pensera la postérité en apprenant, si elle l'apprend jamais, que nous nous intéressions tant à la poésie en pareilles circonstances ? Henri Gendre suit mon conseil et décide qu'une fois par semaine, les élèves du cours de l'acteur Jean Wall donneront des représentations. Tristan Bernard les suivra attentivement, vieux sage barbu, malicieux et débonnaire.

André Gide doit parler à Nice. Titre de sa causerie : « Découvrons Henri Michaux. » La censure n'y trouve pas à redire. Nous faisons des démarches pour que l'auteur des *Caves du Vatican* parle également à Cannes. Il ne parlera ni à Cannes ni ailleurs. La Légion des Alpes-Maritimes lui écrit : « Il est difficilement admissible... de voir monter à la tribune un des hommes qui s'est fait le champion de l'esprit de jouissance. »

Gide s'incline non sans s'être justifié publiquement. Il n'est en aucune manière ce que pense M. Darnand. A mon avis il aurait mieux fait de garder le silence.

Quoi qu'il en soit, l'incident provoque la première manifestation contre l'État Français et son ordre moral : on crie : " Vive la liberté ! " Hélas !... Nous saurons un jour que la Z.N.O. compte à ce moment 50 000 emprisonnés et 30 000 internés, soumis à quel régime !

Mais enfin on ne peut s'user les nerfs à trop penser au malheur des temps. Le théâtre du Grand Hôtel et celui du Casino accueillent des troupes diverses. Cela me vaut d'applaudir la grande Françoise Rosay qui ne doute pas de la victoire anglaise. Depuis son " Appel aux femmes allemandes " en 1939, les nazis la regardent comme une ennemie publique.

On joue *Une grande fille toute simple*, une des premières pièces d'André Roussin. Je suis très frappé par un des acteurs, une espèce d'ange dégingandé. Je lui prédis une belle carrière. C'est ainsi que je fais la connaissance de Gérard Philipe. Il est amoureux comme un page, expression bien surannée, mais parfaitement adaptée à son aspect, d'une ravissante jeune fille qui n'est pas encore Danièle Delorme.

Je ne me doute pas que je l'enverrai un jour à Pékin afin de jeter le premier pont entre la France et la Chine de Mao. Il ne se doute pas qu'il manquera d'y être étouffé dans la foule de ses admirateurs.

En privé, dans l'atelier du peintre Mac Avoy, des acteurs amateurs improvisent des charades et provoquent de bienfaisants fous rires. La distribution groupe curieusement autour du maître de maison Micheline Presle, Christian Dior, Marc Doelnitz, le décorateur Victor Grandpierre, le photographe André Osticr.

J'ai pris l'habitude de me rendre presque chaque matin à une petite galerie de peinture que dirige un garçon ambitieux, Aimé Maeght. Il a encore pas mal de Domergues à ses cimaises mais il se préoccupe des patriarches de la peinture, Matisse, Bonnard qui préfèrent la Z.N.O. et le Midi. Il se rend fréquemment chez Bonnard dont il prendra soin quand son veuvage aura mis le grand artiste aux prises avec les problèmes horriblement prosaïques de la vie matérielle. Ce sera l'origine de sa formidable réussite et de la Fondation Maeght qui accueillera entre autres le Musée Imaginaire de Malraux.

Jean-Pierre Aumont, dont le véritable nom est Salomon, ne songe qu'aux moyens de rompre les mailles du filet. Il réussit à former une troupe de comédiens également avides de voyages et obtient, je ne sais trop comment, l'autorisation de partir en tournée au-delà des mers. Henri L., un acteur de trente ans qui s'enorgueillit de ressembler au regretté Rudolph Valentino et que j'ai connu à l'Atelier, chez Charles Dullin, en même temps que Jean Marais, me demande de le recommander. Il voudrait être intégré à la troupe. Voilà qui est fait.

Eh bien ! non, Henri restera à Cannes. Au dernier moment il tombe éperdument amoureux d'une jeune fille de dix-sept ans et renonce. Bien que cette défection m'ait mis dans une situation embarrassante, je conserverai d'excellentes relations avec lui et avec sa fiancée, Aline.

Fille d'un Juif roumain et d'une mère française, Aline échappe aux lois d'exception, mais ces lois se laissent violer si complaisamment ! Cela crée un lien entre nous. C'est une fille étrange, passionnée, violente, curieuse de mille choses qu'elle ignore et que je m'amuse à lui apprendre. Ainsi quelque démiurge plein d'idées originales tisse à mon insu la trame de mon destin.

Lumbroso, de son côté, a pu mettre au point son plan d'évasion. Il va présenter à l'Amérique latine Ray Ventura et son fameux orchestre presque reconstitué, Paul Misraki et Coco Aslan y figureront. L'embarquement doit avoir lieu à Marseille.

Je vais dire adieu à Lumbroso en gare de Cannes. Le train venant de Nice arrive, point de Lumbroso. Il n'est toujours pas là quand l'horloge marque l'heure du départ. Je tremble car, je le sais, ce train peut seul lui permettre de prendre son bateau à Marseille. S'il le manque, la trappe se refermera sur lui.

Heureux les hommes marqués par la chance !

Lumbroso, très décontracté, apparaît au bout de vingt minutes et monte dans le train qui n'a pas démarré. Il pestera même contre le désordre de la S.N.C.F., le train paresseux ayant mis encore près d'une heure à se mettre en marche !

Chaque ami qui s'éloigne emporte quelque chose de ma vie, me donne l'impression d'un plus grand péril personnel. Je devrais bien à mon tour essayer de fuir et de rallier les gaullistes de Londres. Mais non ! chaque fois que je songe à quitter la France un curieux barrage oblige cette idée à m'abandonner. Cela me fait repenser aux éditeurs étrangers pressentis pour la traduction de mes livres : ils ont objecté jusqu'ici comme je l'ai déjà dit que ma pensée était " trop française ". Et je suis traité en métèque ! Comment le Créateur a-t-il conçu un monde si affreusement cocasse ? Cocteau soutient qu'il dort et que notre histoire est simplement son cauchemar. Tant d'incohérence semble lui donner raison.

***

Le Garde des Sceaux, Joseph Barthélemy, a été mon professeur aux Sciences Politiques. Il me marquait de la sympathie et j'aimais bien ce pachyderme placide, indulgent pendant les examens. Il me revient qu'avec une rare perfidie il a persuadé le directeur des Variétés, déchu de sa nationalité à cause d'un bref voyage en Espagne, que j'étais la cause de son malheur. Si seulement j'avais déclaré que je lui avais donné un ordre de mission ! Il n'a pas ajouté qu'en ce cas j'aurais été facilement confondu et que cela aurait permis de me révoquer. De toute façon le bon apôtre a dû bien s'amuser en dressant deux Juifs l'un contre l'autre !

Je suis plus horrifié encore lorsque j'apprends, même confusément, quel fut son rôle dans l'épouvantable affaire dite de la Section Spéciale et dans l'exécution d'otages exigée par les Allemands. Bien qu'il ressemble si peu à Circé, Hitler détient-il le pouvoir de changer les hommes en pourceaux ?

En ce mois d'octobre, sa voix hurlante déferle sur les ondes. Elle annonce que l'armée soviétique a cessé d'exister, que seules subsistent des hordes éperdues. Moscou est virtuellement pris. Cependant les conquérants tardent à y entrer.

Curieusement négligente, la censure laisse passer les journaux suisses qui contredisent les nôtres, pleins chaque jour du récit des victoires allemandes. Grâce à eux nous verrons les invincibles Aryens succomber sous les morsures du froid. Ils n'avaient même pas des équipements d'hiver ! On voudra expliquer un jour cette omission inexplicable en racontant qu'Hitler l'avait voulue en manière de défi. N'étaient-ils pas, lui et ses hommes, des incarnations du feu devant lequel fondraient neiges et glaces ? Ses astrologues, paraît-il, l'en avaient convaincu.

Quoi qu'il en soit, il n'aura pas Moscou et, dans le moment même où il manque d'abattre la Russie, il déclare la guerre aux États-Unis, durement frappés à Pearl Harbour.

Je me souviendrai toujours de l'extraordinaire beauté de ce décembre méridional. Il semble annoncer la victoire. Pourvu que je réussisse à surnager jusque-là !

CHAPITRE XXI

Arrivent à Cannes deux femmes auxquelles mon attachement ne se démentira pas. Situées aux antipodes l'une de l'autre, elles ne se rencontreront jamais, même dans ce couloir étroit et plein de feuillage qu'est alors la Croisette.

Très petite, très mince, parfaitement blanche de cheveux et de teint — compliment suprême au XVIIe siècle qu'elle évoque irrésistiblement —, toujours cuirassée de perles, la comtesse de Villeneuve-Bargemon, ancienne dame d'honneur de la duchesse de Guise et qui, elle-même, dit-on, a du sang Orléans, paraît grande tant elle est droite, altière, imposante. Sans doute intimidé, lui aussi, l'âge a pris des précautions avec son visage. Tyrannique et ombrageuse parce que c'est normal, impitoyable aux médiocres et aux gens dépourvus d'éducation, Mme de Villeneuve-Bargemon a l'esprit acéré, la repartie prompte et parfois cinglante. On l'imagine tenant tête à Saint-Simon ou se joignant à lui contre des prétentions insoutenables.

Sous ces apparences se dissimulent un cœur généreux, un courage de chevalier, un amour passionné de la vie. Lorsqu'à quatre-vingt-treize ans, Mme de Villeneuve comprendra qu'il lui faut quitter le monde, elle se sentira outragée par cette incongruité de la nature.

Elle vient d'être assez rudement expulsée de Vichy. Elle se plaisait à répéter que, depuis la mort de Lyautey, il n'y avait plus à ses yeux de maréchal de France. Guichot-Pérère nous réunit autour d'une tasse de thé et de biscuits secs frauduleux. Entre nous le courant passe immédiatement. Le destin ajoute, en riant sous cape, un nouveau fil à sa trame.

Marie-Louise Villiers, fille du célèbre professeur Weill-Hallé, n'a pas eu besoin de l'antisémitisme pour se sentir incurablement étrangère à la société. Cette jeune et jolie divorcée a connu toutes les déceptions malgré le nombre de ses amours tumultueuses et ambivalentes. Ni l'alcool ni la drogue ni une expérience mystique ne sont parvenus à l'apaiser. Elle a un grain de génie, un grain de folie, une obsession suicidaire. Déjà elle s'est empoisonnée. Elle recommencera maintes fois cette tentative jusqu'au jour où elle la réussira quand ses amis, et sans doute elle-même, n'y croyaient plus.

Entre deux dépressions elle est joyeuse avec emportement, spirituelle, mordante. Son intelligence, semblable à un diamant, brille de mille facettes imprévues. Son invention, son style lui vaudraient une belle place parmi les romanciers et les auteurs dramatiques si le démon de l'autodestruction ne la contraignait pas à saccager ses chances.

Nous avons des amis communs, mais nous ne nous connaissions pas. Notre première conversation dure près de quatre heures. A la suite de quoi nous décidons d'écrire une pièce sur Marie-Antoinette. Nous respecterons les trois unités. L'action se déroulera le 15 juillet 1789 au lendemain de la prise de la Bastille. Nous montrerons une femme heureuse, frivole, écervelée, brutalement jetée en pleine tragédie et, contre toute attente, s'élevant à la grandeur. Nous décrirons surtout les drames que nous vivons nous-mêmes : le monde qui semble basculer, la montée des périls, les faux amis démasqués. Marie-Antoinette se retrouvera seule, attendant le pire, tandis que Mme de Polignac, sa favorite trop aimée, et ses autres familiers fuiront sur les routes de l'émigration.

Voilà de quoi nous distraire. Nous allons passer nos après-midis à Versailles dans les petits appartements de la Reine parmi des courtisans pris de panique, un comte de Provence perfide, une duchesse de Polignac odieusement inconsciente et, au dernier moment, rédimée, un Louis XVI trop placide.

Après dîner je me rends à une autre cour, celle que tient Hélène Vacaresco. Autour du vaste fauteuil qui la contient à peine, se presse tout ce que Cannes compte de personnalités notoires et de grandeurs déchues. La poétesse égrène, ainsi qu'un chapelet, les grosses boules bleues de son fétiche, un collier pour chameau. Elle parle à la manière des conteurs orientaux, enjolivant ses souvenirs des fleurs de son imagination.

Presque chaque soir elle reprend le récit de ses fiançailles avec Ferdinand de Roumanie auquel la destinait son confrère en poésie, la vieille Reine Carmen Sylva. Mais elle y ajoute constamment des variantes qui nourrissent la curiosité de l'auditoire.

Le Roi Carol Ier, un Hohenzollern féodal, eut une colère jupitérienne en découvrant ses dangereuses amours. Favoriser à ce point une des grandes familles roumaines risquait en effet de dresser les autres contre un trône encore neuf. Carol Ier rompit d'autorité les fiançailles de son neveu et punit sa femme en l'exilant. Ferdinand se soumit, le cœur brisé. Il accepta d'épouser la radieuse Marie de Saxe-Cobourg, princesse de Grande-Bretagne.

Cependant l'histoire était parvenue aux oreilles de la Reine Victoria pour laquelle rien n'était aussi sacré qu'une affaire matrimoniale. Elle déclara qu'elle refuserait son consentement si Ferdinand avait été le fiancé d'une autre et convoqua Hélène à Windsor afin de savoir la vérité.

Hélène se rendit au vieux château d'où, selon le Kaiser Guillaume II, on gouvernait le monde.

Avant de voir la Reine elle rendit visite au prince de Galles (futur Édouard VII) et à sa femme qui la supplièrent, les larmes aux yeux — du moins à ce qu'elle disait — de ne pas briser le bonheur de leur nièce.

Héroïne cornélienne, Hélène leur promit de mentir et tint parole. Victoria fut apaisée. La seule vengeance qu'exerça la délaissée consista à rappeler, lors de ses conférences à l'étranger, quel génie royal habitait miraculeusement Carol Ier, puisque par sa grand-mère, Antoinette Murat, le farouche burgrave descendait d'un aubergiste.

Hélène conclut souvent avec exaltation :

— Il en est mort, mes chers !

Ce qui n'est pas vrai, mais quelle importance ?

En couvrant de louanges la Reine Mary d'Angleterre, symbole de l'intransigeance dynastique, elle aime aussi évoquer une danseuse qui fut l'aïeule de l'auguste douairière. Commentaire :

— Il est très dangereux d'introduire une danseuse dans une famille royale parce que, même morte, elle revient toujours : voyez le duc de Windsor.

Lorsqu'elle se sent fatiguée, Hélène autorise la conversation. On parle avec nostalgie de la Société des Nations et des Précieuses de Genève, ces dames effervescentes, convaincues d'infléchir la politique européenne. On rappelle les bourdes de la femme de l'ambassadeur de France à Berne, Mme Hennessy, née Constance Maille, bourdes déjà inscrites dans les annales de la petite histoire. J'obtiens un certain succès en révélant un de ses pataquès qu'on ne connaissait pas et qui pourtant mérite de passer à la postérité.

A la fin d'un dîner auquel j'avais eu le privilège de prendre part, l'ambassadrice offrait des liqueurs à un hôte illustre. Et l'Excellence s'étant récusée, elle insistait gracieusement :

— Ne croyez pas que je veuille vous refiler de la fine Hennessy. Non, j'aimerais seulement que vous goûtiez à notre chartreuse. Vous trouverez difficilement la pareille, nous la faisons venir de Parme !

— On cite toujours cette pauvre femme, dit André Germain, espérant couper mon « effet ». On oublie les épouses des Présidents de la République.

Mme Félix Faure, ne sachant que dire au Tsar Nicolas II, lui racontait qu'on avait dû congédier un garde, coupable de vendre une partie du gibier tué aux chasses de Rambouillet. Ce gibier était réservé aux hôpitaux.

— Sans quoi, soupirait la Présidente, Votre Majesté comprend bien que nous commencerions par nous servir nous-mêmes.

Lors de la visite de George V, Mme Poincaré tapait jovialement sur l'épaule du prince de Galles en demandant à son père :

— Et qu'est-ce que vous comptez faire de ce grand garçon-là ?

— Un roi, madame.

Mme Poincaré, sur laquelle avaient été répandues d'épouvantables histoires que ressassait l'Action Française, se prenait d'ailleurs très au sérieux. Lorsque le Président jugeait qu'elle allait trop loin, il l'arrêtait net en lui disant de sa voix la plus déplaisante :

— Allons, Henriette de France !

Doumergue, prudent, ne s'était marié qu'à la fin de son septennat. Les initiés chuchotaient entre eux parce que, disait-on, il recevait secrètement à l'Élysée le beau danseur Harry Pilcer, vedette du Casino de Paris, ancien partenaire de Gaby Deslys.

— Ah ! Gaby Deslys, quelle femme ! soupire un vieil ambassadeur nostalgique.

C'est elle qui introduisit en France le jazz, les revues à grand spectacle et les casques de plumes. Elle était en partie responsable de la chute du jeune Roi Manoël de Portugal qui lui avait donné les bijoux de la couronne. Elle mourut en pleine gloire à trente-huit ans, laissant aux pauvres de Marseille douze millions or. Son enterrement arrêta la vie de la capitale. Il ne devait y avoir de comparables que celui de Sarah Bernhardt et celui d'Édith Piaf.

Les diplomates révoqués et les Égéries en chômage en reviennent à la Société des Nations quand Aristide Briand charmait cette cosmopolis illusoire et désarmée de sa voix de sirène.

— Pas un de ses discours ne résiste à la lecture, dit l'ancien ministre grec, mais quel art du verbe !

Reynaldo Hahn, la perruque impeccable et le monocle à l'œil, précise :

— Il le devait largement à Berthe Cerny, la grande coquette de la Comédie-Française, qui a tant souffert de se voir préférer la princesse Georges de Grèce, Marie Bonaparte.

— Marie a beaucoup contribué à faire envoyer à Salonique le corps expéditionnaire grâce auquel la guerre aurait pu être gagnée un an plus tôt et dans de bien meilleures conditions, soupire Hélène.

— Cela me rappelle un mot de la pauvre Cerny, susurre André Germain. Elle disait à une jeune pensionnaire du Théâtre-Français : “ Méfie-toi des hommes politiques. Dès que tu leur auras appris à se laver les dents, ils te quitteront pour une Altesse Royale. ”

Saisissant la balle au bond, j'expose ma théorie sur les Pompadours républicaines. Jusqu'au début des années 30, l'éloquence parlementaire étant souveraine, les hommes d'État eurent besoin de prendre des leçons chez les sociétaires. D'où la longue lignée des actrices mêlées à la politique, dont Cécile Sorel fut la plus tapageuse. C'est chez elle qu'en 1926 Poincaré et Herriot se réconcilièrent et formèrent un gouvernement d'union nationale.

Puis la situation de l'Europe créa des impératifs diplomatiques. La France se mit délibérément à la remorque de l'Angleterre. Une invitation à Buckingham Palace tint presque lieu de sacre à un nouveau président du Conseil. Il lui fallut apprendre les belles manières. Du coup, les femmes du monde supplantèrent les actrices. Marquises et comtesses jouèrent de nouveau le rôle qu'elles avaient tenu sous l'Ancien Régime (1).

La dernière en date de ces favorites bien nées eut sur Paul Reynaud une influence considérable et désastreuse. Elle forçait la porte du Conseil des ministres, oubliait dans son lit des dépêches qui intéressaient la défense nationale. Alexis Léger (Saint-John Perse), dont elle réclama la tête et qui se trouve maintenant aux États-Unis où Roosevelt le consulte, doit regarder d'un mauvais œil l'ancien sous-secrétaire d'État du Président, auteur de sa brutale disgrâce. C'est peut-être une des causes de la désolante incompatibilité entre Roosevelt et de Gaulle.

Je garde cette dernière remarque pour moi car l'assemblée n'est pas spécialement gaulliste. Ses réflexions passent avec aisance de l'anecdote à l'histoire. Certaines victimes de la catastrophe, titulaires de postes importants jusqu'en 1940, n'ont pas encore compris ce qui leur est arrivé et cherchent désespérément des responsables. Ah ! si... si... si... Si surtout on avait écouté leurs avis !

La Pologne, n'étant pas représentée, est jugée sans indulgence. Hélène affirme que son ministre des Affaires Étrangères, le colonel Beck, était au service de l'Allemagne (cette hypothèse semblera un jour confirmée). L'ambassadeur roumain renchérit : dès 1937, la France avait compris le double jeu de ce personnage trouble et Alexis Léger trouvé le moyen d'inciter les dirigeants polonais à l'éliminer. Malheureusement le ministre, Yvon Delbos, irrité de n'être que le porte-parole de son secrétaire général, se serait refusé à faire l'intervention nécessaire. Quels dégâts peut causer l'amour-propre d'un homme politique de second plan !

Cela me rappelle le grand bal de l'ambassade de

(1) L'évolution se poursuivra. La IVe République mettra fin au pouvoir des favorites, ce seront les épouses qui paraîtront enfin sur le devant de la scène. Sous la Ve, il n'y aura plus d'influence féminine visible.

Pologne, point culminant de la saison 1939, où les fêtes se succédaient comme si Paris avait voulu profiter de son reste. Celle de l'ambassade fut magnifique, mais on eut la mauvaise idée de servir le souper à la lumière de bougies rouges, ce qui parut un présage funeste.

Le conseiller de l'ambassade que je connaissais bien me prit à part pour me parler de la guerre. Il la jugeait inévitable. Je fus irrité de le voir presque ravi à cette perspective et fis une allusion à l'attitude de son gouvernement lors de la crise de Munich. La Pologne, alors, n'avait pas précisément soutenu la Tchécoslovaquie.

— Les choses, me dit le conseiller, ont bien changé depuis l'année dernière.

— Ont-elles vraiment changé ? Êtes-vous prêts à laisser l'armée soviétique traverser votre territoire ?

— A aucun prix.

— Et vous voulez quand même risquer le tout pour le tout ?

— Nous ne céderons pas. Jamais nous ne retrouverons une position diplomatique aussi forte.

Je ne pus me contenir :

— Excusez-moi, je ne vous suis pas. Vous allez liguer contre vous l'Allemagne et l'U.R.S.S. Staline voudra sa part de la Pologne comme vous avez voulu une part de la Tchécoslovaquie.

— Nous avons donc raison de nous méfier de lui. Je vous le répète, nous ne céderons ni d'un côté ni de l'autre. D'ailleurs Hitler bluffe.

— Hitler bluffe... Nous entendons cela depuis six ans, quoi qu'il fasse pour nous prouver le contraire.

— Maintenant que l'Angleterre a compris...

Il souriait. Sa confiance me mit vraiment en colère. Au mépris des litotes diplomatiques je lui lançai :

— Eh bien ! nous nous retrouverons bientôt au milieu des ruines, à la recherche d'un haricot.

Je repense à cette discussion tandis qu'ayant quitté l'hôtel Majestic, je rentre chez moi dans la brume qui monte de la mer. Je m'en veux presque d'avoir été si bon prophète en ce qui concerne la malheureuse Pologne. Qu'est devenu aujourd'hui mon ami, le conseiller ?

Je le retrouverai après la guerre et il me rappellera avec une espèce d'admiration les paroles que je regrette aujourd'hui.

CHAPITRE XXII

Alain Ponsignon, revenu à Cannes, déverse sur moi une manne inespérée. En se servant d'une reconnaissance de dette que je lui avais signée, il a su, à force de bagou et d'autorité, arracher à ma banque un petit paquet d'actions qui m'appartiennent. A la ligne de démarcation, les soldats allemands lui ont enjoint d'ouvrir une de ses deux valises. C'était celle où étaient rangés ses effets personnels. L'autre contenait mon pauvre bien. Le hasard, la chance, la malchance sont devenus nos maîtres, absolus et fantaisistes.

Hélas ! Ponsignon m'apporte aussi d'affreuses nouvelles. Parmi les quatre-vingt-quinze otages récemment exécutés au mont Valérien se trouvait un de mes amis d'enfance, l'antiquaire Jean Seligmann, dont la fin, paraît-il, fut admirable. En vingt-cinq ans je n'avais jamais imaginé qu'il pourrait devenir un héros. Les grands drames sont des révélateurs. Ils font jaillir du fond des êtres des sources qu'eux-mêmes ne soupçonnaient pas.

Ce n'est pas tout. Le 12 décembre, a eu lieu une rafle semblable à une Saint-Barthélemy, à cela près que les victimes étaient appelées à subir une longue suite de tourments avant leur mise à mort. Comme le 24 août 1572, on a frappé pendant la nuit à la porte des condamnés, généralement des intellectuels. Le pire est qu'un policier français accompagnait le *feldgendarm*, l'assistait et lui servait d'interprète.

S'il y eut des étrangers parmi les personnes arrêtées, ce fut seulement parce qu'un petit nombre de Français manquaient à l'appel et qu'il fallait atteindre le chiffre de mille, impérativement fixé. Ces Juifs devaient expier le crime des États-Unis... auxquels Hitler avait lui-même déclaré la guerre. Bien entendu Israël en portait la responsabilité.

Le monde a parfois été livré à des personnages monstrueux. L'a-t-il jamais été au délire d'un clown ? Charlie Chaplin était un visionnaire lorsqu'il fit *le Dictateur* qu'on jugea en son temps ridiculement excessif.

Le maréchal n'a pas songé à protester. Il ne se rappelle sûrement pas qu'il avait garanti la sécurité des Juifs français " ramenés à leur juste place ". A moins que cette juste place soit dans les camps et les charniers ?

Jusqu'à la dernière minute, les Allatini ont rempli leur mission, sauvé des vies sans se soucier de la leur. Lorsqu'ils se surent découverts, ils avaient encore la possibilité de fuir. Ils ne l'ont pas voulu. Les voici à leur tour jetés aux bêtes. J'en éprouve une douleur infinie.

En souvenir d'eux je vais redoubler d'efforts pour ouvrir la cage aux proscrits. Je découvre dans un hôtel minable la baronne Friedlander-Fuld que je voudrais soustraire aux fureurs d'Hitler. La vieille dame est malade, couchée. Un manteau de zibeline digne d'une impératrice la protège du froid et contraste d'une manière poignante avec la misère de la chambre. Le médecin juif qui la soigne en cachette me dit qu'elle ne peut bouger. Ses facultés n'ont pas résisté au choc et elle me tient en effet des propos décousus où les bonheurs passés s'enchevêtrent aux angoisses du présent. Je glisse discrètement au médecin quelques billets de banque car l'ancienne " ploutocrate " est pratiquement à bout de ressources.

La mort, miséricordieuse, enlèvera heureusement Mme Friedlander-Fuld à ses poursuivants alors qu'ils allaient l'atteindre.

***

Je me rends à Marseille. Non sans appréhension car le moindre voyage représente une aventure, mais on a insisté pour que je me joigne aux principaux représentants du consistoire et des œuvres israélites, qui vont discuter d'une question grave et troublante.

A l'instigation des Allemands, le Commissariat Général aux Questions Juives vient de créer l'Union Générale des Israélites de France, l'U.G.I.F. Cette organisation, seule reconnue par Vichy et par l'occupant, doit remplacer toutes celles qui exerçaient une action philanthropique, sociale, éducative en faveur des membres déshérités de la communauté (notamment l'O.S.E. dont l'effort est au-dessus de tout éloge).

Assemblés comme des conspirateurs chez un de nos amis, nous délibérons sur l'attitude qu'il convient d'observer à l'égard de cet hybride chargé de venir en aide aux Juifs sous le contrôle de leurs persécuteurs. Contrairement aux idées reçues, même en temps normal, les Isréalites pauvres sont beaucoup plus nombreux que les riches. Que dire aujourd'hui, quand seule une faible minorité a pu dissimuler quelque chose aux rapaces, quand prisonniers et déportés laissent derrière eux des familles démunies ?

Fatalement ces malheureux vont demander des secours à l'U.G.I.F. et se mettront ainsi à portée de la main des bourreaux. De toute façon le fonctionnement du nouvel organisme implique des contacts avec les Allemands et avec l'administration française de l'antisémitisme. C'est inacceptable.

Nous décidons de garder nos distances vis-à-vis de l'U.G.I.F. et, malgré les interdits, de former une société de secours mutuel par nos propres moyens, bien faibles hélas ! autour de l'O.S.E. qui continuera clandestinement son travail d'assistance. Chacun des membres de la communauté, réfugié en Z.N.O., sera invité à y participer selon ses possibilités.

Me voilà transformé en frère quêteur sans soupçonner quelle ampleur cette tâche va prendre. Pendant deux ans j'irai frapper de porte en porte sur la Côte d'Azur ainsi que d'autres le feront ailleurs. Pour le moment il s'agit surtout d'éviter aux nécessiteux d'être pris au piège. Ensuite ce sera bien autre chose.

Je dois préciser que, si nos préventions contre l'U.G.I.F. étaient légitimes, ceux qui pensèrent différemment et acceptèrent la responsabilité de cet organisme déjouèrent la manœuvre machiavélique des mangeurs de Juifs. Il y eut certes des rafles dans les locaux où se pressaient la foule des solliciteurs et les dossiers permirent parfois de relever certaines pistes. Mais André Baur en Z.O., Raymond-Raoul Lambert en Z.N.O., sans oublier leurs collaborateurs, défendirent si bien leur pitoyable troupeau qu'un jour le personnel entier (soixante-dix personnes) fut arrêté, déporté. Raymond-Raoul Lambert et André Baur mourront en camp de concentration.

***

Nous nous sommes réunis de bon matin et ne nous sommes pas séparés avant une heure de l'après-midi. Je meurs de faim. On m'a recommandé un restaurant et indiqué le mot de passe grâce auquel sous les infâmes rutabagas se cachera un morceau de viande. Je m'y rends, je choisis le coin le moins exposé aux regards puis, autre réflexe d'intouchable, j'examine la salle. Stupeur ! Les deux femmes les plus célèbres de France sont là. Elles dévorent à belles dents un repas qui outrage les lois et parlent d'abondance, les gloussements de Célimène alternant avec le rire faubourien de la créatrice de *Mon Homme*.

Cécile Sorel et Mistinguett ! Heureusement, elles ne songent pas à se tourner de mon côté. Ne voulant pas qu'elles me voient, j'attends leur départ, ce qui me vaut d'assister gratuitement à une comédie étonnante. Deux étoiles d'une pareille grandeur ne sauraient en aucun cas apparaître ensemble au bon peuple ébloui. Chacune entend sortir seule et la dernière. D'où un assaut de ruses et de feintes qu'il est vraiment dommage de ne pouvoir filmer. Finalement Mistinguett a le dessous. Elle s'en va la première en feignant d'ignorer la rumeur qui l'accompagne.

Sorel, pendant ce temps, a tiré de son sac rouge à lèvres et poudrier. Elle se fait longuement une beauté devant sa petite glace. Les clients sont revenus à leurs salades sans huile. Sorel alors se lève à grand bruit, et son fume-cigarette brandi comme une baguette magique, traverse royalement la foule en distribuant des sourires accompagnés de petits cris bienveillants. On applaudit. Un jeune homme et une jeune fille empourprés demandent un autographe. Sorel lance son paraphe au hasard et disparaît, triomphante.

La farce n'en finira pas d'agiter ses grelots au nez de la tragédie.

***

J'ignore naturellement que les Allemands ont adopté la " solution finale ", que tous les Juifs de France, français ou non, sont voués aux fours crématoires. Il paraît que le gouvernement de Vichy l'ignore aussi, bien qu'il ait conservé un service de renseignements très efficace. C'est bien dommage car, mieux instruit, il se prêterait peut-être moins facilement — enfin, espérons-le — aux exigences de l'ennemi.

L'opération projetée n'étant pas des plus simples, les nazis veulent d'abord isoler totalement les Juifs du reste de la population. Les autorités, la Milice, la presse les y aident d'un même cœur. *Gringoire* atteint des tirages impressionnants. C'est que la plupart des Juifs de la Z.N.O. lisent avidement cet hebdomadaire afin de savoir quelles accusations, quelles menaces nouvelles il profère contre eux.

Je n'oublierai jamais un article si stupidement odieux que je ne peux m'empêcher d'en rire. Il parle du cri de colère poussé par le peuple contre les responsables de sa misère. Les responsables, ce ne sont pas, bien entendu, les occupants, ce sont les Juifs, vraiment dotés d'un pouvoir diabolique, puisque, traqués, spoliés, parqués, marqués, ils parviennent à créer la pénurie, à pourvoir le marché noir et à s'enrichir outrageusement. Tout cela en mettant le monde à feu et à sang car, s'ils n'existaient pas, la guerre serait terminée depuis longtemps. Churchill, Roosevelt, Staline sont de simples marionnettes entre leurs mains.

L'extraordinaire est qu'il se trouve des gens intelligents et honnêtes pour y croire. Même chez Hélène Vacaresco, il m'arrive d'entendre parler du complot de Léon Blum qui voulait désarmer la France devant Hitler. Si le Führer lui en garde quelque reconnaissance, il n'y paraît pas.

Cet hiver 41-42 est radieux sur la Côte. Tout le monde a froid à cause, non pas de la température, mais des restrictions alimentaires. De vieilles dames se laissent stoïquement mourir de faim parce qu'elles s'interdisent d'acheter en fraude du sucre et des matières grasses. Pourtant le soleil flamboie presque chaque jour dans un ciel de carte postale. Heureusement ! Il me semble que je ne pourrais pas supporter l'épreuve si je devais la subir sous la pluie de Lyon où d'aucuns me pressent de me rendre. Il paraît que c'est une faute grave de choisir la douceur du climat provençal. Tant pis !

J'ai à peu près l'état d'esprit d'un homme atteint d'une maladie mortelle à laquelle la science cherche un remède. Afin de me donner du courage je me dis que je contemple encore la mer, les palmiers, les fleurs, que je lis des livres et entends de la musique, alors que les demi-dieux germains devant lesquels tant de Parisiens s'extasiaient il y a dix-huit mois sont déjà morts par milliers d'une mort affreuse au fond de la Russie, éternel tombeau de ses envahisseurs.

En contrepartie il y a les foudroyantes victoires des Japonais. Les invincibles cuirassés anglais sombrent comme jouets d'enfant, l'imprenable Singapour capitule presque sans coup férir. Quoi qu'il arrive, la race blanche ne dominera plus l'Asie et l'Empire britannique ne s'en relèvera pas. Ce formidable édifice, le seul comparable à celui des Romains, n'aura donc duré que deux siècles. Combien de fautes énormes il aura fallu commettre pour en arriver là en si peu de temps !

J'y songe devant les débris du socle qui porta le buste d'Édouard VII. Depuis la mort de ce souverain qu'on croyait un personnage d'Offenbach et qui avait les talents d'un Mazarin, la diplomatie anglaise a trébuché d'erreur en erreur. Elle pouvait empêcher le suicide de l'Europe en 1914 et ne l'a pas fait. Elle pouvait briser l'essor d'Hitler et l'a favorisé jusqu'en 1938. Elle a semé la guerre et la discorde à travers le Proche-Orient assoupi, elle a suscité des haines inextinguibles. J'en passe.

Les dieux délaissent et aveuglent les nations après leur avoir prodigué leurs bienfaits. Il restait heureusement à l'Angleterre l'ange gardien qui lui donna Churchill. Mais Churchill permettra à l'Empire de finir en beauté plutôt qu'il ne le maintiendra.

Donati qui, naturellement, a été un des premiers à remplir généreusement ma sébile, reste d'un optimisme de fer. Il tient table ouverte à Nice et accueille tous les désemparés qui se présentent chez lui. L'organisation d'entr'aide dont nous avons jeté les bases à Marseille cesse peu à peu d'être artisanale. Nous parvenons à recevoir clandestinement des sommes considérables de l'American Joint Committee. Des associations catholiques et protestantes, la Croix-Rouge, le Secours Suisse aux enfants nous aident. Sans eux nous aurions succombé à la tâche. Rien que l'assistance aux malheureux, captifs des camps de concentration *français*, exige des millions. Parfois le découragement nous guette, puis un petit miracle se produit.

Il est intéressant de noter qu'à cette époque notre but consiste à maintenir notre tête hors de l'eau jusqu'à l'heure de la délivrance. Nous pensons qu'il convient de nous adapter le mieux possible à une situation dont nous ne croyons guère qu'elle puisse empirer. Manque d'imagination ou volonté inconsciente de jouer à l'autruche ?

Je rencontre chez Marie-Thérèse Gadala l'agent de change Adrien Perquel. Presque aussitôt je deviens son ami. Si la guerre a rompu beaucoup de liens, elle en aura solidement noué d'autres. Adrien Perquel est un de ces hommes qui, tel Jean Cassou, ne paraissent pas avoir reçu de la nature les défauts inhérents à notre singulière espèce.

Médaillé militaire de la première guerre, il aurait dû être exempté de persécution si les engagements des Allemands et les textes de Vichy avaient eu un sens. La Gestapo est venue l'arrêter tandis qu'il prenait son bain. Un instant d'inattention des sbires occupés à fouiller son appartement lui a permis de gagner l'escalier de service et de sortir très naturellement de l'immeuble sans être poursuivi. Le pire moment, me dit-il, est celui où le concierge, nonchalant, a tardé à " lui donner le cordon ". Le voici en Z.N.O. qui, reconnaissons-le, demeure pour certains une terre d'asile, bien qu'elle soit déjà pour d'autres une terre de malédiction.

***

Nous sommes privés de films américains, mais la production française reprend. Après avoir vu *le Mariage de Chiffon*, remarqué au Casino les entrechats d'un débutant nommé Jean Babilée, il m'arrive d'éprouver un sentiment de honte à la pensée que j'habite un îlot préservé pendant que la planète brûle du golfe de Finlande à l'Océan Indien.

Préservé ? On entend parler constamment de " polonisation ", de gauleiter. Enfin Hitler renonce à ces projets pourvu que Darlan s'efface devant Pierre Laval. Beaucoup de gens, tout en déplorant le retour du Talleyrand d'Aubervilliers, disent que nous l'avons échappé belle. Je n'en crois rien. Hitler ne pratique pas la générosité. Il a certainement jugé un gauleiter moins utile qu'un ancien président du Conseil dont la roublardise reste incroyablement naïve.

Je reviens sur ce trait de caractère qui me paraît être la meilleure excuse de Laval, si tant est qu'un homme d'État soit excusable de croire à une chimère.

Laval escompte vraiment qu'Hitler aura besoin du soutien de la France pour vaincre Staline et de ses bons offices pour se réconcilier avec Roosevelt. Si l'on ajoute à cela qu'il prétend, sous la botte nazie, " construire le socialisme afin de briser le chômage, les misères et les désordres " et que, depuis l'attentat manqué contre lui, il se croit l'instrument de la Providence, on verra ce terrien, apparemment réaliste, voguer en fait dans un rêve bleu.

Bien entendu, son arrivée ne nous vaut aucun répit. Qui aurait cru Xavier Vallat, incarnation de l'antisémitisme d'Action Française, capable d'exaspérer les Allemands par sa modération ? Laval le congédie et, sous la pression des nazis, confie le Commissariat aux Questions Juives à un abominable gredin, Darquier de Pellepoix, que le maréchal appellera un jour : " M. le tortionnaire ".

Alain Ponsignon, toujours fidèle, m'apprend qu'un an après sa première visite, la Gestapo est revenue chez moi et a mis mon appartement sous scellés. Je m'y attendais depuis mon départ, je m'y préparais même. Je n'en éprouve pas moins de chagrin. Je suis aussi très surpris, d'abord que les Allemands se soient souvenus de moi au bout d'un si long délai, ensuite qu'ils n'aient touché à rien. Ces gens sont imprévisibles.

Quelles que soient leurs raisons, je me trouve sans domicile, sans autres possessions que mes vêtements et les billets de banque cachés dont je regarde anxieusement diminuer le nombre. Étrange sensation ! Drôle de vertige ! On avait cru me donner une bonne éducation, on ne m'avait pas préparé à devenir clochard.

Mais voici bien autre chose. Une ordonnance allemande prescrit le port de l'étoile jaune aux Juifs de la Z.O. " dès l'âge de six ans révolus ". C'est de quoi réjouir les mânes du bon roi Saint Louis qui inventa la rouelle de manière à enlever aux Juifs le respect de soi et à exciter contre eux la colère du peuple. Les élites intellectuelles de la collaboration applaudissent. Robert Brasillach délire ainsi que Maurice Barrès délirait au temps de l'Affaire Dreyfus : " Le Juif est l'ennemi, il nous a poussés à la guerre, il est juste qu'il paie. " Les yeux de Barrès se sont dessillés un jour. Malheureusement pas ceux de Brasillach.

Je pense à ma famille. Beaucoup de ses membres, surtout les plus âgés, sont restés à Paris, refusant d'admettre qu'ils sont à présent des intrus dans leur maison. J'imagine, marquées de l'horrible insigne, mes vieilles cousines qui ont gardé, intactes, les robes noires, les cheveux blancs, la dignité raffinée et le cœur pur de leurs mères. C'est intolérable.

Je me demande ce que je ferai si cette mesure est appliquée en Z.N.O. Oh ! je suis sûr qu'Hélène Vacaresco, Mme de Villeneuve-Bargemon, Mme Gadala et bien d'autres se comporteraient à mon égard comme ces Parisiens qui saluent les porteurs d'étoile. J'en serais affreusement humilié. Alors ? Rester tapi au fond de mon trou à la manière de ces rats auxquels *Gringoire* nous compare en un style lyrique ?

Soulagement ! Cette fois, Vichy n'imite pas les nazis. L'idée, cependant, n'est pas positivement rejetée.

Marie-Louise Villiers et moi essayons de nous consoler en terminant *Marie-Antoinette*. Nous sommes très contents de certaines scènes que nous nous lisons à haute voix pour notre plaisir. Nous savons bien que la pièce restera dans nos tiroirs.

Elle sera créée à Bruxelles en 1947 et remportera un vif succès. Mais quand, l'année suivante, le théâtre redevenu Sarah-Bernhardt la présentera au public parisien, quelle aventure ! Même morte, Marie-Antoinette suscite le drame et des sentiments violemment opposés. C'est à jamais son destin. Je le vérifierai plus tard à l'occasion du film de Jean Delannoy dont je serai le scénariste et Michèle Morgan l'interprète devant laquelle vibreront tous les amoureux posthumes de la Reine.

J'avais une expérience *extérieure* du théâtre. Ce n'était rien. Je découvris qu'une comédie a une personnalité triple, quadruple. Il y a la pièce des auteurs, celle des répétitions, celle de la générale et celle qui affronte les spectateurs. Elles se ressemblent fort peu.

La première représentation de notre malheureux drame souleva d'incroyables tempêtes. Le directeur du théâtre Sarah-Bernhardt, souhaitant attirer les snobs qui ne fréquentaient guère cette salle, m'avait demandé d'inviter le plus grand nombre possible de gens du monde, au sens où Marcel Proust emploie cette expression. Or ducs, princes et comtes se soucièrent uniquement de la figure prêtée à leurs ancêtres et, naturellement, n'en furent pas satisfaits. Les salons nous manifestèrent donc leur hostilité.

A cette opposition de droite répondit la fureur de la gauche qui nous jugeait trop peu révolutionnaires. Or, en 1948, la gauche contrôlait la presque totalité de la presse. Ce fut un joli bombardement.

Mais, tout étant singulier en ce domaine, nous eûmes notre revanche. Nous croyions avoir écrit un ouvrage digne d'intéresser les intellectuels et peu accessible à la masse. Ce fut le contraire. Le public populaire de Sarah-Bernhardt s'enthousiasma. J'ai rarement éprouvé de joies aussi profondes que pendant les matinées du dimanche, quand l'énorme salle était remplie par les habitants du quartier qui prenaient parti comme au bon temps du mélodrame, insultaient les couards de Versailles, pleuraient en même temps que la souveraine abandonnée.

Nous aurions donc remporté une grande victoire sans l'astre maléfique de Marie-Antoinette. René Mayer, alors ministre des Finances, décida l'échange des billets de banque, ce qui provoqua une chute verticale des recettes des théâtres. Dès qu'elles commencèrent à remonter, éclata une redoutable grève des transports. Ce fut le coup de grâce. Marie-Antoinette tomba une seconde fois sous la poussée des révolutionnaires...

Nous hausserions les épaules si quelque devin nous annonçait de telles péripéties en ce printemps 1942 où, don de joyeux avènement à Laval, Hitler installe en France un commandant supérieur des S.S., le terrible Oberg ; où le chef du gouvernement écrit à Ribbentrop : " J'ai le désir que des Français aussi nombreux que possible prennent dans vos usines la place de ceux qui partent pour le front de l'Est... Je ferai de mon mieux dans ce sens " ; où les nazis, le jugeant néanmoins trop peu coopératif, songent à lui substituer Doriot.

Pendant plusieurs semaines, ce Doriot qui porte l'uniforme allemand sera notre hantise et nous en arriverons à trembler de perdre Laval.

Jusqu'à son fameux discours qui, selon sa propre expression, agit sur l'esprit des Français comme l'acide sulfurique sur une plaie : " Je souhaite la victoire de l'Allemagne... "

Pétain lui a enjoint de remplacer " Je crois à ... " par " Je souhaite " parce qu'il n'a pas qualité pour émettre une opinion sur un problème militaire ! La déformation professionnelle d'un vieillard a rarement entraîné de pareilles conséquences.

CHAPITRE XXIII

La population de la Côte d'Azur a environ décuplé. Dès le mois de juin, voici qu'une nouvelle invasion la rend pléthorique. Il ne s'agit pas, Dieu merci, des Allemands mais des gens auxquels le malheur public vaut une prospérité aussi insolente qu'imprévue. Contrairement à ce que récite la presse, ce ne sont pas des Juifs. Ce sont les B.O.F. (beurre, œufs, fromage) que popularisera Jean Dutourd, et les vautours qui gagnent sur n'importe quoi, sur la ferraille comme sur les bijoux achetés aux Israélites en détresse.

On se montre un garçon de dix-sept ans environ. Il se vante d'avoir touché quatorze millions en livrant aux Allemands un stock de bouteilles de cognac caché par ses parents, des négociants des Charentes.

Tel industriel, fort modeste en 1939, ne craint pas de donner une fête pour annoncer aux populations qu'il vient de « faire » son premier milliard. Un autre se vante de sa libéralité envers son village natal. Il a proposé à ses concitoyens soit de leur installer l'eau courante, soit d'organiser des courses de taureaux — en payant l'amende. On a voté. Les courses de taureaux l'ont emporté à une majorité écrasante.

Le contraste est violent entre ces mercantis et l'aristocratie des réfugiés qui évite désormais les restaurants et les salons des palaces. Avec des allures de reines outragées, Mme de Villeneuve-Bargemon, Mrs Clewes,

Mme Gadala se retranchent chez elles, abandonnant la place à des mémères dont les bras, pourtant vigoureux, ont peine à porter les énormes bracelets d'or massif, garants de leur opulence.

Je dois quitter, au moins provisoirement, le Grand Hôtel submergé. Panique ! Quel hôtel voudra bien me préférer à un prince du marché noir tout en m'assurant un minimum de sécurité ? Grâce à Henri Gendre je trouve mon havre à l'hôtel Gallia. Les estivants dédaignent cette maison où il n'y a pas d'eau chaude et où l'eau froide elle-même est rationnée. Prendre un bain dans une annexe aménagée à cet effet coûte une fortune.

Qu'importe ! J'ai la joie de cohabiter avec le duc de La Force et la marquise de Noailles. Au coucher du soleil, quand la chaleur desserre son étreinte, nous nous réunissons souvent sur le balcon de la marquise et nous parlons d'Histoire à perdre haleine.

Il ne m'est pas possible malheureusement de me perdre au fond des siècles. L'Histoire contemporaine, galopant comme un cheval de l'Apocalypse, a tôt fait de me rattraper. De nouveau les augures s'accordent à prédire le triomphe de l'Axe. Les Anglais viennent de perdre Tobrouk, Mussolini, arrivé en Afrique, porteur de pleines caisses de décorations destinées à ses troupes, piaffe en attendant d'entrer à Alexandrie. Quant aux Allemands, ils ont atteint à la fois la Volga et le Caucase. C'est une énorme erreur de la stratégie d'Hitler, mais nous ne le savons pas.

Sûrs de leur victoire, les nazis peuvent s'occuper tranquillement de l'entreprise qui prime tout à leurs yeux : l'extermination des Juifs.

Claire Gilles Guilbert, qui a un appartement à Cannes et une maison de famille à Vence, a obtenu l'autorisation d'y rendre visite à sa mère. Joie de nous revoir, trop vite assombrie par les mauvaises nouvelles. Le bruit court à Paris que des décisions globales auraient été prises au sujet des non-Aryens. Lesquelles ? Il y a différentes versions, l'une moins rassurante que l'autre.

Je me précipite chez Donati auquel ces rumeurs étaient déjà parvenues. Grâce à certains Italiens il a le moyen de les contrôler. Nous apprenons ainsi qu'à la suite d'une conférence réunie sous la présidence du ténébreux Eichmann, les Juifs de France, de Belgique et de Hollande doivent être déportés massivement à l'Est. Il n'est pas difficile de comprendre quel sort leur sera réservé, même si nul n'a encore entendu parler de fours crématoires.

On a maintes fois invoqué l'ignorance du gouvernement français et les illusions des Juifs. Je dois dire que les hommes avertis comme l'étaient les dirigeants de la communauté, Donati et moi ne crûmes jamais à ces colonies où les Juifs auraient été bucoliquement astreints aux travaux des champs sous la surveillance paisiblement ennuyée des S.S.

De toute façon l'alarme est donnée. Le péril étant inégalement réparti selon les régions, l'O.S.E. et nos autres organisations clandestines s'efforcent de transférer le plus de proscrits possible de Z.O. en Z.N.O. et, en Z.N.O., du Centre vers la Savoie, l'Isère, la Provence. Personnellement — combien j'en suis heureux aujourd'hui ! — je m'occupe surtout des enfants privés de leurs parents. Nous réussissons à organiser des convois de dix à vingt enfants, partant plusieurs fois par semaine. Il faut souligner que nous ne pourrions le faire sans la charité active de nombreuses personnalités du Secours National, de l'Aide aux Mères de Saint-Étienne, du Comité d'Aide aux Réfugiés de Marseille et d'ecclésiastiques non moins dévoués.

— Voici la clef de mon appartement, me dit Claire sans que je lui aie rien demandé. A la moindre alerte, allez vous y installer.

Si mes souvenirs n'étaient pas si nets, je croirais avoir rêvé en repensant à la vie que j'ai menée alors.

La Gestapo a infiltré ses agents dans le Midi, les dénonciateurs français abondent et les autorités nous sont franchement hostiles, même celles de l'Église, contrairement à ce qu'on voit en d'autres diocèses. L'évêque de Nice a éconduit sans aménité un rabbin qui lui demandait d'intervenir afin qu'une synagogue pût être ouverte à Cannes. Celle de Nice vient d'être saccagée.

Il faut donc cacher soigneusement mon activité. C'est pourquoi je ne manque aucune des réunions intimes qu'organisent les gens du monde et qui, d'ailleurs, me distraient salutairement de mes obsessions.

Je déjeune chez Mrs Clewes parmi les sculptures fantastiques surgies à l'ombre de sa tour du XIIe siècle ; je prends le thé chez Mme de Villeneuve et chez Guichot-Pérère, mais, les papotages terminés, avant de prendre congé, je téléphone au concierge du Gallia pour lui demander en termes convenus si aucun visiteur suspect n'est venu me demander. Au cas où il me répondrait affirmativement, je gagnerais l'appartement de Claire.

Pendant ce temps — exactement le 27 juin —, Laval rencontre à Paris la fleur de la Gestapo, Oberg, Knochen, Dannecker, d'autres encore qui lui font part de leurs exigences. Le Moloch hitlérien veut 100 000 Juifs des deux zones, français et étrangers, âgés de 16 à 40 ans, afin de les déporter. Aucune allusion, bien sûr, à la solution finale.

Des rafles d'une pareille importance sont impossibles sans le concours de l'administration française. Celle-ci devra donc y participer.

Que se passerait-il si le chef du gouvernement refusait net ? Les Allemands, occupés à combattre, de Leningrad jusqu'à la frontière égyptienne, auraient bien du mal à organiser la " polonisation ". Quoi qu'il en soit, Laval préfère sa méthode habituelle, le marchandage.

Une négociation s'engage, dont l'Histoire n'offre aucun équivalent. On va voir ce qu'est la collaboration " dans l'honneur et la dignité ".

***

Donati, dont les antennes sont décidément remarquables, me révèle des choses sur lesquelles je garderai un doute jusqu'à ce que, ayant fouillé les archives du Centre de Documentation Juive, j'aie eu sous les yeux la fameuse lettre de Knochen à Eichmann, datée du 6 juillet 1942 : " Laval *propose* (" hot vorges chlagen ") d'y comprendre (aux familles juives déportées) *les enfants de moins de seize ans*. La question des enfants juifs restant en zone occupée ne l'intéresse pas. " Eichmann, pris de court, ne répondra que le 21 juillet. Affirmativement, bien entendu.

Laval a trouvé ce moyen de protéger les Juifs français.

— Les trains sont prêts, lui a dit Oberg, et à tout prix nous devons les remplir.

En échange de l'immunité accordée aux Juifs français, le Conseil des ministres que Pétain préside le 4 juillet accepte de mettre sa police à la disposition des Allemands, de leur livrer les Juifs déjà arrêtés dans les deux zones, de procéder à de nouvelles arrestations d'apatrides et d'étrangers. Il est d'accord pour que soient immédiatement formés des convois qui emmèneront 32 000 personnes. Où ? " En Pologne où va être créé un État juif ", lui répondent ses interlocuteurs.

Et il semble bien que Laval le croie ! Jamais chef de gouvernement fut-il si mal informé ? Pourtant, dès le 27 juillet 1942, Thomas Mann dénoncera sur les ondes les camps de la mort. Il y a aussi un rapport secret envoyé au Vatican...

" J'accepterais volontiers d'être jugé pour ce grief par des Juifs français ", écrira trois ans après Laval en réponse à l'acte d'accusation dressé contre lui.

Si cela s'était produit, des juges absolument impartiaux auraient dû, je pense, tenir compte — j'y reviens une fois encore — de sa prodigieuse naïveté. Laval dit à l'un de ses collaborateurs :

— Je viens d'une réunion épouvantable. Ils veulent nous laisser les enfants. Je leur ai dit que ce n'était pas l'habitude chez nous de séparer les enfants de leurs parents.

Il lance aux Allemands qui doivent rire intérieurement :

— Vous devriez avoir honte de séparer de jeunes parents de leurs enfants en bas âge !

Pour envoyer les uns et les autres à Auschwitz !

Les Allemands ont donc accepté le marché. Soucieux de ne pas laisser de places vides dans leurs trains, ils déportent les Juifs étrangers des deux sexes... de 2 à 60 ans. Laval déshonore son pays en obligeant des hommes revêtus de l'uniforme français à être les pourvoyeurs d'un massacre des innocents, mais il a sauvé les Juifs français.

Sauvé, vraiment ? Déjà les Allemands, soutenus par Darquier de Pellepoix qui déplore la faiblesse de Vichy, réclament le retrait des naturalisations obtenues depuis 1927, voire depuis 1919. Cela augmenterait sensiblement le nombre des victimes. Quant aux autres, ils sont en sursis. La solution finale ne comporte pas d'exceptions.

Ce n'est pas l'objet immédiat de nos préoccupations. Il faut que Moloch dévore le moins possible de ses proies. Sur les hauteurs des Alpes se trouvent des villages perdus que les racoleurs d'Hitler auront beaucoup de peine à fouiller. Avec des difficultés inouïes nous y faisons parvenir de pauvres gens que nous aurons ensuite le devoir effrayant de nourrir sans cartes d'alimentation. Naturellement la priorité est donnée aux enfants.

Nous n'avons pas encore beaucoup avancé quand la tempête se déchaîne. Les 16 et 17 juillet, se produisent à Paris les rafles dites du Vélodrome d'Hiver, dont l'horreur a été maintes fois décrite. Puis la Z.N.O. rejette ceux qu'elle traitait en criminels parce qu'ils avaient cru la France fidèle à ses traditions. Les rafles débordent des camps et se font un peu au hasard. On prend aussi les ressortissants chrétiens des pays en guerre contre l'Axe, sauf les Américains et les Anglais, par crainte de représailles.

La nuit du 26 au 27 août est terrible. Précédemment nous recevions de discrètes mises en garde. Cette fois aucune. Une rafle monstre déferle de Lyon à Nice. Sans difficulté puisque le dernier recensement a fourni les adresses des Juifs. La police fouille les hôtels avec un soin particulier, depuis les garnis jusqu'aux établissements de luxe. Cependant, afin de ne pas troubler les heureuses vacances des Aryens, elle attend le matin avant de se présenter dans les palaces.

Cela sauve un peintre grec (chrétien) qui habite le Gallia et vient parfois prendre le petit déjeuner chez moi. Les distractions étant rares le soir, on se couche et on se lève de bonne heure. Mon ami grec a donc frappé à ma porte vers huit heures. Il sirote tranquillement son faux café tandis que les policiers se font ouvrir sa chambre. Vide naturellement.

— Où est-il ? demandent les sbires.

Le sort du jeune artiste est suspendu à la réponse du concierge. Le mien aussi, car les Juifs français qui ont commis une infraction ne sont pas couverts par le donnant-donnant de Laval et on peut m'accuser d'avoir caché un ennemi du Reich.

— Tiens, c'est vrai ! dit paisiblement le concierge. Il est parti cette nuit, je ne m'en souvenais plus.

Les exécuteurs lui jettent un regard soupçonneux, mais n'insistent pas. Ils ont tant de besogne !

Aussi sont-ils expéditifs. Ils se saisissent pêle-mêle de ce qui leur tombe sous la main. Plus d'un Français, en principe intouchable, sera jeté dans les cars, puis dans les wagons à bestiaux avec des familles aryennes ou non d'Allemands, d'Autrichiens, de Roumains, de Tchécoslovaques, de Belges, de Grecs, de Yougoslaves.

“ La France était devenue comme le dépotoir du monde et de l'Europe ”, dira, le 19 septembre, à la Légion, Pierre Laval, apparemment soulagé.

Quantité d'enfants (oh ! s'ils ont deux ans révolus !) partagent le destin de leurs parents. Et ceux dont les parents sont morts ou déjà prisonniers ? On en rafle qui ont six, dix, douze ans. Ils rejoindront, en attendant les crématoires d'Auschwitz, les camps de Drancy, de Pithiviers et de Beaune-la-Rolande où les ont précédés les victimes de l'opération du 16 juillet.

Ah ! il s'en passe de belles dans cette France placée sous les signes de l'honneur, de la famille et de la patrie ! On va se saisir d'une jeune femme allaitant son enfant. Il faut les séparer puisque l'âge du bébé lui épargne la déportation sans préserver sa mère. Celle-ci réussit à attendrir les policiers, obtient un délai. Quand les agents reviennent, elle s'est suicidée après avoir étranglé l'enfant.

Et cependant les nazis ne sont pas satisfaits. Ces bourreaux ont des scrupules de comptables. Ils sont affolés à la perspective d'un déficit. Or une bonne partie de leur gibier manque à l'appel. Nous avons eu le temps de trouver des refuges extrêmement variés, parfois des couvents, parfois des familles chrétiennes, quand nous n'avons pu peupler ces hameaux presque ignorés où les paysans couchent encore à côté de leurs bêtes.

Malgré le danger je me rends à Marseille, première halte des horribles convois. Une foule gémissante est étendue sur la paille des wagons à bestiaux sous un soleil torride. La nuit venue, avec l'aide de la Croix-Rouge et des Quakers, nous obtenons la permission de distribuer des médicaments, des vivres. Puis arrive un contre-ordre, on nous refoule brutalement. Jamais je n'oublierai le spectacle de gendarmes français opposant le barrage de leurs armes aux dames de la Croix-Rouge qui s'obstinent.

L'arrivée à Drancy de quatre mille enfants abandonnés a été décrite de façon pathétique. Je saurai bien plus tard, grâce au livre de M. Georges Wellers (1), que René

(1) Georges Wellers — *L'Étoile jaune à l'heure de Vichy.*

Blum s'efforça de sauver l'image de la France au regard des petits martyrs. Une fillette lui cria :

— Ce sont des Français qui sont venus chez nous ! Ils ont cherché ma petite sœur partout parce que maman l'avait cachée. Ils l'ont trouvée parce que la petite a pleuré... Après ils sont venus à l'école pour me prendre... Ils sont méchants !

Combien mon pauvre René a dû souffrir !

Tout, cependant, n'est pas perdu. Il reste en France des hommes au cœur vaillant et généreux. Mgr Saliège, archevêque de Toulouse, laisse éclater son indignation : " Il était réservé à notre temps de voir ce triste spectacle... Les Juifs sont des hommes, les Juifs sont des femmes... Tout n'est pas permis contre eux, contre ces hommes et ces femmes, contre ces pères et mères de famille. Ils font partie du genre humain, ils sont nos frères comme tant d'autres. Un chrétien ne peut l'oublier. "

Le cardinal Gerlier proteste à son tour. Au nom des cardinaux, Mgr Chapoulié serait même allé prévenir le maréchal que le Pape s'inquiétait du salut de son âme (1).

Le pasteur Marc Boegner, auquel je vouerai dès lors une profonde et admirative amitié, va beaucoup plus loin. Il est le premier Français à s'être élevé publiquement contre les lois raciales. Le 20 août 1942, il écrit une longue lettre à Pétain : " Aucun Français ne peut demeurer insensible à ce qui se passe... Le christianisme avait jusqu'à présent inspiré aux nations et à la France en particulier le respect sacré du droit d'asile... La " livraison " des malheureux étrangers s'est effectuée dans des conditions d'inhumanité qui ont révolté les consciences les plus endurcies et arraché des larmes aux témoins de ces mesures... Aucune défaite... ne peut contraindre la France à laisser porter atteinte à son honneur. "

Le 9 septembre, il est reçu par Laval. Lui-même a

(1) Léon Poliakoff, *Les Juifs et notre Histoire.*

laissé le récit de l'extraordinaire conversation au cours de laquelle le chef du gouvernement, soutenant toujours que les enfants déportés deviendront cultivateurs en Pologne, s'écrie : " Pas un ne doit rester en France. " " Je lui parlais de massacre, conclut le pasteur Boegner, il me répondait jardinage. "

Laval, quant à lui, écrira dans son plaidoyer : "Eux (les Juifs français) mieux que d'autres, sans doute, comprendraient aujourd'hui ce qui leur serait advenu si je ne m'étais pas trouvé là pour les défendre. "

Combien d'entre nous supporteraient l'idée d'avoir survécu grâce à des sacrifices d'enfants ? Ce serait de quoi empoisonner une existence. Or il se trouve que les archives (1) aujourd'hui mises à jour nous évitent de nous poser des questions.

Himmler a bien ordonné à Knochen de suspendre *pour le moment* les arrestations de Juifs français. Mais, dès le 25 septembre, Knochen lui télégraphie : " La déportation des Juifs étrangers étant achevée, *il y a lieu maintenant de procéder à l'arrestation des Juifs français...* "

En 1942, près de 85 000 Juifs auront été déportés de France. Et pourtant, Eichmann, arrivé à ce total, estime avoir subi un échec. Des milliers d'hommes et de femmes lui ont échappé, nous lui avons arraché des centaines d'enfants. Si bien que, furieux et dépité, l'Obersturmbandführer menacera de se désintéresser de la " solution finale " en France. Par malheur il n'en fera rien.

(1) Centre de Documentation Juive.

CHAPITRE XXIV

Toute médaille a son... avers. Bien sûr, le marché noir est condamnable pour mille raisons, mais, sans lui, les proscrits cachés de-ci de-là mourraient d'inanition. Si, du moins, il s'agissait de régions plus fertiles que les départements alpestres ! Je me demande encore comment il a été possible de nourrir ces malheureux, deux années durant, en dépit des lois, de fournir notamment aux jeunes enfants les calories indispensables. Hélas ! c'est le veau d'or seul qui permit ce miracle. A de rares exceptions près, l'humanité des commerçants n'y contribua guère.

De l'argent, toujours de l'argent ! Le prix des vivres ne cesse de monter à mesure que s'aggrave la rigueur des préfets.

Un soir que les nuages rendent le ciel particulièrement obscur, je manque heurter celui des Alpes-Maritimes qui arpente la Croisette en compagnie de Hautecœur venu inaugurer une quelconque exposition. Je n'ai que le temps de me dissimuler derrière un arbre, ne voulant à aucun prix m'exposer à une avanie.

Pendant un long moment j'observe ces deux hommes qui se disaient mes amis, au sens fort du terme, voilà moins de trois ans et dont, malgré certaines apparences, j'aurais garanti les qualités de cœur. J'imagine ce qui se passerait si l'antisémitisme n'était pas le drapeau des occupants, si, simplement, les détresses que j'essaye de soulager ne concernaient pas des Juifs. Je nous imagine même déambulant ensemble comme nous aurions pu le faire au début de la guerre. Mais à quoi bon rêver ? Je m'éclipse honteusement. De nouveau je constate combien il est facile d'inspirer gratuitement un sentiment de culpabilité.

Un autre souvenir sinistre et cocasse est celui d'un véritable épisode de roman-feuilleton. A six heures et demie du matin, dans une campagne déserte et noyée de brume je rencontre un paysan avec lequel j'échange des mots de passe. Une âpre discussion s'engage, les prétentions de l'homme étant exorbitantes. Enfin nous tombons d'accord. Je tends les billets de banque d'une main tandis que, de l'autre, je saisis avidement, non sans trembler quelque peu, un sac très lourd. Puis nous disparaissons, chacun de son côté.

Lui, n'a désormais rien à craindre. En revanche ma situation est périlleuse. Dieu sait vers quoi me mènerait un pareil chargement au cas où je serais pris ! Je n'ose y penser. Grâce au ciel je ne trouve personne sur ma route, le sac parvient à une maison isolée dont la propriétaire se charge de répartir parcimonieusement son contenu entre plusieurs refuges. Il s'agit de quatre litres d'huile...

Qui l'aurait cru ? A mon tour je traque le Juif. Je veux dire le Juif encore riche. Si la majorité des membres de la communauté qui se trouvent dans ce cas s'est taxée elle-même, il n'est pas inutile de rafraîchir les mémoires quand viennent les échéances. En général les amnésies sont rares.

D'autres personnes me préoccupent davantage. Je ne les blâme certes pas d'être parvenues à brouiller leur piste et à emporter un viatique confortable, j'estime simplement qu'elles ne sont pas quittes envers les leurs. Oh ! la panique d'un milliardaire tapi au fond d'une espèce d'hôtel de passe de quatrième ordre et auquel je réussis à tendre mon chapeau après un travail digne de Sherlock Holmes !

Ces horribles problèmes financiers tournent à l'obsession. Injustice suprême ! Ceux qui disposeront jusqu'au bout de quelque numéraire auront des chances supplémentaires de survivre. Sous ce déluge qui s'est abattu sur nous à l'improviste, l'argent représente la meilleure bouée de sauvetage.

Alain Ponsignon m'apprend que mon appartement sous scellés est encore intact. Pour combien de temps ?

— C'est trop bête, me dit-il, d'attendre qu'*ils* viennent. Surtout que vous habitez au rez-de-chaussée.

— Eh bien ?

— Est-ce que vous me donnez carte blanche ?

Je la lui donne. Une nuit, l'intrépide garçon trouvera le moyen de forcer un volet, une fenêtre, de s'introduire dans la place et d'emporter des bibelots, de petits tableaux, même des tapis. Il vendra l'ensemble sans difficulté car les nouveaux riches se jettent sur n'importe quoi, et il m'apportera une somme rondelette grâce à laquelle je pourrai tenir en secourant de plus misérables.

Se faire cambrioler soi-même à la barbe des autorités, courir des risques graves en vendant ce qui vous appartient ! Quelque chose, décidément, a basculé et, comme le disait déjà un livre d'avant-guerre, la machine ronde a perdu la boule.

***

La bataille de Stalingrad fait rage depuis des semaines, je retrouve mes émois d'enfant à l'époque de Verdun lorsqu'avant de m'endormir, je priais chaque soir pour nos soldats... et pour leur chef. La B.B.C. nous permet de suivre, au moins approximativement, les péripéties de ces combats inouïs. Qu'en auraient pensé les poètes qui épouvantèrent tant de générations en leur parlant des Titans et des Cyclopes ?

Écouter la B.B.C. est un acte de courage, car mon ami le préfet traite sans pitié ceux qui se laissent prendre. Une dizaine d'années plus tard, je déjeunerai à la table d'un ambassadeur en compagnie du même préfet, alors à la retraite, et de Maurice Schumann. L'ambiance sera très cordiale. Le préfet, bien sûr, aura retrouvé ses anciens sentiments à mon égard. Quant à moi, j'aurai pris depuis longtemps le parti de ne pas m'encombrer de rancunes personnelles.

Au café, je glisserai à Maurice Schumann :

— N'est-ce pas curieux ? Me voici plaisantant avec vous et avec l'homme qui m'aurait mis en prison s'il avait su que je vous attendais ponctuellement devant mon poste caché sous des couvertures.

Et je penserai à ces vers éternellement actuels :

Tout cela pour des Altesses
Qui, vous morts et enterrés,
Se feront des politesses
Tandis que vous pourrirez.

Deux mariages sont célébrés à Cannes dans l'atmosphère indéfinissable où nous vivons, deux mariages bien différents. Les Allemands se sont engagés à ne pas déporter les femmes des officiers français prisonniers. Il est hasardeux de s'y fier, néanmoins Élie de Rothschild, prisonnier depuis 1940, demande à épouser immédiatement par procuration sa fiancée, Liliane Fould-Springer. A force de persévérance, malgré la mauvaise volonté des autorités, il a enfin obtenu gain de cause. L'ultime difficulté a consisté à trouver le héros qui servirait de témoin à la jeune fille. D'ici peu, aucune bassesse ne coûtera pour être reçu chez elle.

La cérémonie a lieu devant le siège vide de l'époux, l'union est scellée entre deux êtres qui risquent fort de ne jamais se revoir.

Le mariage de Mlle de La Force avec le fils du duc de Praslin a lui aussi quelque chose de pathétique car le jeune marquis est aveugle, mais, autant le drame a pesé sur celui des Élie de Rothschild, autant les familles historiques qui vont s'allier s'efforcent de donner à cet événement la solennité qu'il aurait en temps normal.

De nombreux parents et amis dont les noms emplissent le Gotha arrivent à Cannes; le comte de Paris, prétendant au trône de France, et le comte de Barcelone, prétendant au trône d'Espagne, seront représentés à l'église. Un lunch forcément frugal sera servi au Gallia après la cérémonie pour laquelle je reçois une invitation. J'en remercie la duchesse. Je ne manquerai pas de venir bien qu'en mon for intérieur je redoute certaines rencontres.

— Vous devinez, me dit Mme de La Force, que le déjeuner ne pourra avoir lieu que dans l'intimité. C'est pourquoi je préfère faire mes invitations de vive voix. Il va de soi que nous comptons sur vous.

Je suis touché. Troublé aussi. Ah ! cette mauvaise conscience !... Peut-être s'agit-il d'une sorte d'invitation à la chinoise ? Peut-être m'ayant ainsi donné la preuve de son amitié, la duchesse s'attend-elle à ce que j'aie le bon goût de refuser ? Je m'excuse donc sous de vagues prétextes tout en marquant ma gratitude. Eh bien ! je me suis trompé. La duchesse insiste :

— J'y tiens absolument. Vous m'offenseriez si vous ne veniez pas.

Le lendemain matin, une petite foule a envahi l'église. On y a dressé deux dais, chacun destiné au représentant d'une des Altesses Royales. La plupart des hommes, généralement âgés, portent la jaquette, certains des guêtres ainsi qu'au temps des équipages. Les femmes... elles sont extraordinaires. Les unes semblent descendues d'un tableau d'ancêtre, sans avoir — ou si peu — changé de costume. D'autres comme Mme de Villeneuve-Bargemon sont extrêmement élégantes, mais d'une élégance qui évoque les héroïnes de Paul Bourget. D'autres encore, malgré leurs perles et leurs aigrettes, ont des allures de chasseresses. Il y en a qui semblent être restées à cheval pour l'éternité.

Un monde qu'on pouvait croire submergé par le temps vient de remonter à la surface tandis qu'à Stalingrad, à El Alamein... Je suis fasciné.

La messe dite, nous retournons au Gallia. Saisi d'une brusque panique, je tarde à me diriger vers le salon où se rassemblent les invités. Je me décide enfin et m'arrête, paralysé, sur le seuil. La première personne que j'aperçois est, en effet, le préfet. Peut-être vais-je rencontrer d'autres... anciens amis, d'autres gens qui *me* croient responsable de la guerre et du reste.

Le courage me manque, je tourne les talons et me trouve à l'improviste en face de Mme de La Force. Elle a tout compris et n'en laisse rien paraître.

— Ah ! cher ami, je suis épuisée, je ne sais pas comment je tiens debout. Voulez-vous m'offrir votre bras ?

Je m'exécute, presque flageolant. C'est au bras de la duchesse que je pénètre dans ce salon plein de pièges dont je n'ai maintenant rien à craindre. Je ne vois que des sourires autour de moi. Je me sens redevenir un être normal.

Je me souviendrai toujours du geste de la duchesse de La Force, de ce geste exemplaire d'une grande dame au grand cœur.

Le déjeuner a lieu par petites tables. Je me trouve placé entre deux douairières légitimistes, originaires, je crois, de Vendée. L'une est lieutenant de louveterie. La conversation roule sur la chasse et, fatalement, sur les restrictions alimentaires. Je craignais des sujets plus brûlants. Au dessert, je me crois sauvé quand, soudain, la guerre surgit au détour d'une phrase :

— Maintenant que les Allemands ont pris Stalingrad, commence le lieutenant de louveterie...

Comme sous la piqûre d'un scorpion, mon autre voisine sursaute et se redresse, le face-à-main en bataille.

— Et d'où, ma chère, savez-vous qu'ils l'ont pris ?

— Le dernier communiqué...

— Parce que vous croyez aussi à *leurs* communiqués !

Ces deux septuagénaires, coulées dans le même moule, nourries des mêmes certitudes, s'affrontent avec une sombre fureur. Je tremble lâchement d'avoir à intervenir. C'est encore un sentiment que je me découvre sans plaisir. J'éprouve une étrange pudeur à exposer mes idées devant des étrangers, étant donné qu'on ne me croira jamais de bonne foi.

La fin du repas empêche les choses de s'envenimer outre mesure. Cependant les deux cousines (elles le sont certainement) ne se pardonnent pas. En se levant elles se jettent encore des regards enflammés du haut de leurs guimpes.

Je sors de là, doublement heureux. Cette réception m'a donné au moins l'illusion d'être dédouané, et cela précisément chez des gens peu suspects de philosémitisme. On dirait que les personnages de mes livres m'ont donné un coup de chapeau par descendants interposés. Et puis je constate qu'au cœur de la France la plus conservatrice, la collaboration compte des adversaires résolus.

CHAPITRE XXV

“ A glorious day ” : je ne sais pourquoi, cette expression anglaise à laquelle il est difficile de trouver un équivalent chante dans ma tête le 8 novembre. Sans doute parce qu'elle évoque à la fois la victoire, la joie et la splendeur d'un automne féerique. Sur la Croisette les gens radieux se félicitent par des regards et des sourires plutôt que par des paroles. Les Alliés sont en Afrique !

Hélas ! on apprendra bientôt que des Français les combattent. Pendant quarante-huit heures nous allons essayer de comprendre quelque chose au jeu déconcertant de Vichy et à la tragi-comédie d'Alger. Nous savons que Pétain a ordonné de résister et de rompre les relations diplomatiques avec les États-Unis, nous ignorons naturellement ses télégrammes secrets, nous ignorons que Laval, convoqué à Munich, a refusé l'alliance d'Hitler mais laissé l'aviation allemande se poser en Tunisie. Lorsque Darlan signe l'armistice à Alger, nous avons cependant conscience que le gouvernement de Vichy est parvenu à exaspérer contre lui tous les belligérants.

Ah ! ce n'est pas en médiateur, comme il l'avait rêvé, qu' “ avec sa cravate blanche et son complet mal coupé de Français moyen ” (Ciano *dixit*) Laval comparaît à Berchtesgaden devant Hitler et les chefs de l'Axe en uniformes de théâtre. Après d'inutiles palabres il apprendra au moment de repartir que l'armée allemande va occuper la Z.N.O.

Depuis la veille la chose était prévisible et la panique commence à gagner les Juifs. Car c'est une de leurs malédictions, qu'ils risquent de payer cher chaque succès des Alliés. Je vole à Nice chez Donati ou plutôt je m'y traîne car les trains sont de plus en plus délabrés, de plus en plus sales, de plus en plus haletants. Oh ! ces retours interminables dans la nuit et le froid sous la menace constante d'un arrêt en rase campagne !

Je trouve Donati aussi affairé qu'un général à la veille d'une bataille. Lui ne semble ni troublé ni surpris.

— Rassurez nos amis des Alpes-Maritimes, me dit-il. Les Allemands ne les atteindront pas. Ce sont les Italiens qui vont occuper la région ainsi que la Savoie et, je suppose, le Dauphiné. J'ai déjà alerté beaucoup de Juifs de Marseille et des alentours. Faites-en autant si vous le pouvez. Qu'ils viennent ici, ils seront protégés.

Je le regarde, ébahi :

— Vous êtes sûr ? On affirme...

— On affirme, on affirme... Est-ce le Cabinet de Ciano qui renseigne votre Radio-Croisette ?

Je pars, réconforté par son assurance, et me hâte de répandre la bonne parole. Sans grand succès. Un vent de folie passe, et sur les Juifs, et sur les chrétiens antinazis. La terreur ne connaît pas de bornes lorsqu'on apprend l'arrestation des membres du corps diplomatique qui représentent des pays hostiles à l'Axe.

Le 11 novembre, au matin, aucun doute ne subsiste. La Wehrmacht descend vers la Méditerranée, entraînant les S.S., la Gestapo et tout l'appareil qui sert à peupler les camps de concentration. J'ai beau répéter que nous allons voir arriver non des Allemands, mais des Italiens, on ne m'écoute pas. Moi qu'on a si souvent blâmé pour mon pessimisme invétéré, me voilà traité tantôt de fou, tantôt d'imbécile. On en arrive à me regarder d'un œil soupçonneux parce que je veux empêcher des gens de partir au hasard comme au temps de l'exode.

Au début de l'après-midi mon principal souci concerne Marie-Louise Villiers, froidement résolue à ne pas tomber vivante aux mains des rabatteurs d'Eichmann. Par bonheur, elle hésite longuement entre le poison et le revolver. S'ouvrir les veines aurait plus de classe, mais cela prendrait trop de temps.

Nous sommes en pleine bagarre quand monte de la Croisette un bruit de bottes significatif. Je me précipite au balcon tandis que Marie-Louise cherche fébrilement ses cachets. Je hurle :

— Regardez, regardez !

Elle consent à me rejoindre. Un régiment italien défile sous nos yeux d'un pas martial, baïonnette au canon. Ah ! ces plumes de coq que je me reproche d'avoir bêtement plaisantées ainsi que tant d'autres ! Elles figurent la colombe de l'arche.

Donati peut avoir confiance en ses informateurs. En ce moment critique, Hitler veut apaiser la mauvaise humeur de Mussolini, enragé de subir des humiliations continuelles. Aussi a-t-il abandonné à ses troupes une assez large portion de la Z.N.O. Tandis que le haut commandement italien reste à Menton, une division s'installe à Nice, une seconde se déploie entre Annecy, Gap et Chambéry, une troisième dans l'Isère.

Le général Vercelli, commandant en chef de la IVe armée, entre à Nice. Il agite son panache de fasciste, mais il ne ressemble en rien aux féroces chefs de guerre germaniques. Une de ses premières mesures, malgré les protestations du maire, Jean Médecin, consiste à baptiser l'avenue de la Victoire et à la changer en avenue Mussolini.

En allant rendre sa première visite officielle au maire — visite entourée d'un cérémonial fracassant —, le général a l'intention de lui demander d'agir contre les francs-maçons, particulièrement mal vus à Rome. Le maire, prévenu, a fait rechercher en hâte un buste de Garibaldi et un buste de Masséna (Niçois, donc Italien selon les thèses de Mussolini). Lorsqu'il pénètre dans le bureau de Jean Médecin, le général voit immédiatement ces deux illustres francs-maçons. Très fin, il comprend et préfère ne pas aborder le sujet.

Quelle va être son attitude à l'égard des Juifs ? Eh bien ! il se bornera en principe à leur appliquer le régime qui est le leur en Italie et n'a rien de comparable à celui dont *Nuit et Brouillard* marque l'aboutissement. En réalité, cette clémence ira infiniment plus loin grâce au mystérieux correspondant de Donati, le comte Vidau, directeur des Affaires Générales au ministère italien des Affaires Étrangères.

A la fin de novembre, cela ne nous donne encore aucun sentiment de sécurité. Nous savons — du moins, je sais — que, dès le mois de septembre, Laval a autorisé plusieurs centaines d'agents de la Gestapo à s'infiltrer dans ce qui était encore la Z.N.O. Leur nombre s'accroîtra forcément et ils ne se borneront pas à faire du tourisme. Très vite d'ailleurs ils annoncent la couleur.

J'ai heureusement regagné le Grand Hôtel, débarrassé des B.O.F., car la Gestapo se saisit du Gallia. Seule garantie, bien fragile, qu'elle ne pourra pas agir absolument à sa guise : le drapeau italien flotte au-dessus du bâtiment. Chaque matin, notre premier regard se tournera vers lui. Les trois couleurs de la Maison de Savoie, mais aussi du fascisme sont devenues celles de notre liberté. Puisque le monde est à l'envers... Si, un jour, la croix gammée se dresse sur le Gallia, nous saurons ce qu'elle nous promet.

Hitler, en donnant une satisfaction au Duce, n'a pas renoncé à surveiller " sa " zone. Nous nous demandons même s'il ne trouvera pas quelque prétexte pour relever les Italiens en leur expédiant des divisions allemandes. Aussi beaucoup de gens prennent la fuite. Certains se perdent au fond des campagnes, ce qui ne me paraît pas très sage : ces inconnus deviendront immédiatement les points de mire des villageois. D'autres, en bravant les pires dangers, réussissent à gagner, soit l'Espagne qui les jette en prison, soit la Suisse où ils sont accueillis en fonction de leurs avoirs.

Mon ami Jean R., avant de se rendre en Algérie, a décidé de confier sa famille à un domestique dévoué dont le village natal est vraiment à l'abri de tout. Un incident de dernière heure l'amène à modifier son plan et à emmener les siens qui manqueront mourir de mille manières en franchissant les Pyrénées. Ils l'auront échappé belle ! Le village refuge s'appelait Oradour-sur-Glane !

Moins heureux, mon cousin, Léon Reinach, fils du célèbre helléniste Théodore Reinach qui a légué à l'Institut la villa grecque de Beaulieu, est pris avec son fils à la frontière espagnole. Presque au même moment on se saisit à Paris de sa fille et de sa femme, née Béatrice de Camondo. Le frère de Béatrice était pourtant mort en 1917 au cours d'un combat aérien. Ah ! les promesses du maréchal, l'heureux marchandage de Laval !

Le malheur accable ma famille. Ma cousine Germaine Louis-Helbronner, quoique âgée et veuve de guerre, tombe dans le filet ainsi que deux de ses fils. Un troisième mourra sous la torture en héros de la Résistance sans qu'on ait su son nom. Les autres, ainsi que les Reinach, connaîtront les horreurs d'Auschwitz et n'en reviendront pas. Béatrice, ayant vu mourir ses enfants, s'éteindra elle-même quatre jours avant l'arrivée des Américains. Et la liste n'est pas close hélas !

Du coup, je suis à peine ému lorsque Ponsignon m'annonce que les Allemands se sont enfin rappelé mon existence et celle de mon appartement. Quand je dis les Allemands... Il s'en trouvait un seul, paraît-il, au nombre des justiciers qui ont sauvagement saccagé la maison. Les Français constituaient une majorité écrasante.

Ponsignon n'avait pu dérober que des objets d'un faible volume. Le reste y passe, de la bibliothèque aux rideaux, du linge à l'argenterie, des meubles aux casseroles. Ce qui ne plaît pas à ces messieurs, notamment les potiches chinoises et une collection de vases irisés, est cassé à coups de marteau. On va jusqu'à déchirer la plupart des livres brochés.

Au musée du Jeu de Paume, entrepôt du butin si glorieusement conquis, l'admirable Rose Valland veille sans défaillance et, à l'insu des Allemands, tient la liste des œuvres d'art volées. Elle me racontera un jour que Gœring en personne m'a fait l'honneur de s'arrêter à mon stand et de choisir quelques pièces.

Je me demande parfois aujourd'hui si mon mobilier a été victime d'un bombardement ou s'il orne un respectable foyer germanique. En effet, je ne récupérerai pratiquement rien : de tout ce que les miens avaient collectionné, il me reste une vingtaine de volumes en piteux état et, miraculeusement intacts, *une* assiette de la compagnie des Indes ainsi qu'un sucrier en sèvres rose marqué au chiffre de Louis XV. Les objets les plus fragiles résistent parfois mieux que des murs en béton.

Rentré à Paris, j'aurai la curiosité de savoir à la suite de quelles circonstances, après m'avoir dédaigné pendant deux ans, les Allemands et leurs chiens de chasse français s'étaient subitement occupés de moi. On sait qu'à son départ de la capitale, la Gestapo prit soin de laisser bien en vue les dénonciations françaises reçues pendant l'Occupation. Ma situation au Quai d'Orsay me permettra en 1945 de fouiller à la Préfecture parmi ces immondices. J'y dénicherai mon dossier et, malgré tant d'expériences, n'en croirai pas mes yeux. C'est une lettre anonyme *venue de Cannes* qui avait rafraîchi la mémoire des nazis en s'étonnant de leur négligence.

***

Profitant d'une tournée, le jeune violoncelliste Bernard Michelin, aujourd'hui professeur au Conservatoire, vient me voir pour me proposer de passer en Espagne avec Marcel Landowski et lui. Tous deux ont établi un plan d'évasion qui ne me paraît pas très au point. Je risquerais pourtant l'aventure si de nouveau je ne sentais en moi ce réflexe peut-être absurde, mais insurmontable, qui m'empêche de quitter la France.

Je me reprocherais aussi d'abandonner au pire moment ceux qui veillent sur les hors-la-loi. Cependant, je n'ai pas encore répondu nettement quand je suis de nouveau convoqué à Marseille. L'U.G.I.F. a maintenant passé sans équivoque à l'action clandestine. Il faut que nos différentes organisations s'entendent et adoptent une nouvelle ligne de conduite en utilisant le mieux possible les ressources de la zone italienne.

Marseille est truffé d'Allemands qui ont déjà procédé à de nombreuses rafles. Je n'y vais pas sans emporter mon ampoule de poison. J'ai du moins une bonne nouvelle à apprendre à mes collègues. Le providentiel Donati travaille à faire établir des certificats en blanc qui pourront être remplis par les Juifs dès qu'ils auront franchi le Var, ligne de démarcation entre les deux zones, et grâce auxquels la Gestapo devra les considérer comme ressortissants italiens.

Nos délibérations se prolongent sans incident fâcheux jusqu'au début de l'après-midi. Avant de reprendre mon train, je vais manger une espèce de salade aux tomates en compagnie de René Mayer. Je lui demande s'il m'approuve de rester ou s'il pense que mon devoir serait de rallier Alger à n'importe quel prix.

— C'est une question toute personnelle, me répond le futur président du Conseil. Quant à moi, en aucun cas je ne quitterai la France.

A en croire les rumeurs, c'est un émissaire de Laval qui le fera changer d'avis. Quoi qu'il en soit, un mois plus tard, René Mayer sera en Algérie, ministre du général Giraud. Quant à moi, j'aurai définitivement renoncé à m'expatrier. Tels sont les fils ténus auxquels tient notre destinée.

Ce destin cruellement farceur va s'amuser encore à mes dépens. Il fait nuit noire quand je gagne la gare de Marseille à peine éclairée en raison du black-out. Beaucoup, beaucoup trop de personnages en uniforme y circulent. En revanche il n'y a presque pas d'employés. Je cherche en aveugle le train de Nice. Ouf ! le voilà ! J'y monte précipitamment et stationne au milieu du couloir, toutes les places assises étant occupées. Je ne comprendrai jamais la rage qu'ont les gens à voyager en de pareilles circonstances.

Le haut-parleur gargouille des mots incompréhensibles, le coup de sifflet retentit, et, soudain, plusieurs soldats de la Wehrmacht surgissent, s'installent. Ils ne peuvent aller avec leurs armes en zone italienne ! Saisi d'une panique qui me donne l'agilité d'un acrobate, je dégringole du train une seconde avant qu'on ferme la portière. Il était temps ! Un écriteau fugitivement éclairé et que je n'avais pas vu m'apprend que je me trouvais dans le train de Paris. Je suis obligé de m'asseoir sur un banc en imaginant ce qui se serait passé à mon arrivée devant la ligne de démarcation où le contrôle reste aussi sévère que s'il existait encore une Z.N.O.

J'ai souvent traversé Marseille depuis ce jour mémorable. Je ne m'y suis jamais arrêté.

CHAPITRE XXVI

La politique de Vichy reste et restera une énigme. La perte de l'Empire et la destruction de la flotte enlèvent à Laval la moindre chance de réaliser son grand dessein. Il devrait donc se borner à limiter de son mieux les exactions allemandes, comme d'ailleurs il y réussit en ce qui concerne la déportation des travailleurs français.

Or sa Milice et nombre de ses fonctionnaires déploient un zèle stupéfiant à devancer les vœux des nazis.

Le préfet des Alpes-Maritimes réagit violemment à la véritable invasion juive dont le département a été souillé dès qu'ont été connues les dispositions des Italiens. Le 20 décembre 1942, il assigne tous les Juifs étrangers à résidence forcée soit dans la Drôme partagée entre Allemands et Italiens, soit dans l'Ardèche (zone allemande). Cela va condamner encore des milliers d'êtres à " la solution finale ". Quant aux Juifs français, toujours placés sous l'aile tutélaire de leur gouvernement, ils porteront l'étoile jaune.

C'est compter sans Donati qui se précipite chez son ami personnel, M. Calisse, consul général d'Italie. A la suite de quoi le consulat intime sur-le-champ aux Juifs l'ordre individuel de rester à Nice à la disposition de la Commission italienne d'armistice. Puis, pratiquement sous la dictée de Donati, M. Calisse envoie à Rome un long télégramme où il signale les mesures qui ont été arrêtées en dehors des autorités italiennes, souligne que l'Italie en portera néanmoins la responsabilité aux yeux du monde et que son prestige en souffrira durement.

Abreuvé de vexations par son ami Hitler et soucieux de ménager l'avenir à ce tournant de la guerre, Mussolini est apparemment ravi de saisir une occasion de montrer qu'il n'est pas un simple satellite. C'est lui-même, affirmera Donati, qui rédige la dépêche envoyée dès le 27 décembre à la Commission d'Armistice, au général Vercelli et au ministère italien de l'Intérieur. Le Duce interdit l'exécution des ordres du préfet. S'il le faut, on s'y opposera *manu militari*. " Nous estimons nécessaire de préciser qu'il n'est pas possible d'admettre que, dans la zone occupée par les troupes italiennes, les autorités françaises obligent les Juifs étrangers, Italiens compris, à se rendre dans des localités occupées par les troupes allemandes. Les mesures de protection à l'égard des Juifs étrangers et italiens doivent exclusivement être prises par nos organismes auxquels ont été communiqués les principes à suivre (1). "

Le 3 janvier 1943, la Commission italienne à Nice fait savoir que ces instructions ont été suivies. Plus question de déportation, plus question d'étoile jaune. " Ceci a été fait, précise le rapport de la Commission, non sans rencontrer une certaine résistance dictée encore une fois chez les Français par le désir de voir se confirmer leur souveraineté. "

La Commission manie l'euphémisme. La colère de Laval égale celle de Knochen qui envoie des doléances au siège central de la Gestapo à Berlin. On aura tout vu ! Le chef du gouvernement se plaint auprès des Allemands de ce que leurs alliés accordent aux Juifs étrangers des privilèges dont ne jouissent pas les Juifs français.

(1) Ministère italien des Affaires Étrangères, dépêche n° 34-R 12825.

Le préfet cherche des raisons à une attitude aussi saugrenue. Il écrit le 14 janvier 1943 :

" J'estime que les préoccupations qui animent les autorités italiennes ne sont pas exclusivement de nature à s'attirer des sympathies dans les milieux qui ont fait la prospérité de la Côte d'Azur, il faut y voir surtout l'affirmation d'une politique qui entend sur ce point se séparer de celle des Allemands. Le Comte Ciano (1) attache, paraît-il, au règlement de cette affaire l'intérêt le plus grand. "

Laval va protester en personne auprès de l'ambassade italienne à Paris, réclame des explications et, toujours fidèle à la méthode du marchandage, suggère que les Juifs étrangers soient transférés en Italie. La réponse qui sera envoyée peu après à Vichy ne correspondra guère à ses vœux. L'ambassade écrit en effet à son représentant : " Je vous prie de bien vouloir préciser au ministère français des Affaires Étrangères que la communication faite au préfet des Alpes-Maritimes signifie que, dans les territoires occupés par les troupes italiennes, l'autorité militaire italienne a, pour des raisons de sécurité militaire, toute autorité pour édicter les mesures de protection à adopter vis-à-vis des Juifs, mesures qui seront prises selon les principes que l'on croira appropriés. "

Ainsi ce remue-ménage aboutit à créer un règlement valable pour toute la zone italienne.

Donati pousse immédiatement son avantage. Un centre d'Accueil est ouvert à Nice, boulevard Dubouchage. Il délivrera des documents d'identité avec photos à ceux qui en feront la demande, et en communiquera la liste à la gendarmerie italienne. Celle-ci assignera aussitôt les intéressés à résidence surveillée. En zone italienne, bien entendu. Une foule de malheureux qui ont vécu jusque-là en se cachant sous le précaire bouclier de faux papiers vont se trouver à l'abri et en situation régulière.

(1) Sous l'influence du comte Vidau.

Au centre d'Accueil s'ajouteront un Comité des Juifs Immigrés dont la mission sera de prendre en charge les rescapés de la zone allemande, et une Commission Politique dirigée par M. Fink à laquelle sera donnée mission de traiter avec les autorités italiennes. Au moins quatre mille personnes éviteront de la sorte les camps de la mort.

Merveilleux Donati ! Je l'admire, je suis fier de le seconder, mais parfois son optimisme et son audace m'effraient. Est-ce qu'il ne va pas trop loin ?

Cependant la police française du département est au comble de la fureur. Puisque les Juifs étrangers lui échappent, elle poursuit farouchement les Français qui violent peu ou prou les lois raciales, si difficiles à respecter. Un jour je suis interpellé à la gare par un policier en civil qui, heureusement, a des lettres et, impressionné, renonce à tourmenter le secrétaire de Francis Carco.

Évidemment le boulevard Dubouchage est devenu une micro-Palestine. Profitant de l'aubaine, la police française organise une rafle devant le centre d'Accueil. Mal lui en prend. Les carabiniers italiens interviennent. Ils avertissent les fonctionnaires de Vichy que, s'ils veulent se livrer à ce petit jeu, il leur en cuira.

***

Nous savons bien que les Allemands ne vont pas se résigner et nous craignons à chaque instant de recevoir un choc en retour.

En effet, l'ambassadeur d'Allemagne effectue une démarche énergique auprès de Mussolini. Heureusement la bataille de Stalingrad approche de son terme. Le Duce ne cède pas. Il discute, ergote, ne fait en définitive qu'une concession à son grand allié. Un haut fonctionnaire de la police italienne sera envoyé à Nice. Il sera chargé de traiter la question juive en liaison avec la Gestapo.

Loin d'être affecté, Donati semble ravi. Il ne se

trompe pas. L'Inspecteur Général Lo Spinoso, ancien intendant de la police de Bari, qui vient en principe prêter main forte aux nazis, ignore tout, mais absolument tout, des problèmes raciaux en général et des Israélites en particulier. En sorte que, suivant le conseil amical que lui a donné le comte Vidau, son premier soin est d'aller se documenter auprès de... Donati.

Ensuite il rend visite à un capucin, le Père Marie-Benoît, qui plaide chaleureusement la cause des persécutés. Voulant posséder un dossier vraiment complet, Lo Spinoso demande au religieux de lui expliquer la différence fondamentale entre le Dieu des Juifs et le Dieu des Chrétiens.

— C'est le même, lui répond le Père.

Ainsi édifié, Lo Spinoso décide de ne pas rencontrer les agents de la Gestapo. Il n'aura de relations qu'avec le Comité des Juifs Immigrés dont le porte-parole sera l'indispensable Donati.

Bauer, chef de la Gestapo de Marseille, l'accable en vain de lettres exaspérées. Il enrage des réponses faussement naïves qu'il reçoit et prouve sa propre sottise en dénonçant à Berlin celle de l'Italien. Celui-ci ne lui a-t-il pas ingénument demandé si, s'appelant Bauer, il n'était pas Juif lui-même ?

Or, précisément, Eichmann vient d'avertir Knochen que, d'une façon ou d'une autre, les Juifs de France, quelle que soit leur nationalité, devront être déportés. Tâche d'autant moins facile que l'évolution de la guerre augmente singulièrement les réticences de Vichy.

Le 12 février 1943, Knochen envoie à son supérieur Muller, résidant à Berlin, un rapport copieux et assez extraordinaire. En voici quelques extraits (1) : « Le gouvernement français, sous la pression allemande, s'est déclaré disposé à arrêter les Juifs de nationalité non française y compris les apatrides et à les (faire) remettre par la police française à la police allemande aux fins de déportation dans le Reich... »

(1) Centre de Documentation Juive.

« Le gouvernement français, surtout le maréchal Pétain, s'oppose à toute tentative d'extension de ces mesures aux Juifs de nationalité française... »

« Même quand le Président Laval prétend que, personnellement, il est prêt à appliquer les mesures à tous les Juifs, cette affirmation ne paraît pas sérieuse car, au moment décisif, il se dérobe toujours... »

« On nous signale *du côté français* que l'influence juive a déjà fait naître dans l'esprit des soldats italiens des signes de décomposition pacifiste, créant même une tendance pro-américaine. »

« Le maréchal Pétain s'opposerait de la manière la plus catégorique à l'internement et à la déportation des Juifs français. Pétain menacerait même de démissionner... »

« Des Juifs français, arrêtés pour n'avoir pas porté l'étoile jaune (en ex-Z.O.) ou pour d'autres infractions, devaient être déportés. Bousquet (chef de la police française) déclara qu'on pouvait déporter ces Juifs, mais que la police française ne se prêterait pas à l'exécution de cette mesure. A notre réponse que celle-ci serait effectuée par les forces allemandes la police a répliqué en organisant une rafle et en arrêtant 1 300 Juifs étrangers (hors de la zone italienne). Ces Juifs furent remis à la police allemande avec l'indication de les déporter à la place des Juifs de nationalité française. *Il va sans dire que dans ce cas les deux catégories de Juifs vont être déportées.* »

Ainsi l'expérience n'a servi à rien. Laval croit toujours aux vertus du marchandage et présuppose la bonne foi des nazis. Il n'y a pas lieu de douter de son patriotisme. Mais, si les excès du patriotisme peuvent parfois provoquer l'admiration, il est des circonstances où ils laissent pantois.

Knochen conclut : « Laval lui-même approuvera les mesures contre les Juifs s'il obtient en contrepartie quelque promesse politique en faveur du peuple français. Laval a déclaré, lors d'un entretien du 12 février 1943, que, si les Américains avaient déjà promis aux Français toutes les anciennes colonies italiennes, la restitution de leurs colonies et, en Europe, la frontière du Rhin, l'Allemagne ne lui a fait aucune promesse pour l'après-guerre. Je pense que Laval digérera les mesures anti-juives s'il obtient une garantie politique sous quelque forme que ce soit. »

A Rome les protestations pleuvent, notamment celle de l'amiral Platon. Il s'agit du secrétaire d'État auprès du chef du gouvernement, un ultra de la collaboration qui a obtenu de l'amiral Esteva qu'il ouvre la Tunisie aux Allemands. Sa protestation est particulièrement mal reçue. Le ministère italien des Affaires Étrangères y répond en télégraphiant à son ambassade le 18 mars : « Les arrestations et internements de personnes juives sont exclusivement réservés à nos autorités militaires. »

Nous voilà tous, Français et étrangers, assurés de l'immunité.

Le général Vercelli interprète de la manière la plus large ces nouvelles instructions. Les Français, ayant créé une espèce de souricière devant la synagogue, le colonel Mario Bodo, commandant des carabiniers de Nice, ses adjoints, les capitaines Salvi et Tosti, reçoivent l'ordre formel d'arrêter les policiers qui s'en prendraient aux Juifs.

C'est trop beau. Donati jubile, mais je crains qu'il surestime la force de l'Italie. Que pèserait-elle devant la colère d'Hitler empêché d'accomplir sa mission suprême ?

Pour le moment le Führer se contente d'envoyer au Duce émissaire sur émissaire. L'ambassadeur von Mackensen obtient deux choses : les Juifs seront éloignés des côtes et les autorités italiennes se désintéresseront des Juifs entrés dans leur zone après le 26 mars. La première de ces mesures restera pratiquement lettre morte, la seconde est inapplicable. Comment prouver la date d'arrivée d'un voyageur entre Chambéry et Menton ?

Les refuges précaires que nous avions trouvés aux

rescapés de 1942 sont devenus de véritables centres avec des écoles et des organisations de reclassement professionnel. Il en existe à Barcelonnette, à Vence, à Saint-Martin-de-Vésubie, à Saint-Gervais, à Megève. Près de 25 000 Juifs vont bientôt se trouver en zone italienne.

Un tel rassemblement me cause de graves inquiétudes. Si la politique italienne basculait, si les Allemands opéraient une gigantesque razzia ? Nous aurions agi avec les meilleures intentions du monde comme le gouvernement de Vichy lorsqu'il mettait les réfugiés en résidence forcée.

Donati sourit de mes appréhensions :

— Pessimiste incorrigible ! Il se passe des choses que je ne puis vous révéler. Sachez seulement que vous aurez une belle surprise.

Tandis que nous discutons, von Ribbentrop est chez Mussolini. Il ne néglige aucun moyen de pression. Lorsqu'il sort du Palais de Venise il a gagné. Le Duce est prêt à abandonner les Juifs. Muller, qu'Himmler a dépêché à Rome, l'annonce triomphalement à Knochen. Ciano, ambassadeur au Vatican depuis le 5 février, essaie d'intervenir, mais il est pratiquement en disgrâce et sa voix ne rencontre guère d'écho.

Le comte Vidau est plus heureux. Il demande à Mussolini de ne donner ses ordres qu'après avoir lu un rapport complet sur les atrocités commises contre les Juifs de Pologne. L'Italie peut-elle se rendre complice d'actes semblables ? Le Duce lit. Horrifié, il se ravise et décide de laisser en paix ceux dont le sort dépend de lui (1).

Que cela demeure au crédit de sa mémoire.

(1) Déposition au Procès de Nuremberg de von Ribbentrop : recueillie par Edgar Faure.

CHAPITRE XXVII

Cannes a bien changé, si ce n'est son climat qui semble à présent railler l'angoisse de nos cœurs et les crampes de nos estomacs. Le couvre-feu interdit, après le coucher du soleil, des sorties qui seraient d'ailleurs dangereuses car souvent les patrouilles italiennes tirent au hasard sans raison apparente. En fait, nos occupants semblent craindre des surprises venant soit des Alliés, soit des Allemands.

Depuis leur arrivée, le rationnement a pris des proportions tragiques, le marché noir est à demi paralysé. On grelotte de plus en plus malgré le soleil, les dents s'abîment, les plaies se cicatrisent difficilement.

Le pâtissier Maiffret a obtenu l'autorisation de vendre, le vendredi et le samedi, des espèces de gros bonbons à la pâte d'amande. Chaque client n'a droit qu'à 100 g de cette inestimable sucrerie. La queue commence le vendredi à six heures du matin et tout le stock a disparu avant midi. On paye des sommes folles à quiconque accepte de se mettre dans la file et de rapporter les 100 g à son « employeur ».

Je m'en tire — mal — grâce à un Italien nommé Romano que j'avais connu quand je préparais le Festival et qui tient un petit restaurant. Selon le procédé courant, il me sert à prix d'or une mince tranche de viande dissimulée sous des tomates non assaisonnées.

A déjeuner seulement. Le soir il faut se contenter de choses innommables. Néanmoins je suis reconnaissant à Romano.

Revenant à Cannes en 1945, j'apprendrai qu'il est en prison. Son seul crime ayant consisté à laisser les Allemands festoyer chez lui, je le ferai libérer. Ses escalopes sans goût et ses rosbifs coriaces auront été bien placés.

A l'occasion d'une de ses visites, Ponsignon m'apporte un cadeau fabuleux, une chose à l'existence de laquelle je ne croyais même plus, un pot de confiture.

Je cache mon trésor en me promettant de le faire durer très longtemps : une, peut-être deux cuillerées quotidiennes. Bah ! l'animal que la faim réveille au fond de chaque être humain ne l'entend pas ainsi. Je mange le kilo de confiture d'un coup jusqu'à ce qu'il n'en reste pas la moindre parcelle. Et je ne me sens nullement écœuré.

Certaines personnes, ayant cessé de recevoir des fonds, connaissent une situation tragique. Ainsi la ravissante Chelita de Vilar, prisonnière de l'hôtel Martinez qui refuse de la laisser partir tant qu'elle n'aura pas réglé sa note, et ne lui sert pas la moindre tasse de thé si elle ne paye pas comptant.

La colonie décide d'accomplir un énorme effort pour la dépanner en ménageant sa fierté. Nous étant procurés — après quelles machinations ! — une certaine quantité de vivres, nous organisons chez elle une espèce de surprise-party où chacun apporte son panier. Il est bien entendu que nous ne toucherons pratiquement à rien et laisserons les provisions à notre amie. Quelle n'est pas notre horreur de voir André Germain, toujours amoureux de Chelita à laquelle il dédie des vers, se mettre à ravager le buffet improvisé ! Nous avons du mal à l'en arracher.

Cet André Germain, si souvent odieux, offre pourtant des ressources inépuisables d'anecdotes et d'esprit. Je continue à faire en sa compagnie de longues promenades pendant lesquelles il me raconte toujours des choses étonnantes.

Il prétend bien connaître certains dessous du nazisme avec lequel, en effet, il flirta beaucoup avant sa déconvenue. D'après lui, chaque grand chef du IIIe Reich possède sur ses collègues des documents mortels en sorte que ces fauves se tiennent mutuellement en respect. Il affirme avoir vu de ses yeux des lettres de Roehm, le chef des S.A. abattu pendant la Nuit des Longs Couteaux, qui ne songeait même pas à cacher ses " amitiés particulières ".

— Et savez-vous comment Roehm appelait Hitler lorsqu'il le mentionnait dans sa correspondance ? " La Mère Adolf ! "

Me voyant sceptique, il se fâche :

— Vous ne vous êtes sans doute jamais demandé pourquoi le général Otto von Lossow finit tranquillement ses jours à la campagne quand Hitler a exterminé tant de gens contre lesquels il avait de bien moindres rancunes ?

— Von Lossow ?

— Oui, le commandant de la Reichswehr en Bavière, qui brisa le putsch nazi du 9 novembre 1923 et jeta Hitler en prison. Il avait constitué un énorme dossier où abondaient les rapports du Bureau des Mœurs, concernant le futur maître du monde. Des doubles de ce rapport se trouvaient en lieu sûr à l'étranger. Dès le lendemain du putsch, von Lossow laissa entendre que ces pièces seraient publiées si quelque nazi exalté se livrait à un attentat contre lui ou contre un de ses officiers. C'est pourquoi il n'a jamais été sérieusement inquiété.

— Et quelles conclusions tirez-vous de cela ?

— Que depuis 1921 Hitler s'est en quelque sorte sacrifié à ce qu'il croit être sa mission. D'où sa férocité. D'où la persécution sauvage des nazis contre cette " Cinquième Internationale " à laquelle leur chef regrette peut-être de ne plus appartenir. Le comble est qu'il se plaît à y enrôler des gens qui en sont à mille lieues comme le malheureux général von Fritsch, assassiné et non tué devant Varsovie.

Que croire de tout cela ? Nous vivons en des temps où rien n'est impossible (1).

***

La Gestapo n'est pas si bien renseignée qu'on pourrait le supposer. C'est seulement le 6 avril 1943 qu'un télégramme de Knochen à Eichmann signale " qu'il existe en zone italienne un puissant groupe financier juif sous la direction de l'ancien directeur de la banque France-Italie, Donati, qui protège les Juifs ".

Knochen, Roethke, successeur de Dannecker, et leurs gens sont bien en peine au sujet de Lo Spinoso. Ils ont complètement perdu la trace de leur homologue italien " qui doit couler des jours paisibles sur la Côte d'Azur " et ne parviennent pas à établir une liaison. Enfin, le 26 mai, ils peuvent répliquer aux reproches de leurs supérieurs en télégraphiant : " Le ministère italien de l'Intérieur a créé un Commissariat aux Questions Juives à Nice sous la direction de Lo Spinoso qui a rang de général. "

Il leur faut bien vite déchanter : le collaborateur immédiat de Lo Spinoso est le Juif Donati ! Les Français n'ont pas lieu de se montrer plus satisfaits. Quand le Commissariat aux Questions Juives de Paris lui propose ses bons offices, Lo Spinoso déclare ignorer complètement l'existence de cet organisme dont nul ne lui a jamais parlé. Jouant comme il l'a fait avec Bauer, il demande à l'affreux Darquier de Pellepoix s'il est Juif.

Cependant la débâcle de l'Axe en Tunisie nous inspire autant de terreur que de joie. On entend dire couramment que l'armée italienne, très affaiblie, aban-

(1) Speer nie que Hitler ait eu des tendances à la pédérastie. En revanche le colonel Dollmann, qui vécut dans son entourage et fut son interprète officiel, affirme le contraire.

donnerait aux Allemands sa part de Provence. Cela provoque un exode vers la Savoie, compensé par de nouvelles vagues venues de la zone allemande.

Les gens ne savent où aller, ils ressemblent à des mouches prises sous un verre, la tension est intolérable. La jolie tenancière du bureau de tabac qui vend aussi des journaux et à laquelle nous donnons la préférence à cause de sa bonne grâce, est saisie de panique : une de ses clientes pique devant elle une crise de nerfs que rien ne laissait prévoir. La cause ? La photographie en couverture de *Signal*, le magazine franco-nazi, du " Soldat Allemand Partout Vainqueur ".

Au milieu de ce désarroi Monte-Carlo prospère. Les restrictions y sont ignorées et le casino bénéficie d'un véritable monopole, ceux de France ayant été fermés en novembre. Jamais les affaires n'auront été aussi bonnes depuis longtemps.

Un de mes amis, Robert Lang, qui habite la principauté me conseille fortement de m'y replier. Les Allemands n'occuperont jamais ce minuscule État. Je me laisse tenter, puisque cela ne m'empêcherait pas de seconder Donati. Mon ami demande aux autorités le permis de séjour indispensable.

On lui rit au nez. La Principauté ne veut pas s'encombrer d'indésirables tels que moi.

La rapidité avec laquelle les situations se retournent sera l'un des aspects les plus spectaculaires de cette période. Il ne se passera pas trois ans avant que " l'indésirable " soit chargé de représenter le Gouvernement à une grande manifestation d'amitié franco-monégasque, et que les officiels qui l'avaient repoussé l'étouffent sous les fleurs de rhétorique.

***

Donati, très ému contrairement à son habitude, me demande de venir le voir sans délai. J'accours. Les Allemands sont-ils aux portes ? Non, il s'agit d'autre chose. Deux hommes arrêtés l'année précédente à Nice, Honig et Haïm Salomon, ont réussi l'exploit extraordinaire de s'évader d'Auschwitz. A travers l'Allemagne, la Hollande, la Belgique, la France, ils sont arrivés jusqu'au centre du boulevard Dubouchage à Nice.

Honig, qui ne cache pas son identité, y décrit l'horreur d'Auschwitz et se heurte à l'incrédulité générale.

— Qu'en pensez-vous ? me demande Donati. Ses épreuves ont dû troubler la raison de ce malheureux. De pareilles atrocités, de pareils raffinements ne sont pas concevables en Occident, en plein XXᵉ siècle.

Je ne sais trop que répondre. Nous n'ignorons pas, et cela depuis l'avant-guerre, que les Allemands traitent les prisonniers des camps de concentration comme les peuplades primitives ne traitaient pas leurs esclaves. Voilà un an déjà qu'on parle de fours crématoires, ce qui, d'ailleurs, faute de preuves, est généralement nié. De là à concevoir cette réalité dont Honig affirme avoir été le témoin...

Nous apprendrons un jour par un rapport du Gauleiter Lohse à Rosenberg jusqu'où va la subtilité diabolique des nazis : ils ne redoutent guère que la propagande des Alliés fasse état, le cas échéant, du " traitement spécial " infligé aux Juifs car le public croirait à un artifice grossier. Ils voient juste. L'énorme majorité des Juifs refuse elle-même d'imaginer " la solution finale ". Quant à moi, alarmiste indécrottable, je cite en définitive à Donati le proverbe espagnol : " Le pire est toujours sûr. "

Honig se tirera du guêpier sans avoir pu convaincre le Comité. On réussira à le faire passer en Suisse.

Pour Haïm Salomon, les choses sont plus compliquées parce qu'il s'obstine, en brandissant de faux papiers, à jurer qu'il est un Tchèque catholique du nom de Yan Kovac. Du coup, la police française, ayant constaté que ses papiers étaient truqués, le jette en prison. O macabre ironie ! Si Salomon se reconnaissait juif, on serait obligé de le remettre aux autorités italiennes et il serait sauvé. Mais il s'y refuse farouchement. Le voilà condamné à six mois de prison, c'est-à-dire à retomber infailliblement aux mains de la Gestapo. Donati use de toute sa puissance, obtient qu'une patrouille italienne soit envoyée afin de le récupérer. Les soldats n'auront pas à intervenir, le juge, prévenu, ayant au dernier moment accordé le sursis (1).

***

La chaleur du mois de juillet 1943 est tropicale. Il n'y a cette année que de rares touristes dont la plupart sont inquiétants. Notre esprit reste fixé sur l'évolution du destin de l'Italie. Chaque matin, nous continuons à regarder le drapeau du Gallia pour nous persuader que les Allemands n'ont pas surgi pendant la nuit. Les Alliés entrent en Sicile, Rome subit son premier bombardement. Il est affreux que chaque victoire des nôtres en Méditerranée nous inspire des sentiments partagés, car l'écroulement de l'Italie risque d'être notre propre perte. Le nombre des réfugiés a presque doublé depuis le printemps en zone italienne. Ils sont environ 50 000 à présent. Donati, seul, garde une confiance imperturbable tout en déployant une activité parfois mystérieuse. Les proscrits, particulièrement les apatrides, voient en lui une sorte de démiurge. Lorsqu'il leur arrive d'avoir un enfant, ils l'appellent Angelo. Beaucoup de nos amis sont moins tranquilles, notamment le Père Marie-Benoît qu'effraye le véritable rassemblement opéré à Nice depuis les dernières semaines.

Là-dessus, la Gestapo enlève en pleine ville un homme célèbre, l'ancien rédacteur en chef du *Berliner Tageblatt*, Hugo Wolff. Donati en est bouleversé. Il faut obtenir que les réfugiés passent en Italie où 17 000 Juifs venant de Yougoslavie sont arrivés récemment et reçoivent un traitement humain. Le Père

(1) Cet épisode est raconté par Anny Latour : *La Résistance juive en France.*

Marie-Benoît et lui partent l'un et l'autre pour Rome. Tandis que Donati assiégera l'administration, le Père demandera au Vatican d'intervenir auprès de Mussolini. Le 16 juillet, le Pape lui accorde audience et l'écoute avec bienveillance. Les détails qu'il apprend sur le comportement de la police de Vichy le choquent. Pie XII remarque :

— On n'aurait pas cru cela de la France.

Le 22 juillet, le chef de la Gestapo de Marseille, Bauer, ayant appris ces démarches, télégraphie à ses chefs. Son rapport conclut : " Les Juifs continuent à tenir le haut du pavé dans les meilleurs hôtels et restaurants de la Côte d'Azur et de s'y conduire d'une manière provocante. Des officiers italiens s'affichent avec des Juives... Les évacuations (de la zone côtière) seraient peu importantes. Le nombre de refoulés doit être de 3 000. "

A cette date, les Romains, traumatisés par le bombardement, sont presque aussi désemparés que nous. Le jour, ils semblent figés dans une atmosphère de four, la nuit, ce ne sont que rendez-vous clandestins, machinations, manœuvres, complots et palabres. Une nation se sent prise au piège et cherche désespérément à s'en dégager. Le Roi Victor-Emmanuel et le comte Grandi ont leur idée là-dessus. Malheureusement ce n'est pas tout à fait la même et personne ne joue franc jeu.

L'Axe vient de se rompre à Feltre lors de la treizième rencontre entre Hitler et Mussolini. Le Führer a parlé deux heures d'affilée tandis que le Duce, à peu près silencieux, luttait contre ses douleurs d'estomac. Au cours de l'entretien — si on peut dire —, est arrivée la nouvelle du deuxième bombardement de Rome.

Mussolini rentre, très affecté. Il n'a pu obtenir des Allemands, ni qu'ils lui apportent une aide massive ni qu'ils lui rendent sa liberté. C'est le 22. Le Grand Conseil fasciste doit se réunir le 24. Mussolini semble avoir l'arrière-pensée de lui transférer sa propre responsabilité, celle de la continuation de la guerre. D'autres ont des projets bien différents.

Depuis l'invasion de la Sicile nous attendons un coup de tonnerre. Rien ne s'étant produit au bout d'une quinzaine, nous nous abandonnons à une apathie fataliste, épuisés par l'angoisse et l'implacable soleil. Et soudain éclate la bombe que nul ne prévoyait — sauf Donati. Mussolini est renversé, arrêté, le maréchal Badoglio nommé chef du gouvernement italien !

Je revois le dictateur, les poings sur les hanches, le menton pointé vers le ciel, jetant à une foule hystérique ses phrases d'imperator. Je le revois en son bureau du Palais de Venise après sa découverte de Corneille, s'identifiant au Vieil Horace. Sans être dupe de ses mises en scène, jamais je n'aurais pensé qu'il s'écroulerait si mollement.

Mais l'heure n'est pas à la philosophie. Quelles vont être les répercussions de l'événement ? " La guerre continue ", a proclamé Badoglio. Tout comme l'énorme majorité du peuple italien qui hurle sa joie, nous pensons qu'il s'agit d'une simple précaution vis-à-vis des Allemands. L'Italie va se libérer, précipiter peut-être la fin de la guerre. Les gens pondérés calment notre impatience en expliquant que le nouveau gouvernement doit agir avec prudence, desserrer les liens dans lesquels Hitler tient son partenaire du Pacte d'Acier.

Les gens pondérés ont tort, nous le saurons un jour. Il y a relativement peu de soldats allemands dans la péninsule. En outre ils sont déconcertés. Ceux qui se trouvent à Rome se mêlent à la foule qui déjà crie : " Viva la pace !"

Hitler a naturellement une crise de rage, " manifestation scandaleuse et fracassante de confusion d'esprit ", dira un de ses généraux. Il veut lâcher des parachutistes sur Rome, mais l'opération apparaît difficile et les maîtres du IIIe Reich ne savent quel parti prendre. Ils ne croient pas Badoglio qui assure von Mackensen de sa " collaboration complète " et sont persuadés qu'il va immédiatement appeler les Alliés. Les ressortissants allemands, étrangers à l'armée, se hâtent de quitter l'Italie.

Par malheur le coup d'État a totalement surpris Anglais et Américains. Ah ! si le roi avait écouté certains membres de son entourage et même de sa famille, s'il avait établi avec Londres et Washington des contacts secrets en profitant des facilités que lui offrait le Vatican ! Il s'y est toujours refusé et les conséquences de cette longue loyauté envers Mussolini apparaissent désastreuses.

Eisenhower, seul, a le bon réflexe pendant ces heures cruciales. Il voudrait sans retard lancer par la radio un appel au nouveau gouvernement, lui offrir une alliance contre les Allemands en échange des aérodromes et des principaux points stratégiques. Il l'aurait pu au temps où les généraux n'avaient pas le temps matériel de prendre les ordres des chefs d'État. Ce n'est pas le cas en 1943. La décision appartient à Roosevelt et à Churchill, qui n'ont pas prévu la conjoncture et ne sont pas d'accord entre eux. En attendant qu'ils choisissent une politique, leurs radios insultent Victor-Emmanuel et Badoglio, ce n'est évidemment pas un encouragement pour le maréchal (1).

Ce maréchal, le vainqueur peu glorieux de la guerre d'Éthiopie, Donati fonde depuis longtemps des espoirs sur lui. J'ai toujours essayé de tempérer son enthousiasme, étant donné ce qu'on en savait au Quai d'Orsay. Aucun homme n'a reçu du fascisme tant d'honneurs, de titres et de biens jusqu'au jour où les désastres de Grèce forcèrent Mussolini à le limoger. C'était un mauvais général, c'est un homme aussi cruel que les nazis. Il a fait avaler du béton liquide à ses prisonniers lors de la révolte de la Libye et employé l'ypérite contre les Éthiopiens. Sa réputation de fourberie est solide, si celles de son intelligence et de son courage laissent à désirer. Jadis Victor-Emmanuel a dissuadé Mussolini de le mettre à la tête de l'état-major. Que n'a-t-il gardé cette clairvoyance ! Il aurait mieux valu qu'il appelât Grandi comme ce dernier s'y attendait, au lieu

(1) Cf. Meltons S. Davis, *Qui défend Rome ?*

de le rejeter après s'en être servi. Grandi, auteur de la chute de Mussolini, aurait été obligé de réussir son coup sous peine de mort.

Au vrai, Badoglio est parfaitement incapable d'agir de la manière foudroyante qui serait décisive. Victor-Emmanuel, plus encore. Ni l'un ni l'autre ne comprennent qu'un homme est perdu s'il hésite sur la direction à suivre après avoir franchi le Rubicon ; une nation aussi. Leurs hésitations entre le 25 juillet et le 8 septembre vont mener leur pays au désastre, prolonger la guerre, causer des morts innombrables.

CHAPITRE XXVIII

Nous recevons des nouvelles de Donati qui n'a pas perdu son temps. Dès le début d'août, il s'est fait confier par Badoglio une mission auprès des puissantes organisations juives des pays anglo-saxons. Le nouveau gouvernement n'a aucune hostilité envers les Israélites, bien au contraire. Il a déjà préparé une loi qui abolit les mesures raciales, mais il doit attendre pour la publier que les circonstances s'y prêtent. En attendant il aidera de son mieux les persécutés.

Je me demande d'abord si Donati se sert de Badoglio ou si c'est Badoglio qui se sert de Donati. Puis je me reproche mon manque de foi en prenant connaissance de la suite. Avec la bénédiction des autorités italiennes le Père Marie-Benoît a clandestinement introduit Donati au Vatican. Notre infatigable défenseur y a rencontré Sir Osborne, ministre d'Angleterre, et M. Titmann, ministre des États-Unis. Des négociations dont Badoglio est tenu informé se déroulent actuellement.

Leur but ? Obtenir le passage en Afrique du Nord d'environ 30 000 Juifs. Le gouvernement américain s'est montré favorable à cette proposition qu'il a transmise au Comité Interallié des réfugiés à Londres. Le gouvernement anglais a donné son accord de principe. Justement un de ses vaisseaux se trouve à Gênes à la suite d'un échange de prisonniers. Ce bâtiment pourrait servir au transport d'un premier contingent. Chose peu croyable, une discussion s'engage sur le règlement des frais que la Navy entend laisser à la charge des réfugiés. Il y a aussi de l'antisémitisme en Angleterre.

Donati est convaincu que l'Italie se trouvera incessamment dans le camp des Alliés. Ainsi nous y serons nous-mêmes. Il y a de quoi donner le vertige.

Là-dessus, le préfet des Alpes-Maritimes est rappelé. Un résistant de la première heure, André Chaigneau, lui succède.

M. Chaigneau convoque aussitôt les représentants de la communauté et leur déclare qu'il désapprouve les lois raciales. Il donne ordre de mettre en règle tous les Juifs étrangers du département, qui sont à cet égard en posture délicate. De même seront mis en règle, dès leur sortie de prison, les Juifs arrêtés pour défaut de sauf-conduit, fausses cartes d'identité et autres délits de ce genre.

Vichy ne réagit pas. On commence à y douter sérieusement de la victoire allemande. La Gestapo, alarmée, signale à Berlin que " le danger juif sur la Côte d'Azur est très grand ".

Le 15 août, nous approchons du salut. Les Alliés et les Italiens consentent formellement au transfert en Afrique du Nord. Le gouvernement Badoglio mettra quatre-vingt-cinq camions à la disposition des réfugiés et leur fournira une escorte. Quant aux bateaux, Donati en a loué quatre. C'est le Joint Committee, principale organisation juive d'Amérique, qui assumera les frais. On établit un passeport spécial destiné aux émigrants. Il aura déjà été imprimé à cinq mille exemplaires lorsqu'il deviendra, hélas ! inutile.

Les Allemands, cependant, exigent d'étendre leur zone d'occupation. Celle des Italiens va se réduire à l'ancien comté de Nice. Le 23 août, à Rome, un Conseil interministériel dresse la liste des localités où devront se rendre les Juifs avant leur départ d'Europe. En hâte les réfugiés de Saint-Gervais, de Megève et d'ailleurs se précipitent vers la région niçoise. Les carabiniers italiens sous la direction du capitaine Salvi les protègent pendant leur voyage.

Pendant ce temps, le gouvernement italien s'est décidé à entamer des négociations secrètes en vue d'un armistice. Malheureusement il le fait d'une manière incohérente qui inspire fatalement une méfiance extrême aux Alliés. Le général Castellano, envoyé le premier, incognito, ne doit pas discuter de la reddition que veulent Roosevelt et Churchill, mais du passage de l'Italie d'une alliance à l'autre. Roosevelt en est choqué, y voyant le simple désir du roi et du maréchal de garder le pouvoir. D'ailleurs Anglais et Américains ne savent pas encore au juste quelles conditions ils vont dicter. Aussi les discussions s'éternisent.

A Rome, on s'inquiète bientôt du silence de Castellano. Badoglio, devinant que le roi, mécontent de lui, songe à le remplacer par Grandi, demande à ce dernier de se rendre immédiatement en Espagne. Sitôt débarrassé du " tombeur " de Mussolini, il dépêche aux Alliés le général Zanussi flanqué d'un général anglais prisonnier, Carton de Wiart. Aucun de ces hommes ne sait rien des missions des autres. Pour que la farce soit complète, Grandi et Zanussi voyageront dans le même avion entre Séville et Lisbonne.

Les Alliés y mettent du leur. Le texte contenant les clauses de l'armistice qu'ils communiquent à Castellano est différent de celui, beaucoup plus dur, qu'ils confieront à Zanussi. Quand les deux Italiens se rencontreront finalement en Sicile devant les représentants des Alliés, ils ignoreront encore à quel point les deux versions se ressemblent peu et, jusqu'au bout, régnera une confusion inouïe. On penserait à un vaudeville s'il ne s'agissait pas du sort de millions d'hommes.

***

Nous ne connaissons naturellement pas ces péripéties déplorables. Donati nous informe d'abord du départ de Grandi, ce qui nous remplit d'espoir, puis, le 4 septembre, son optimisme l'entraînant, il nous envoie très confidentiellement un véritable bulletin de victoire. L'armistice a été signé la veille, mais il ne sera pas publié avant le mois d'octobre. D'ici là, le gouvernement italien aura pu masser des divisions sûres autour de Rome et déloger les Allemands des aérodromes qu'ils occupent, les Juifs auront eu le temps de passer en Italie, certains même en Afrique. Sitôt l'armistice publié, les Italiens combattront les Allemands aux côtés des Alliés.

Donati précisera plus tard que Mario Badoglio, fils et chef de cabinet du maréchal, lui a fourni ces renseignements qui ne correspondaient pas à la réalité. La principale raison de cette effroyable erreur est que les négociations ne sont jamais sorties de l'équivoque (lorsqu'il a signé, Castellano ignorait encore l'ultimatum remis à Zanussi !). Les Alliés exigent le désarmement immédiat des Italiens alors que ceux-ci croient entrer dans leurs rangs. Le gouvernement Badoglio a joué un jeu si complexe qu'il s'est totalement empêtré. L'armistice signé, loin d'en tirer les conséquences, il reste inerte tandis que les Allemands se préparent simultanément à une attaque anglo-américaine et à une défection italienne.

Le ministre Rudolf Hahn va faire part à Badoglio des soupçons d'Hitler. Badoglio se récrie :

— Je suis l'un des trois plus vieux maréchaux d'Europe avec Mackensen et Pétain. Nous nous considérons comme les dépositaires de l'honneur militaire européen. Il est incompréhensible que le gouvernement du Reich puisse douter de ma parole.

Cela est publié. Il semble que les Allemands se soient laissé impressionner. Combien de temps va durer leur crédulité ? Je doute fort qu'elle se prolonge jusqu'en octobre et commence à craindre le pire sans abandonner l'espoir d'un miracle.

Quoi qu'il en soit, sitôt reçu le message de Donati, je m'installe à Nice où je prends contact avec ceux qui sont dans le secret, notamment avec Germaine Meyer, une femme admirable qui dirige le secrétariat de notre ami. Il faut hâter l'exode vers l'Italie. Nous demandons que les camions promis soient envoyés d'urgence.

Quatre jours s'écoulent au milieu d'une fausse quiétude qui me met les nerfs à vif. Nous apprenons que Donati va être reçu le 8 septembre au matin par le futur ministre de l'Intérieur, Bonomi, afin de convenir des dernières mesures à prendre et que, le jour même, il regagnera Nice. Les départs commenceront aussitôt.

Cela me rend quelque tranquillité. Nous sommes le 7. Ah ! si je savais que, cette nuit-là, le général Taylor et le colonel Gardiner quittent Palerme pour sommer Badoglio de proclamer l'armistice ! Le débarquement allié en Italie est en effet fixé au lendemain.

Mis au pied du mur, Badoglio se dérobe. A deux heures du matin, il télégraphie à Eisenhower qu'il est impossible d'envisager un armistice immédiat dont les conséquences seraient l'occupation de Rome et la mainmise des Allemands sur le gouvernement. Il se sent très soulagé jusqu'au début de l'après-midi. A ce moment lui parvient la réponse du généralissime :

“ Votre attitude me prouve que vous ne voulez pas appliquer les accords. J'ai décidé de proclamer l'armistice ce soir à 18 h 30. Faites de même. ”

— Nous sommes perdus, murmure le vieux maréchal.

***

Au matin de ce 8 septembre fatidique, je me sens précisément moins inquiet. J'espère accueillir en fin de soirée un Donati triomphant. Les choses semblent en effet se passer comme il l'avait annoncé.

Calme plat, journée magnifique. Je décide d'aller déjeuner chez mon ami Robert Lang à Monte-Carlo. Malgré la situation privilégiée de la principauté, je conseille à Robert d'envisager un petit voyage en Italie. Il rit de mon perpétuel défaitisme. Pour lui, la victoire est déjà une chose acquise. Pas question que les Allemands s'aventurent ici. Ils ont autre chose à faire. Combien je déplore de n'avoir pas cette faculté de voir la vie en rose !

C'est cependant avec confiance que je monte dans le car qui me ramènera à Nice en suivant la grande corniche. Je m'efforce de ne penser qu'à la splendeur du paysage. Le crépuscule descend. Toute la beauté du monde est là, répandue de la mer aux montagnes. Pourquoi la nature ne donne-t-elle pas aux hommes un peu de sa sérénité ?

Le car est pourvu d'un poste de radio. Le conducteur l'ouvre, voulant avoir les informations de sept heures. Et brusquement j'ai l'impression que les montagnes s'abattent sur moi. L'armistice a été annoncé par Eisenhower. Il entrera en vigueur aujourd'hui même à 18 h 45.

Sans exception les passagers du car manifestent leur joie. A considérer ma mine défaite, ils doivent me juger sévèrement. Lorsque j'arrive à Nice, la nouvelle court déjà. J'essaie vainement d'obtenir des informations. On n'a aucune nouvelle de Donati bien qu'il ait quitté Rome.

La nuit tombée, Nice est en fête. On dirait un 14 Juillet. Les femmes embrassent les soldats italiens, des accordéons jouent, des couples dansent en pleine rue.

Ah ! que je voudrais partager cette allégresse ! Hélas ! l'évidence est aveuglante et me terrorise. L'évacuation des réfugiés n'a même pas commencé, les camions tant espérés n'ont pas encore paru. Hitler ne va certainement pas hésiter pendant quarante-cinq jours comme Victor-Emmanuel et Badoglio qui, en ce moment, se préparent à fuir.

Il faudrait immédiatement s'échapper de ce refuge transformé en nasse, mais ceux auxquels je donne ce conseil le reçoivent fort mal. Est-ce qu'il n'y a pas ici une puissante armée italienne, une armée qui a changé de camp ? Je hausse les épaules. Une des grandes catastrophes de la guerre me paraît désormais inévitable.

CHAPITRE XXIX

Les Allemands n'ont pas l'indécision aboulique du gouvernement italien. Ils ont mis au point leur riposte depuis la chute de Mussolini. Tels les ogres des contes, ils se lèchent les babines à la pensée des Juifs qu'ils vont dévorer dans la zone de Nice. Naturellement ils le feront avec une méthode pointilleuse. Deux fonctionnaires S.S., Brunner et Bruckler, sont d'ores et déjà chargés de veiller à l'exécution. Le 4 septembre, Roethke a signé une note de service extrêmement détaillée. En voici des extraits :

« Objet : Préparatifs pour l'application des mesures anti-juives en zone d'occupation italienne.

« Si l'action envisagée doit avoir un résultat satisfaisant il faut qu'elle soit menée *sans exception*. Étant donné que la majeure partie des effectifs de police qui sont à notre disposition est incapable de distinguer si tel ou tel Juif — selon sa nationalité plus ou moins due au hasard — doit être compris dans les mesures anti-juives, il serait extrêmement fâcheux du point de vue de la propagande que les exceptions les plus variées soient faites à nouveau... et que l'on recherche si le Juif de nationalité française n'a été naturalisé qu'après le 10 août 1927. D'ailleurs il faut remarquer qu'en général le Juif riche et influent n'a pas acquis la nationalité française depuis 1927, mais que, la plupart du temps, il l'a déjà par sa naissance. Les Français, même ceux qui ne sont pas anti-juifs, ne comprendraient pas que nous n'internions pas en premier lieu les Juifs dangereux (à quoi sert donc la protection des Français par Vichy ?)...

" Les Juifs seront arrêtés avec les membres de leur famille. Ils pourront emporter les vêtements les plus indispensables...

" Lorsque la capture des Juifs sera achevée, ceux-ci seront transférés des camps provisoires par convois de 1 000 à 2 000 têtes au camp juif de Drancy où, après examen approfondi de leur nationalité, ils seront évacués aussitôt vers l'Est...

" Le nettoyage *complet* des Juifs de l'ancienne zone italienne est non seulement nécessaire dans l'intérêt du règlement définitif de la question juive en France, mais il répond aussi à de pressantes raisons de sécurité pour les troupes allemandes. C'est un argument qu'il y a lieu d'opposer également au gouvernement français si celui-ci s'avançait à prendre la défense des Juifs qui ont acquis la nationalité française avant 1927 ou, comme on peut s'y attendre, s'il intervenait pour tous les Juifs de nationalité française...

" *Il est nécessaire de nous adjoindre des Français anti-juifs pour dépister et dénoncer les juifs camouflés ou ceux qui se cachent. Proposition : 100 frs par Juif.*

" *On pourra rappeler au gouvernement français qu'il a précédemment exprimé à plusieurs reprises son regret que les autorités militaires et civiles italiennes aient pris de toute manière la défense des Juifs* (1). "

***

Le 9 septembre, je me lève tôt. Beaucoup moins tôt pourtant que les Allemands. Avant l'aube ils ont franchi le Var et ont eu l'agréable surprise d'intercepter,

(1) Archives du Sicherheitsdienst de Paris (Gestapo).

sur le pont même, cinq cars remplis de réfugiés israélites.

Les envahisseurs ne représentent pas, il s'en faut, la fleur de leur armée. Celle-ci combat à l'Est ou veille au pied du mur de l'Atlantique. Les Italiens sont supérieurs en nombre et disposent d'une puissante artillerie. Malheureusement, le général Vercelli ne semble pas avoir reçu d'ordres de Rome. Les Allemands, qui connaissent le code de leurs anciens alliés, s'en servent d'ailleurs pour envoyer des instructions imaginaires

Quoi qu'il en soit, c'est en ennemis résolus qu'ils surgissent et les Italiens ont les moyens de leur résister, voire de les repousser. Ils n'y songent pas. Avant l'arrivée des assaillants ils se sont, comme on l'écrira, dissous. Beaucoup de leurs officiers n'ont qu'une idée en tête : trouver des costumes civils grâce auxquels ils se confondront avec la population. La collaboratrice de Donati, Germaine Meyer, m'apprend que des Juifs reconnaissants organisent à leur intention une collecte de vêtements. Je n'estime pas à propos d'y participer.

La retraite des troupes affolées vers leur patrie est rendue très difficile du fait que les Allemands ont immédiatement pris sous leur contrôle le réseau ferroviaire italien. Quelques unités réussissent néanmoins à s'échapper, accompagnées d'un certain nombre de Juifs accrochés à leurs basques. Environ un millier de proscrits parviendront à gagner l'Italie du Nord et à s'y cacher.

Que va-t-il advenir de la masse ? Germaine Meyer me remet de faux papiers au nom de Serge Laurent. Jusque-là j'avais toujours refusé d'en avoir. Je doute d'ailleurs que ceux-ci me soient fort utiles.

En cette journée du 8, les Juifs ne sont pas encore traqués. Les Allemands sont trop occupés à donner la chasse aux Italiens. Ils en capturent des milliers sans qu'à ma connaissance, un seul coup de fusil ait été tiré contre eux. Ils promènent à travers la ville des camions pleins de prisonniers afin de les livrer au mépris des Niçois. Dans le même esprit, d'autres sont chargés de travailler à la voirie, de transporter des poubelles. Ainsi s'effondre la superbe fasciste. S'agit-il vraiment des hommes hurlant d'enthousiasme auxquels le Duce promettait un empire digne de celui de Rome ?

La direction de l'hôtel Atlantic, mon lieu de résidence, m'informe que le nouvel occupant a réquisitionné la maison et qu'il me faut déguerpir. Je m'exécute et vais camper à l'hôtel Splendid qui accueille encore des voyageurs — provisoirement. Impatient de m'éloigner, je ne sais absolument pas quelle direction prendre. Le piège tant redouté semble s'être refermé. En définitive, je téléphone à Cannes à Henri L., ce comédien resté sur la Côte par amour et avec lequel je me suis beaucoup lié. J'éprouve le besoin de trouver l'appui d'un homme qui ne soit pas un paria.

Comme beaucoup d'amis, bien à l'abri de la persécution, Henri ne voit pas tout le tragique de la situation. Il me dit de ne pas m'affoler. Il viendra me chercher le lendemain de bonne heure et me ramènera à Cannes. Ses futurs beaux-parents occupent un assez vaste appartement. Ils m'y offriront l'hospitalité en attendant que j'aie pu m'installer ailleurs. Si, en chemin, des Allemands demandent quelque chose, il se charge de leur parler.

Sa naïveté m'inquiète et me réconforte à la fois. Je vais donc l'attendre. Je rencontre de nouveau Germaine Meyer, cette fois dans un square isolé. Je ne m'habitue pas à jouer les malfaiteurs traqués, mais ce n'est pas de cela qu'il s'agit. Que pouvons-nous encore pour les malheureux qu'avec les meilleures intentions du monde nous avons poussés vers le traquenard, drame de conscience qui s'ajoute au drame collectif ? Rien hélas ! La foule des réfugiés arrivés depuis peu, parfois en convois organisés, est à peu près dépourvue de ressources et emplit les hôtels, les garnis. La Gestapo ne rencontrera aucune difficulté.

Certains sont déjà partis à pied, à l'aventure, entraînant femmes, enfants et vieillards, semant leurs bagages le long de la route. Ceux de Saint-Martin-de-Vésubie — une véritable colonie — ont entrepris de gagner l'Italie à travers les montagnes. Après deux jours d'une marche infernale, les S.S. les rattraperont au village de Valdieri. Quelques-uns auront la chance de passer à travers le filet et, démunis de tout, erreront interminablement de grotte en grotte, de grange vide en baraque abandonnée. Environ cinq cents autres seront pris à Valdieri et déportés.

J'ai trouvé le moyen d'attacher à mon cou un gros sachet dans lequel se trouvent mon ampoule de poison et une forte liasse de billets de banque qui représente à la fois mes disponibilités et les derniers fonds collectés. Je touche constamment l'ampoule, ma protectrice contre les tortures et le reste, grâce à laquelle je demeure à peu près serein. Puis je me dis que si je devais m'en servir il serait stupide d'abandonner aux bourreaux les fonds dont je suis porteur.

Donati m'a présenté, voilà quelques semaines, à un de ses amis, un Italien catholique qui dirige une banque à Nice, en me disant que, le cas échéant, je pourrais avoir pleine confiance en lui. Je cours à son bureau.

Le banquier comprend parfaitement mon problème. Il se charge bien volontiers de mettre mon argent en lieu sûr et de me le garder jusqu'à des temps meilleurs. C'est avec soulagement que je lui en remets la plus grande partie. Puis je vais m'enfermer à l'hôtel Splendid.

La clientèle, d'ailleurs peu nombreuse, ne semble nullement affectée par les événements. C'est encore le temps des vacances. Je vois des gens se diriger vers la mer, munis de leur attirail de plage. Est-il possible que deux univers aussi éloignés coexistent de cette façon ?

La nuit est venue, je me couche. Après s'être fait longtemps attendre, le sommeil me gagne enfin quand l'hôtel, perdant sa quiétude, retentit d'un bruit de bottes sur lequel il n'y a pas à se tromper. Les Allemands sont là. Je saisis ma précieuse ampoule, décidé à en avaler le contenu, dès qu'on frappera à ma porte.

Tapi sous les draps, toutes lumières éteintes, j'attends. C'est une situation qu'on ne peut vraiment se représenter sans l'avoir vécue.

Elle dure des heures. Pendant des heures les occupants vont et viennent, montent et descendent les étages, le bruit de bottes est si bien rythmé qu'il devient quasi musical. Je songe qu'un mauvais imitateur de Wagner serait capable d'avoir trouvé ce leitmotiv.

Et puis, soudain, c'est le silence. Un silence, si j'ose dire fracassant, tant il me saisit. Impossible ! Il ne va pas se prolonger. Eh bien ! si ! Les Allemands, s'étant partagé les chambres et ayant eu la bonne grâce de laisser les leurs aux clients, se sont endormis. J'ai la chance — je le saurai le lendemain — qu'il ne s'agisse pas de S.S., mais de soldats de la Wehrmacht qui n'ont pas à se mêler de la chasse aux Juifs.

A l'aube, complètement épuisé, le corps trempé de sueur, je m'endors d'un sommeil malsain. C'est alors que je subis la plus affreuse épreuve de cette affreuse nuit. Je rêve. Je rêve qu'on enfonce ma porte, qu'on s'empare de moi avant que j'aie pu absorber le poison. Et je me débats, je me débats sans parvenir à me réveiller.

***

J'ai annoncé mon départ à la direction grandement soulagée et, entouré des valises qui contiennent la totalité de mes possessions, j'attends Henri qui n'arrive pas. Je n'ose pas essayer de reprendre contact avec Germaine Meyer. Cependant les nouvelles filtrent. On se les chuchote prudemment. Les Allemands ont procédé à des arrestations à l'hôtel Negresco et en d'autres palaces. Il fallait s'y attendre, commente la *vox populi*. Les Juifs milliardaires (au moins) qui habitaient là, se livraient à d'innommables trafics.

Enfin, voici Henri, paisible, souriant. Il m'apporte mon courrier resté en souffrance à Cannes. J'y trouve, ô ironie ! un exemplaire de la revue *Confluences* qui publie, précédé d'un " chapeau " flatteur, un long article de moi sur le roman et l'histoire, signé bien entendu d'un nom d'emprunt. Curieuse sensation d'avoir un pied dans le monde des lettres, un autre au bord du gouffre concentrationnaire.

Henri n'a rien remarqué d'anormal. Il se moque un peu de mes angoisses. Qu'ai-je à craindre ? Je suis français et, en outre, muni de faux papiers. Nous allons déjeuner le mieux possible et partir tranquillement par le train de cinq heures. Soit !

Mon ami a beau s'être mis en frais pour me remonter le moral, une bouteille de vin sortie de sa cachette ne réussit pas à me distraire de mes préoccupations. Je pense à l'argent que je vais laisser à Nice et me dis que j'ai agi stupidement. Si je suis arrêté, qu'importe la perte de ma petite fortune ! Si je m'en tire, je ne parviendrai peut-être pas à la récupérer et elle me fera cruellement défaut. Non que je doute de l'honnêteté du banquier, mais la ville me sera longtemps inaccessible quand je l'aurai quittée.

La dernière bouchée avalée, je prie Henri de m'attendre et je me précipite chez l'ami de Donati auquel, en balbutiant terriblement, le rouge de la honte au front, je demande de me restituer mon dépôt. Il le prend assez mal, croyant à un manque de confiance. Je m'efforce en vain de le dissuader, quitte à avoir l'air d'une girouette. Dieu ! Quels moments pénibles !

L'Italien sort dignement, revient, me donne les liasses et me salue sans me serrer la main. En le quittant je suis très éprouvé. J'ai offensé cet étranger qui me venait en aide et je ne suis nullement sûr de n'avoir pas commis une énorme bévue.

Bien plus tard je découvrirai que mon ange gardien m'inspirait. C'est vers trois heures que j'étais sorti de la Banque. A la fin de la journée la Gestapo y entrait pour se saisir du financier antifasciste qui se tuait d'un coup de revolver. Si je lui avais laissé mon pécule, je me serais à court terme suicidé moi-même.

Revenu au Splendid, je me refais mon pendentif de

billets de banque et je regarde l'heure de minute en minute.

— Ne sois pas si nerveux, dit Henri, nous avons largement le temps. J'ai trouvé un commissionnaire (comme au XIXe siècle) qui transportera les valises à la gare.

Je sursaute. Il me revient brusquement à l'esprit que je dois rencontrer Adrien Perquel à trois heures et demie dans un café de la Promenade des Anglais. Le rendez-vous avait été pris il y a deux jours, avant l'annonce de l'armistice. Si Perquel ne me voit pas, il me croira aux mains de la Gestapo. Je ne le veux pas.

Sans écouter mon ami furieux, je me précipite vers la Promenade des Anglais. Elle est parallèle à l'avenue où se trouve le Splendid. Une petite rue qui commence en face de l'hôtel y mène directement. Je connais le chemin par cœur, mais mon ange gardien veille toujours. Comment expliquer autrement qu'au lieu de prendre cette rue familière, j'en dévale une autre, située à quelque distance et qui m'oblige à un détour ?

J'y rencontre un membre de notre comité d'assistance, le rabbin Bermann. Je lui tends la main en continuant à courir et je lui lance :

— Au revoir, je pars.

Sa poigne solide retient ma main, m'oblige à m'arrêter.

— Vous partez quand ? Pour où ?

— Pour Cannes, par le train de cinq heures.

— En ce cas vous n'allez pas à Cannes, vous allez en Pologne.

Lui aussi est extrêmement pressé. Il disparaît, me laissant pantois. Hélas ! je ne le reverrai pas plus que je ne reverrai Germaine Meyer.

Je rejoins Perquel à qui j'explique brièvement la situation et qui est aussi perplexe que moi. Apparemment il ne se passe rien d'insolite, la ville est calme, les Niçois vaquent à leurs affaires ou à leurs plaisirs.

Craignant que Henri, impatienté, ne m'abandonne, j'abrège les adieux et reprends, toujours courant, le chemin du Splendid.

— J'allais te planter là, me dit mon ami. Le commissionnaire attend.

Je lui raconte ce qui vient de se passer. Le rabbin Bermann a toujours été bien renseigné. Ne vais-je pas me jeter dans la gueule du loup ? Henri s'emporte contre mes fantasmes, mon indécision, les alarmistes qui propagent des nouvelles absurdes. Je m'incline.

Nous nous dirigeons vers la gare. Tout paraît normal aux abords, mais brusquement une intolérable angoisse me saisit. Nous passons à ce moment devant une vieille maison dont le quatrième étage s'orne d'une enseigne aimable : *Pension des Lauriers Roses.*

— Écoute, dis-je à Henri, il y a un autre train à six heures trente. Dépose les bagages à la consigne et observe le départ du train de cinq heures. Je t'attendrai dans cette pension où je vais louer une chambre. Si tu n'as rien vu d'inquiétant, nous prendrons le six heures trente.

Il est prêt à fulminer, puis ma mine blafarde l'apitoie.

— D'accord, grommelle-t-il, ah ! tu pourras te vanter !...

La *Pension des Lauriers Roses* est aussi calamiteuse que son aspect le laissait prévoir. Cela vaut beaucoup mieux que le luxe d'un palace. Le patron n'hésite pas un instant à me louer une chambre que j'abandonnerai peut-être au bout d'une heure. Il a l'air de comprendre la situation. C'est inespéré.

Serrant contre moi la valise qui contient les objets auxquels je tiens le plus, je prends possession d'une chambre meublée d'un lit, d'une table, d'une chaise de paille. Une espèce de guéridon supporte une cuvette, un pot à eau et une serviette douteuse qui tiennent lieu de cabinet de toilette. Un effroyable papier jaune à grandes fleurs rouges (fanées) décore les murs.

J'attends là, tantôt tournant en rond, tantôt me forçant à ne pas quitter l'horrible chaise. Le temps passe. Une éternité qui serait aussi un abîme.

Enfin Henri paraît. Il est livide, décomposé. Sans prononcer un mot il se laisse tomber sur le lit. Je ne l'ai jamais vu ainsi. Je l'interroge d'une voix étranglée :

— Alors c'était vrai ?

Il répond " oui " de la tête et demande s'il pourrait avoir un alcool quelconque. Nous obtenons un cognac qu'il avale d'un trait. Alors il raconte en s'interrompant constamment pour dire :

— Si je ne l'avais pas vu, je ne le croirais pas.

Le train de cinq heures a quitté normalement la gare. Il était archi-bondé, beaucoup de réfugiés ayant pensé pouvoir s'enfuir ainsi. Les Allemands ont eu l'astuce de les laisser embarquer tranquillement. C'est au bout de quelques minutes, quand le rassemblement de leurs victimes était achevé, qu'ils ont arrêté le train.

A peine ont-ils vérifié l'identité des voyageurs. De nombreux Aryens se sont trouvés mêlés au troupeau des Juifs matraqués, foulés aux pieds, frappés à coups de botte en pleine figure, quels que fussent leur sexe et leur âge, et finalement chargés comme du bétail sur des camions qu'on avait soigneusement dissimulés. Le rabbin Bermann ne s'était pas trompé. Ce jour-là plusieurs centaines de personnes sont parties non pour Cannes, mais pour les camps de l'Est, via Drancy.

Nous restons longtemps silencieux. Je suis prisonnier de Nice en attendant pis. Henri a su que les cars et les rares voitures particulières à gazogène subissaient le même contrôle que la gare. Je vais donc rester jusqu'à nouvel ordre aux *Lauriers Roses*. Henri est pressé de rentrer à Cannes afin de rassurer sa fiancée. Il accepte d'emporter et de garder mes bagages que je ne puis caser en mon galetas. Nous nous embrassons. Il me souhaite bonne chance. Il prendra de mes nouvelles.

Le soleil se couche, des couleurs violentes se disputent le ciel. Encore une journée radieuse ! De la rue monte un bruit de cris et de rires d'enfants.

CHAPITRE XXX

Le lendemain, d'autres proscrits cherchent un asile aux *Lauriers Roses* dont la façade discrète et minable leur donne un vague espoir. En nous rançonnant quelque peu le patron continue à nous témoigner de bons sentiments. Je me garde de mettre le nez dehors, mais, par lui et par les misérables épaves échouées dans la pension, je me fais une idée assez nette de la Saint-Barthélemy qui se déroule à Nice. Je serai surpris après la guerre de constater combien peu de gens, mis à part les intéressés, en auront connaissance.

Les S.S. placés sous les ordres de Brunner sont des experts en la matière. Ils ont déjà opéré en Hollande. La police française les aide en barrant les rues et en y exerçant une garde vigilante. On ne la juge pas assez sûre pour remplir une autre mission, celle-ci ayant d'ailleurs une grande importance.

Ainsi couverts, les S.S. envahissent les hôtels, mitraillette au poing, les fouillent en hurlant et arrêtent avec une brutalité sauvage tous ceux qu'ils soupçonnent d'être juifs.

Au siège de la Gestapo, on ne regarde guère les papiers d'identité, les Allemands sachant combien il y en a de faux. C'est à un autre genre de vérification qu'ils se livrent. Les prisonniers doivent baisser leur pantalon. On les classe en Juifs et en Aryens selon qu'ils sont ou non circoncis. Cela permettra aux fils de certains

Israélites agnostiques d'être relâchés. En revanche bon nombre de musulmans et de catholiques, ayant subi l'opération par hygiène, iront mourir à Auschwitz.

Les choses sont plus délicates en ce qui concerne les femmes. Les bourreaux décident vraiment au petit bonheur. Une infirmière catholique sera déportée uniquement parce qu'elle se prénomme Esther.

Des petites voitures de touristes sillonnent les rues. Elles contiennent les " physionomistes " de la Gestapo. Malheur à ceux dont le nez et les lèvres sont trop accusés ! Une de ces voitures croise un enterrement. Une bonne âme crie que le défunt était juif. Tous ceux qui suivent le convoi sont aussitôt emmenés.

Le chef de la section doriotiste, antisémite enragé, subit le même sort, sa barbe ayant l'air d'être celle d'un rabbin. Comme il se débat, les Allemands le foulent aux pieds et lui donnent des coups de crosse. Je me demande ce que vont devenir ses convictions.

Des Français collaborateurs rougissent bientôt... de ne point participer à l'opération. Miliciens et doriotistes prêtent main forte aux Allemands. Les indicateurs reçoivent une prime considérable, 5 000 francs pour chaque Juif arrêté. Aussi vont-ils se multiplier.

Les S.S. forcent les portes des maisons qui leur sont signalées et, sans rien vérifier, crient aux occupants :

— Papiers faux ! Vous Juifs !

Quiconque résiste est férocement battu. Quiconque essaie de fuir est tué à coups de mitraillette. On saisit des vieillards, des malades, des infirmes, deux femmes aveugles et combien d'autres qui sont enceintes ! Les S.S. s'amusent, s'acharnent dans les cliniques, les asiles et les maternités. On arrête des malheureuses sur le point d'accoucher. Les églises mêmes sont fouillées. La vieille mère d'un curé supposé juif est cruellement maltraitée.

Peu importe que l'U.G.I.F. soit un organisme officiel ! Ses bureaux destinés à verser des allocations aux indigents sont transformés en souricières. Quand il ne vient plus personne, on arrête les fonctionnaires.

Pas la moindre discrimination entre les Français et les autres. Au contraire. La Gestapo se déchaîne particulièrement contre ceux dont Laval affirmait qu'il les avait sauvés. Il l'affirmera encore, d'ailleurs.

Quelques avocats, quelques médecins anciens combattants avaient reçu l'autorisation de poursuivre l'exercice de leur profession. Ils constituent des prises de choix et sont soumis aux pires sévices.

Nice retentit de cris, de gémissements, de coups de feu tandis que des gens se jettent par les fenêtres. Les Juifs ou supposés tels sont emmenés d'abord à la synagogue, puis à l'hôtel Excelsior transformé en prison. Nous voyons arriver un homme hagard qui a réussi à s'en évader. Il est devenu à moitié fou après avoir entendu toute une nuit les plaintes des captifs torturés. Les S.S. emploient des procédés d'un sadisme inouï lorsqu'ils veulent faire dire à l'une de leurs victimes l'endroit où ils pourraient trouver sa famille.

Ils prennent plaisir à tourmenter et souvent tuer les enfants. Un gamin périt, simplement parce qu'il observait un café soumis à la perquisition. On écrase contre les murs les crânes de nombreux bébés. Certains bourreaux sont plus raffinés : ils font des piqûres mortelles aux enfants juifs que des chrétiens avaient recueillis. Au moins quarante innocents sont éliminés de cette manière.

Roethke, comme le prouve sa circulaire, s'attendait à une intervention de Vichy en faveur des Français. Il n'aura pas la peine de lui opposer les arguments qu'il avait préparés. Ni Pétain ni Laval ne souffleront mot.

Raymond Raoul Lambert, directeur de l'U.G.I.F., ira cependant protester auprès du chef du gouvernement. Il se trouvera dans l'entourage du Président quelqu'un pour en avertir les Allemands. Raymond Raoul Lambert et sa famille seront aussitôt déportés.

La grande rafle va se poursuivre pendant cinq mois. Régulièrement la population verra défiler une procession lamentable vers les wagons à bestiaux et les fours crématoires. Qu'un spectateur quelconque ait l'imprudence de pousser une exclamation, il est immédiatement ajouté au lot.

Il faut souligner à l'honneur des Niçois que la majorité d'entre eux, rachetant l'ignominie des Miliciens et autres collaborateurs, s'emploiera bientôt à cacher les Juifs. Les milieux catholiques protégeront de leur mieux les enfants. La Gestapo perdra ainsi un abondant butin. Néanmoins le bilan — forcément approximatif — sera terrible : des centaines de morts et de blessés graves, environ cinq mille déportés dont bien peu reviendront. Parmi eux le prince Louis de Bourbon-Parme et sa femme, coupable d'être la fille du Roi Victor-Emmanuel.

A la même époque, des scènes d'horreur analogues se dérouleront en Italie. On massacrera ou on déportera pêle-mêle, Juifs, antifascistes, officiers et soldats qui auront tenté de résister à l'invasion germanique. Une autre fille du roi, la princesse Mafalda de Hesse, mourra en camp de concentration.

Tel sera le prix des tergiversations de Badoglio et de l'intransigeance de Roosevelt. Les Allemands y auront gagné un matériel immense (environ 29 000 tonnes de munitions, douze millions de litres de carburant sans parler des armes) et la possibilité de remporter leur première victoire depuis un an. Mais, à la fin, les grands bénéficiaires de cette tragédie non dépourvue d'aspects burlesques seront... les Russes. Le général Bedell-Smith, chef d'état-major d'Eisenhower, admettra en 1946 que “ tout le plan anglo-américain en Italie était une erreur ”. L'interminable et sanglante campagne que ce plan va provoquer empêchera l'invasion des Balkans que réclamait Churchill et livrera l'Europe de l'Est à Staline.

***

Les Allemands ont trop de méthode pour oublier le moindre garni. Ils viendront donc aux *Lauriers Roses*, c'est l'évidence. Peu à peu j'admets cette fatalité qui, curieusement, m'apporte un grand calme. Ah ! si mes voisins ne me dérangeaient pas la nuit ! Ce sont des Autrichiens qui se sont échappés au dernier moment, lui en manches de chemise, elle en robe de plage, emportant une seule valise qui, à en croire le patron, doit être pleine d'or. Ils sont reclus comme moi avec leur trésor dans une chambre misérable et attendent de subir leur destin. La nuit, la femme pleure, gémit. C'est une dure épreuve.

Pendant la journée je n'ai plus qu'une crainte : celle de ne pouvoir avaler assez vite le poison. Je me rassure en songeant au vacarme qu'*ils* aiment déchaîner. Au premier hurlement...

La rue où se trouve la pension est restée parfaitement calme. De ma fenêtre j'observe, presque détaché, la vie quotidienne, cette vie qui fut ma vie pendant près de quarante ans et dont je suis retranché.

J'écris des lettres. Depuis l'occupation de la Z.N.O. le courrier fonctionne normalement, sauf en zone interdite, et le patron le poste très obligeamment. Je fais mes adieux à un certain nombre d'amis en me gardant de rien dramatiser. J'envoie à mon notaire un codicille, ajouté au testament que j'ai déposé chez lui avant mon départ de Paris. C'est un peu ridicule puisque je ne possède pratiquement rien, mais lorsque les temps auront changé...

Cette étrange situation dure trois jours. Je n'ai à lire que le numéro de *Confluences*. Alors j'appelle ma mémoire à la rescousse, je feuillette en pensée les Belles Images de jadis.

Les Belles Images... ces albums illustrés que je trouvais au réveil le 25 décembre et qui, je crois, me donnèrent le goût prématuré de l'Histoire. Goût si prononcé qu'à dix ans je lisais déjà le *Mémorial de Sainte-Hélène*.

J'étais aussi innocent que pouvait l'être un enfant de cette époque élevé par une grand-mère puritaine. Davantage peut-être. Quoi qu'il en soit, c'est le récit de l'accouchement de Marie-Louise qui m'inspira mes premières réflexions sur la différence des sexes. J'allai consulter ma grand-mère qui n'hésita pas une seconde :

— Que tu es bête ! me dit-elle. Évidemment il y a une différence entre les hommes et les femmes. Tu n'as jamais regardé leurs cheveux ?

Je dus me contenter de cela.

De mon enfance je passe à d'autres souvenirs, j'évoque pêle-mêle les plages où nous flirtions, fiers de nos pantalons blancs et de nos chemises à col ouvert si inconvenantes aux yeux des vieilles personnes, les bals, tous ces bals où le Charleston apportait une révolution, Anna Pavlova dans *la Mort du Cygne* (ce fut une de ses dernières apparitions), les plumes et les paillettes du Casino de Paris, les fêtes toujours surprenantes d'Étienne de Beaumont, les lumières de Pigalle et ses boîtes qui savaient rendre le plaisir gai, à l'inverse de ce qu'on devait connaître plus tard, Cocteau et sa bande, Briand et Toscanini, Marthe Bibesco et les Dolly Sisters, les gondoliers chantant sur le Grand Canal, les bureaux des ministères et les palais romains, les souverains en visite et les voyous de la rue de Lappe. Un rescapé de l'Atlantide aurait pu rêver ainsi.

***

Peu à peu, ma résignation cède à l'impatience. En me couchant le 13 septembre j'ai presque hâte qu'*ils* arrivent, que cela finisse.

De très bonne heure, le lendemain, je suis réveillé en sursaut. On frappe à ma porte. Non ce n'est pas la Gestapo, c'est la voix de Henri. J'ouvre. L'excellent garçon ne m'a pas " laissé tomber ". Il me tient un discours cartésien :

— Si tu moisis aux *Lauriers Roses*, tu es foutu quoi qu'il arrive. Je suis venu en car et il n'y a pas eu de contrôle. Rentrons à Cannes de la même façon. Que tu sois pris dans le car ou ici, il n'y a pas de différence, mais dans le car tu as une chance.

Il parle d'or. N'importe quoi plutôt que cette attente !

Je range mes affaires, je m'habille, je mets un chapeau et une écharpe afin de dissimuler mon visage, précaution parfaitement stupide car, à Nice, en pleine canicule, il y a là de quoi attirer l'attention.

Je paye ma note, remercie le patron et nous voilà en route. Je connaîtrai décidément toutes les angoisses du criminel recherché. Par bonheur nous ne rencontrons ni patrouilles ni voitures de physionomistes. Hélas ! il faut faire longuement la queue entre deux chaînes avant d'accéder au car. Cette station interminable sous un soleil de feu, alors que le moindre regard d'un passant peut m'être fatal, me laissera un des souvenirs les plus atroces de ma vie.

Il faut croire que bourreaux et délateurs sont occupés en d'autres quartiers car rien ne se produit. Enfin la porte du car s'ouvre devant nous. Nous nous plaçons bien au fond, Henri presque assis sur moi, ce qui ne surprend personne étant donné l'entassement. Je lui ai confié mon argent. Les S.S. ne l'auront pas.

Comment décrire mon état d'esprit pendant la demi-heure que le car met encore à s'ébranler, mes sueurs tantôt brûlantes, tantôt glacées à chaque raté de son moteur poussif ?

Nous approchons de Saint-Laurent-du-Var où les Allemands guettent les véhicules. Des voyageurs montent, parviennent à se coller au magma humain. Ils avaient pris le car précédent qui a été passé au peigne fin. Naturellement la voiture contenait de nombreux Juifs. Les Allemands s'en sont servis pour les emmener en prison, laissant les bons Aryens au bord de la route.

Mon destin va être scellé. Je souffle à Henri :

— Il y a vingt-cinq mille francs qui ne m'appartiennent pas. Il faudra que tu les remettes au Comité d'assistance.

J'aperçois le panneau : Saint-Laurent-du-Var. Et je réalise, horrifié, que nous sommes compressés au point de ne pouvoir faire un mouvement. Il me sera impossible d'avaler le poison. Eh bien ! à-Dieu-vat !

Je ferme les yeux, j'attends, surpris au bout d'un moment que le car poursuive sa route.

— Eh ! tu dors ? me demande Henri, goguenard. Si tu voulais descendre à Saint-Laurent-du-Var, c'est loupé.

J'ouvre les yeux, je murmure :

— Il n'y a pas eu... d'arrêt.

— Eh ! non, nous sommes complets et tu n'as pas dit que tu voulais descendre.

Il rit, mais lui aussi ruisselle. Nous nous regardons comme si nous nous embrassions.

Les S.S. ont-ils été négligents ? Avaient-ils besoin de se délasser ? Une heure après, le car suivant subira leur curiosité meurtrière. Dois-je invoquer Dieu, le hasard, la chance ? Contre toute vraisemblance, j'ai évité ces camps de la mort où disparaîtront tant des miens.

Plus tard je passerai des dizaines de fois par Saint-Laurent-du-Var. J'éprouverai immanquablement en voyant le panneau la sensation très rare du mort ressuscité.

CHAPITRE XXXI

Le futur beau-père de Henri a sagement disparu. Son épouse, Martha, est une femme encore belle, charmante, timide, tyrannisée par sa fille. Elle m'accueille avec une bonne grâce extrême. Elle a préparé à mon intention une chambre très confortable et enrichi ses menus autant que cela lui était possible.

Sa fille me réserve un accueil qui me met moins à l'aise. Aline n'a pas dix-neuf ans, mais son autorité pleine de caprices et la violence de ses passions pourraient être celles d'une femme très au-dessus de cet âge. Elle voue à Henri un amour terriblement jaloux et possessif. Aussi a-t-elle horreur de sa profession. Elle est bien résolue à l'enlever au théâtre et je lui apparais malheureusement comme un obstacle à son projet. Elle pense que, si je retrouve mon poste après la guerre, je pourrai favoriser la carrière de son fiancé d'une manière que le dissuaderait d'abandonner les planches. Aussi me regarde-t-elle d'un mauvais œil.

Cela ne m'empêche pas d'avoir en son esprit un prestige considérable car, très intelligente, elle possède une curiosité intellectuelle que sa famille ne nourrit guère et elle se montre toujours avide de m'écouter. Bref, je suis un ennemi qu'elle admire. Comme elle est changeante et contradictoire, c'est tantôt un de ces sentiments, tantôt l'autre qui domine.

Je m'efforce de la séduire et de la rassurer. J'y réussis

parfois. La tigresse devient alors une chatte affectueuse avant de ressortir brusquement ses redoutables griffes. Cette situation est pénible pour Henri. Je m'en voudrais de compliquer sa vie et, d'ailleurs, l'appartement d'un Israélite en fuite ne représente pas l'asile rêvé. Sans déployer autant de fureur qu'à Nice, la Gestapo commence à " ratisser " Cannes.

J'ai heureusement une mauvaise santé, ce qui m'a valu de trouver un autre ami sûr, le docteur Lochon. Je vais lui demander assistance. Lochon qui a un grand cœur se démène et, deux jours après, me propose une solution : il a réussi à ce que je sois admis dans un établissement moitié maison de retraite, moitié maison de santé, réservé aux grands vieillards, les *Cassiflores*, sur la route de Grasse. Il est peu probable que la Gestapo s'y intéresse.

Je me rappelle qu'elle aime tourmenter les personnes âgées et les malades. J'accepte néanmoins avec reconnaissance. Il est bien entendu qu'à part la directrice des *Cassiflores*, nul ne devra y soupçonner mon identité. Les faux papiers délivrés *in extremis* par la pauvre Germaine Meyer seront ma couverture.

Serge Laurent se présente donc aux *Cassiflores*, bâtiment agréable entouré d'un joli jardin. Je n'en sortirai pas souvent. La directrice me reçoit le mieux du monde, me montre une chambre, digne d'un roi si je pense à celle des *Lauriers Roses*. Tout semble s'arranger miraculeusement.

Il y a cependant un point que ma charitable hôtesse me précise en rougissant. Les *Cassiflores* s'interdisent rigoureusement le marché noir, les pensionnaires se limitent aux festins que permettent leurs cartes d'alimentation. Serge Laurent en a-t-il ? Hélas ! non. C'est bien dommage car il lui faudra dès lors recourir aux seuls produits dont la vente est libre, c'est-à-dire à quelques légumes du genre rutabaga et au raisin, car les vendanges, cette année, ont été exceptionnelles. Soit !

Sept heures. La cloche du dîner sonne comme dans

les romans du XIXe siècle. Je descends au salon où sont déjà rassemblés deux messieurs, au moins octogénaires, et une dizaine de douairières suprêmement convenables. La directrice, très protocolaire, va leur présenter Serge Laurent lorsque s'élève une magnifique voix de bronze, une voix qui fit vibrer des générations de spectateurs :

— Cher Philippe Erlanger ! Quelle surprise, quelle joie, mais quelle joie de vous retrouver !

La grande tragédienne Vera Sergine qui achève ici une existence mouvementée m'embrasse fougueusement et, sans laisser à la directrice la possibilité de placer un mot, entonne un hymne à ma louange. Du coup les autres paraissent sincèrement enchantés de me connaître.

Je fais un geste d'impuissance à l'intention de la directrice pétrifiée. L'excellente femme ne songe pas cependant, comme je le redoutais, à me prier de disparaître.

Tant pis, Serge Laurent n'habitera pas les *Cassiflores*. Philippe Erlanger, auquel on demandera bientôt de dédicacer des livres usagés, les honorera de sa présence si dangereusement compromettante.

***

Les Alliés ont manqué leur coup en Italie, la libération que nous croyions imminente redevient une perspective lointaine. L'espérance est maintenant fondée sur les victoires russes. Tenir jusqu'à ce qu'elles portent leurs fruits, que les Anglo-Américains se décident à ouvrir un second front... cela semble purement chimérique quand nous vivons à portée de la main de l'ennemi.

J'essaie de m'organiser, de m'assigner un but. Mes bagages récupérés contiennent des documents que j'avais rassemblés à Paris avec l'intention d'écrire la biographie de Louis XIII, cette illustre victime de l'Histoire traditionnelle. Je l'avais commencée quelques mois auparavant, puis abandonnée sous la pression des circonstances. Je m'y remets non sans peine car je souffre de vertiges dûs au régime rutabaga-raisin. Je pèse 49 kilos et, sans souffrir positivement, j'ai constamment des malaises, des frissons en dépit de la chaleur.

Octobre arrive, superbe. Plus les choses vont mal, plus le temps est beau. Un jour, je fais une folie, je m'échappe des *Cassiflores* pour aller chez un coiffeur, ne pouvant supporter l'état de ma chevelure. Tout se passe bien. Henri qui vient me voir et auquel je conte mon exploit me tance vertement. Je suis inconscient ou quoi ? La boutique de mon coiffeur se trouve à cent mètres d'un hôtel réquisitionné par la Gestapo ! Est-ce que je désire vraiment partager le sort de Tristan Bernard ?

J'ai ainsi la douleur d'apprendre l'arrestation de cet homme merveilleux. J'apprends aussi que le compositeur Fernand Ochsé a spontanément crié qu'il était Juif à des S.S. venus chercher un de ses voisins. On ne lui demandait rien, mais il avait perdu la force de se terrer.

En arriverai-je là ? Probablement, me dit Henri. Sinon, quand la saison des raisins sera finie, je mourrai d'inanition. Martha et Aline se sont déjà réfugiées chez son père, en Gascogne. Il compte les y rejoindre et s'offre à m'amener moi-même en cette région dont les Allemands semblent se désintéresser. J'y serai infiniment moins exposé.

Il en a de bonnes ! Aller de Cannes à Auch serait pour moi un voyage autrement périlleux que celui de Marco Polo. N'importe ! Je m'accroche à l'idée. Comment faire ?

J'aurai eu à travers mes épreuves une chance quasi magique. Chaque fois, au moment décisif, j'aurai vu surgir un bon génie pareil à celui de la lampe d'Aladin. Ce sont les traits du docteur Lochon qu'il emprunte aujourd'hui. Cet incomparable ami agit de telle sorte qu'il obtient le droit de fréter une ambulance destinée à conduire dans le Gers un de ses clients mourant qui souhaite finir ses jours au pays natal. Comme pièces à conviction il a montré aux autorités des radios impressionnantes : celles d'un homme effectivement trépassé.

Possédant une maison située à mi-chemin du parcours, il m'accompagnera lui-même jusque-là, c'est-à-dire pendant le trajet le plus dangereux. Henri viendra également. Il ne me quittera pas avant Auch. Et ensuite ? Son père envers lequel il témoigne autant de crainte que d'affection acceptera sûrement de me recevoir. Enfin il l'espère.

Me voici donc, moi si peu aventureux, livré à une nouvelle aventure qui évoque irrésistiblement les romans d'Alexandre Dumas. Mes protecteurs règlent une mise en scène digne d'un opéra.

Le 11 octobre, à quatre heures du matin, ils viennent me chercher. Je suis en robe de chambre et en pantoufles comme il sied à un agonisant. Le coffre heureusement très vaste de l'ambulance reçoit mes valises. Je m'étends sur le petit lit, mes amis s'asseyent auprès de moi et la lourde machine (naturellement c'est encore un gazogène) se met en marche avec des peines qui me causent des palpitations.

Le soleil se lève quand nous sommes stoppés par des soldats allemands. C'est — Dieu soit loué ! — la Feldgendarmerie, non la Gestapo.

Un sous-officier dont la poitrine est ornée d'une large plaque de métal épluche les papiers, me regarde longuement. Je n'ai guère besoin de jouer la comédie : l'angoisse et la faim me donnent toutes les apparences du naturel. D'un signe de la main l'Allemand me sauve la vie à son tour. Je crois même qu'il m'a lancé un coup d'œil apitoyé.

A la vitesse de 40 km/heure, nous traversons plusieurs départements, aussi inquiets des sourdes plaintes du moteur que de l'apparition éventuelle d'un nouveau barrage. Non, il n'y en aura pas d'autre. Nous sortons de la zone dangereuse et, le soir, nous arrivons à la maison de Lochon qui hébergera généreusement Henri, le chauffeur et moi-même. Mme Lochon nous accueille, notre dîner est très mondain. J'ai pris l'habitude de passer sans transition du personnage d'homme traqué à celui de convive disert.

Départ le lendemain de grand matin, adieux émus à Lochon. Je ne pense pas le revoir. Quel soulagement j'éprouverais si une voyante m'annonçait qu'il serait encore mon médecin trente ans après ! Il n'y a pas de voyante et je me sens un peu plus perdu. Le génie tutélaire reviendra-t-il jamais ?

Nous ne rencontrons aucun obstacle avant Auch où il a été convenu que j'abandonnerai l'ambulance. La suite n'a pas été prévue. Je me trouve dans un pays que j'ignore totalement.

— Eh bien ! me dit Henri, te voilà hors d'affaire.

J'attends qu'il continue. Rien ne vient. Malgré son habitude du théâtre, mon ami n'arrive pas à dissimuler un combat intérieur dont je suis facilement le cours. Il voudrait m'amener chez son père, mais il a peur d'Aline qui continue à avoir peur de moi. Je dis simplement :

— Tu sais que je ne peux m'inscrire dans aucun hôtel, surtout avec tant de bagages. Mes faux papiers ne servent pas à grand-chose.

Réponse :

— Après déjeuner nous irons visiter la cathédrale. Elle est très belle.

Je me sens couler à pic.

Arrivée à Auch, dépôt des bagages à la consigne de la gare, départ de l'ambulance, déjeuner. Le menu du restaurant me paraît pantagruélique, comparé à l'ordinaire des Alpes-Maritimes, sans parler de l'ascèse des *Cassiflores*. Il m'est cependant impossible de lui faire honneur. Le café bu, Henri me conduit effectivement à la cathédrale. Il y tient, étant très fier de sa Gascogne. Même à présent je ne puis songer aux belles stalles du XVIe siècle sans éprouver au creux de la poitrine la sensation d'un froid mortel.

Nous sortons du majestueux édifice. L'inspiration divine a-t-elle visité mon ami ? Il me dit sans préambule :

— Mon père est d'accord. Tu viendras à la maison... pour un jour ou deux, le temps de te retourner. On tâchera de trouver une solution. Nous prendrons le car de six heures. Il ne faut pas que nous arrivions avant la nuit noire.

Je respire comme un noyé remonté à la surface. Puis je me rappelle à l'ordre. On ne m'accorde qu'un petit sursis.

Je vais chercher à la gare la valise, éternelle compagne de mes tribulations, que j'appelle la valise du Juif errant. A six heures, nous montons dans le car et prenons soin de nous installer très loin l'un de l'autre en évitant d'échanger le moindre regard.

Encore un voyage de cauchemar ! La nuit tombe, le car est à peine éclairé. Une foule anonyme m'écrase. Je ne me suis jamais senti aussi seul, aussi désarmé, aussi impuissant devant les caprices du sort qu'en roulant ainsi en pleines ténèbres, au propre comme au figuré.

Nous descendons à F. A bonne distance, craignant de le perdre à cause de l'obscurité, je suis Henri qui zigzague à travers des ruelles désertes. Je le rejoins à la porte d'une maison assez grande, autant que j'en puisse juger, une maison carrée, solide, trapue, un vrai symbole de la pérennité paysanne.

Henri a téléphoné d'Auch, on nous attend. Dès l'abord je me heurte au visage décomposé d'Aline qui cependant m'embrasse à pleine bouche. Étrange fille ! La bonne Martha est sincèrement heureuse de me revoir sain et sauf. Et puis voici mes hôtes : la Marie-Rose, belle-mère de Henri (son père s'est marié trois fois), vigoureuse femme de cinquante ans environ, au visage dur et fermé sur lequel je crois lire néanmoins une certaine sympathie.

Je ne m'attarde pas à l'observer, car le premier coup d'œil jeté à son mari m'a littéralement fasciné, en dépit de la description fervente que m'avait faite Henri.

Victor L., dans la lumière avare du vestibule, semble un être fantastique, une espèce de corsaire échappé des images d'Épinal. Héros de la guerre 14-18, il y a perdu un œil, une jambe, le bras droit et trois doigts de la main gauche. Il n'en donne pas moins une extraordinaire impression de santé, de force et de puissance : la puissance du " maître " telle qu'elle s'est perpétuée d'âge en âge au fond des campagnes.

Victor L. est fier : de ses exploits, de ses blessures, du bien qu'il a su amasser grâce à un labeur farouche, fier de son autorité. Cet orgueil illumine son œil unique, un œil d'un bleu splendide dont le regard peut passer en un moment de la bienveillance à la cruauté.

Je savais déjà qu'il s'agissait d'un homme des anciens âges, d'un despote intransigeant sur des principes qui furent pendant des siècles l'honneur d'une société patriarcale, étrangère aux compromissions citadines. Mais de trouver une sorte d'archétype de son personnage me cause un véritable saisissement. Je comprends aussitôt que mon sort va dépendre de lui.

Il se montre d'une courtoisie seigneuriale, se déclare heureux de m'accueillir sous son toit. Henri qui est subitement redevenu un enfant de dix ans me conduit à ma chambre. Une fort belle pièce, en vérité, suivie d'un cabinet de toilette qui a l'eau courante. Henri est tout glorieux de me le faire constater. A F., c'est le signe incontestable de la réussite. J'aperçois avec attendrissement un énorme édredon rouge qui évoque celui de Dissay.

Une demi-heure après nous sommes à table. Je crois rêver. Suis-je donc au pays de Cocagne ? Voilà des années que je ne m'étais trouvé à un tel banquet. Il y a une bonne soupe bien épaisse, du bœuf en daube, du poulet, du fromage, des crêpes flambées, du vin blanc, du vin rouge et, naturellement, à la fin du repas, circulera l'armagnac qui fait la renommée du pays.

Quel contraste entre le Sud-Est famineux et ce Sud-Ouest pléthorique ! Non seulement les Gascons ne connaissent pas les privations, mais craignant de les subir un jour, ils mettent les bouchées doubles de manière à se rattraper... d'avance.

J'ai faim. Je sens l'animal se déchaîner en moi et le civilisé doit se maîtriser terriblement pour ne pas avoir l'air d'un goinfre. Mes hôtes semblent d'ailleurs satisfaits de constater mon appétit, sauf Aline qui affecte de ne toucher à rien.

Dans ce Midi-là on est peu loquace et nous n'échangeons que de vagues banalités. Ma première fringale apaisée, j'observe et j'ai tout de suite une vue d'ensemble de la situation.

Manifestement, il n'y a aucune affinité entre Victor L. et Aline qui doit déjà détester son futur beau-père. Henri en souffre. Marie-Rose, c'est visible, ne l'aime pas et nourrit contre la jeune fille les plus mauvais sentiments. Seule Martha dédie à chacun sa douceur et son sourire. Quant à Victor, majestueux et lointain, il est impénétrable.

La veillée ne se prolonge pas, je gagne ma nouvelle chambre. Que va m'apporter le jour suivant ? Je n'ai même pas la force d'y penser. Comme à Dissay, le sommeil m'emporte loin de la réalité. Ah ! si je pouvais ne pas me réveiller !

***

Le lendemain, nous prenons en commun le petit déjeuner, puis Victor quitte la maison car il s'occupe encore lui-même de ses terres. Marie-Rose et Martha s'éclipsent à leur tour, je reste entre Henri et Aline, bien décidée à ne pas nous laisser en tête à tête. D'une voix embarrassée mon ami m'informe qu'il a discuté de mon cas avec son père, qu'ils ont une proposition à me faire. Un paysan dont la ferme se trouve en dehors de l'agglomération accepterait de m'offrir l'hospitalité moyennant une pension de 200 francs par jour. Je sursaute légèrement à l'énoncé du chiffre. Au Grand Hôtel de Cannes je payais 60 francs. Mais je n'ai pas le choix.

De plus en plus embarrassé sous le regard impérieux d'Aline, Henri me précise que je ne pourrai loger dans la maison du paysan en question. On m'installera un habitacle au milieu de sa grange dont je devrai sortir le moins possible. Riante perspective ! En voyant ma figure, Henri se détourne d'Aline et ajoute très vite qu'il s'agit seulement d'une idée en l'air, qu'on en reparlera. Rien ne presse. Et il me quitte précipitamment. Il doit, dit-il, rejoindre son père.

Aline, quant à elle, demeure et m'exprime fortement son indignation. Je feins de la croire. A mon tour je joue la comédie. Quel dommage que nous devions nous séparer ! C'est un plaisir si rare que celui de rencontrer une jeune fille aussi intelligente ! Et me voilà parti ! Je l'étourdis d'un flot de paroles. Je lui raconte des histoires d'Altesses et des histoires de stars, je lui cite les meilleurs mots de Cocteau et de Tristan Bernard, je lui conseille de bonnes lectures et lui dresse même une liste d'auteurs à découvrir.

Elle est subjuguée, je vois l'admiration l'emporter sur l'animosité. Elle me parle de Paris où elle voudrait tant avoir sa place un jour. Je réponds comme si j'y étais déjà rentré à la suite des Alliés. Bien sûr je lui présenterai des hommes politiques, des gens du monde, des gens de lettres, je lui apprendrai comment une femme parvient à régner dans les salons, à en avoir un elle-même. J'évite soigneusement d'évoquer le théâtre, ce monstre dont elle veut libérer son fiancé.

Je la vois toute bouleversée. Au point que j'ai un instant scrupule à bonimenter de la sorte devant une fille de dix-huit ans. Mais en a-t-elle à m'expédier au fond d'une grange ?

La journée se passe sans autres événements notables que les repas toujours dignes de l'ogre que je suis devenu. Car, curieusement, ma faim, si longtemps inassouvie, semble augmenter à mesure qu'elle a les moyens de se satisfaire.

Quand je vais me coucher, Henri et son père restent seuls. Je guette et entends le bruit d'une longue conversation coupée par les allées et venues de Henri qui, je suppose, va en référer à Aline. Quoi qu'il en soit, le lendemain, mon ami est rayonnant. Il me dit :

— J'ai convaincu mon père. Tu resteras ici autant que tu voudras. Naturellement personne ne doit se douter de ta présence. A cause des femmes, tu comprends. Tu ne sortiras, si tu y tiens, que tard dans la soirée quand les gens dorment. Tu es d'accord ?

Quelle question ! Je sais bien que ma vie ne sera pas facile au sein de cette famille divisée et qu'il me faudra constamment marcher sur une corde raide, mais qu'est-ce que cette acrobatie comparée aux épreuves d'un déporté !

Aline ne manque pas de me susurrer que le père Victor aurait été furieux de voir un autre empocher 200 francs par jour quand il pouvait le faire lui-même. Je ne veux pas le savoir. Je me sens plein de reconnaissance envers le vieil homme terrible. Ce n'est pas lui que je redoute. C'est la belle enfant changeante et dangereuse comme la mer.

CHAPITRE XXXII

Sept mois ! Je vais passer sept mois chez les L., ne sortant qu'à minuit pour faire une longue marche à travers les champs déserts, parfois au clair de lune, parfois sous des torrents de pluie. Cette confrontation quotidienne avec la nature que je connaissais si mal, cette solitude en pleine campagne me laisseront des impressions très fortes, les meilleures sans doute de mon exil en Gascogne.

Que n'ai-je le génie de Balzac, la plume de Mauriac afin de peindre un milieu dont je ne soupçonnais rien et le tumulte silencieux des passions qui s'y déchaînent secrètement, sauf aux rares moments où quelque éclat les trahit !

Je vis au centre d'une bataille feutrée et je me demande chaque jour si je n'en deviendrai pas la victime. Le conflit ne cesse de s'aggraver entre Victor et Aline qui n'hésite pas à tomber raide sur le sol si, pareille à une flèche empoisonnée, une remarque, une allusion échappe comme par mégarde au vieil homme impassible. Marie-Rose envenime les choses de son mieux. Martha voudrait prêcher la paix, mais ne l'ose. Elle craint sa fille et observe d'un air de plus en plus ému le malheureux Henri crucifié.

J'aimerais pouvoir réconforter mon ami, lui donner de bons conseils que d'ailleurs il n'écouterait pas. Il n'en est pas question. Aline lui a interdit de me parler hors de sa présence et si, d'aventure, nous nous trouvons seuls, le pauvre garçon prend littéralement la fuite.

En revanche, l'aimable fille recherche ma compagnie. Nous passons ensemble des après-midi entiers, Henri étant trop heureux d'aller travailler auprès de son père et Marie-Rose ayant ses occupations. Si Martha essaie de tirer l'aiguille auprès de nous, on la renvoie vite dans sa chambre.

Je ne sais jamais d'avance si Aline verra en moi un être providentiel, capable de la guider vers l'univers dont elle rêve, ou un ennemi à éliminer. Tantôt nous parlons, très détendus, des sujets qui l'enchantent, tantôt nous nous livrons à de véritables passes d'armes. Chez cette étrange créature je sens grandir à la fois l'affection et l'hostilité.

L'une et l'autre sont des menaces. Aline m'avoue un jour tranquillement qu'il lui vient, à l'occasion, la tentation de me dénoncer. Le lendemain elle me déclare que, tout compte fait, elle préférerait être ma femme que celle de Henri et me demande si après la guerre je serais disposé à l'épouser. Le plus curieux est que cette espèce de jeu à la roulette russe finit par créer entre nous des liens solides.

Les événements de notre existence sont les repas. Marie-Rose, cuisinière émérite, guette nos réactions. Seule Aline gâte parfois son plaisir à constater quel cœur nous mettons à bâfrer.

Nous bâfrons dans un silence presque complet. Les ressentiments contenus empoisonnent l'atmosphère. Je m'efforce d'échanger quelques propos avec Victor, Aline chuchote de temps en temps à l'oreille de son fiancé. A certains moments l'œil du père jette de leur côté un éclair bleu, presque insoutenable. Il en faudrait bien moins, en d'autres circonstances, pour me couper l'appétit, mais j'ai trois ans d'abstinence à rattraper.

A neuf heures du soir, les deux familles vont se coucher après avoir échangé des baisers rituels. Je reste seul et, soupirant d'aise, je me réfugie au cœur du XVIIe siècle. Jusqu'au moment de ma promenade, je vais vivre entre Louis XIII, Richelieu, les duellistes empanachés et les trop séduisantes conspiratrices. Je ne crois pas que j'aurais « tenu » sans leur aide. Louis XIII restera à jamais mon personnage de prédilection à cause de son âme complexe, de son stoïcisme mélancolique et de la diversion que je lui dois.

Oh ! certes, j'aimerais mieux en ce moment contribuer à faire l'Histoire que l'écrire. J'ai découvert que Victor, résistant convaincu, a transformé sa grange en dépôt d'armes. Je lui demande timidement si je ne pourrais participer à l'activité de ses compagnons. Non, cela ne lui convient pas. L'œil bleu me le signifie sans phrases inutiles. Je n'ose insister.

Je connaîtrai pourtant un résistant du Gers, le docteur A., grâce à une petite blessure que j'ai au pied et qui refuse de se cicatriser, à cause, paraît-il, du régime alimentaire de Cannes. Le docteur habitant la même rue, on m'autorise à me glisser nuitamment chez lui et à recevoir ses soins. C'est un homme charmant, cultivé, ravi de trouver un interlocuteur « valable ». Du coup je juge fréquemment que mon pansement doit être renouvelé. Cela me fournit des occasions de parler enfin librement.

A. me prie d'aider son fils à préparer le bachot. Bien volontiers. Victor s'étonne que mon écorchure mette des semaines à guérir. Il me méprise un peu d'être « douillet ». Il me méprise bien davantage quand je suis pris d'une rage de dents.

Un dentiste itinérant se rend à F. chaque semaine. Toute sa science consiste à pratiquer des extractions. Tant pis ! Qu'on m'arrache cette molaire maudite ! Le dentiste, très fier d'être à la pointe du progrès, me demande si je désire être insensibilisé. Oh ! oui, je le désire.

Cela me vaudra longtemps les sarcasmes du héros de Verdun. Se faire insensibiliser ! Qu'est-ce que je dirais si on devait m'enlever un bras et une jambe ? Je baisse la tête en rougissant. J'imagine que cet incident persuade Victor qu'il a eu raison et que, décidément, je ne suis pas digne d'appartenir à la Résistance locale.

Le frère de Henri se marie. A l'issue d'une longue délibération, on m'invite à prendre part au banquet. Je serai censé être un ami de passage. C'est un de mes souvenirs les plus vivaces. Dans la vaste cuisine, des parents, des voisins sont assis autour de la table que préside l'unijambiste dont un bandeau noir cache la moitié du visage. Jamais je n'ai assisté ni n'assisterai à de pareilles agapes. Nous mangeons et surtout nous buvons depuis deux heures de l'après-midi jusqu'à minuit.

Le vieil homme en perd sa gravité. Il parle d'abondance et les convives, assoiffés de contes épiques comme les auditeurs d'Homère, écoutent ses récits de la Grande Guerre, la vraie, celle où les soldats chargeaient à la baïonnette et se battaient au corps à corps au fond des tranchées, celle où l'on sacrifiait des centaines de vies pour prendre, perdre et reprendre une position.

Je suis grippé et je tousse. Je dois même avoir une forte fièvre. Victor déclare qu'il va me guérir d'un seul coup. Aux acclamations de l'assistance il m'oblige à boire le contenu d'une grande tasse à thé pleine d'armagnac, et de quel armagnac ! Après plusieurs heures d'autres libations l'effet est immédiat. Je sombre. Quand je me réveille, le matin du surlendemain, je me porte à merveille.

***

Triste automne, lugubre hiver ! Churchill a eu le tort d'annoncer que le débarquement aurait lieu avant la chute des feuilles. Il y a des gens amers qui les ramassent et les recollent aux arbres.

La maison est pourvue d'une radio puissante qui capte Londres facilement. Victor refusant de prendre à cet égard la moindre précaution, nous suivons assez bien les événements. J'entends que Darquier de Pellepoix voudrait ôter la nationalité française à tous les

Juifs, que l'ancien ami et protecteur de Pétain, le président du Consistoire, Jacques Helbronner, est déporté ainsi que sa femme, sa sœur, son beau-frère et la sœur de ce dernier, Mme Lazard Weiller, une de nos premières aviatrices. Le maréchal ne tentera aucune démarche en leur faveur.

La victoire approche à la vitesse d'un escargot. Pendant ce temps la guerre civile se déchaîne. Maurice Sarraut est assassiné. C'est à cause de sa fidélité envers lui et envers *la Dépêche de Toulouse* qu'Albert n'a pas quitté la France, ce que je déplorerai toujours. Quelque temps après, il sera d'ailleurs déporté.

Darnand, Déat entrent au gouvernement, la Milice engage une lutte féroce contre la Résistance, les arrestations, les exécutions, les déportations se succèdent à un rythme accéléré. Les Miliciens rivalisent avec les S.S. aux côtés desquels ils combattent les « terroristes », notamment en Haute-Savoie, aux Glières. Laval leur dit :

— Ce que j'aime chez vous, c'est la franchise de votre attitude. Je marche en total accord avec Darnand.

Darnand est également encouragé par le maréchal qui a pourtant essayé de se révolter en novembre 1943. Pétain lui dit :

— Vous agissez comme moi avec les mutins en 1917.

Je me pose maintenant, à peine modifiée, la même question que je me posais l'été dernier :

— Les Alliés arriveront-ils ici avant les Miliciens ?

Au printemps, alors que tout le monde commence à discuter de la date du débarquement, les hommes de Darnand se manifestent en notre région, jusqu'ici préservée.

Chez les L. on s'en soucie moins que des querelles familiales. Au conflit Victor-Aline s'est ajoutée une lutte ouverte entre Aline et Marie-Rose. La situation devient intenable. Henri se résout à partir pour Toulouse, emmenant sa fiancée et Martha.

Si les adieux de mon ami sont sobres, ceux d'Aline sont pathétiques. La jeune fille m'embrasse en pleurant, me fait promettre... Bien sûr nous nous reverrons après la guerre, je l'aiderai à conquérir Paris.

En attendant je suis empêtré en cet imbroglio auquel je suis étranger et qui me pose des problèmes supplémentaires. Victor me déclare généreusement que sa maison reste la mienne. Je suis bien forcé d'y demeurer, mais j'ai l'air de prendre parti entre le père et le fils. Cela m'est odieux. Les Miliciens me tirent d'embarras en faisant leur première descente à F. Heureusement ils ne s'intéressent pas à la maison de Victor. Peut-être n'en sera-t-il pas de même la prochaine fois. Les défenseurs de la civilisation occidentale ont annoncé leur retour.

Je ne veux pas tomber entre leurs mains, je ne veux surtout pas exposer Victor et sa femme à leurs exactions. Il me faut découvrir un autre asile. A première vue, c'est impossible dans un pays dont je ne connais, en dehors de F., qu'une route et des champs, un pays où je n'ai aucune relation.

Il devient urgent que le bon génie se manifeste. Esculape m'ayant déjà été propice, je songe soudain qu'il pourrait prendre la forme du docteur A. chez lequel je me faufile. J'explique mon cas. Le docteur le comprend parfaitement, il ne demande qu'à m'aider. Hélas ! il a beau se creuser la tête, il ne trouve pas. Sa maison ne me protégerait pas mieux que celle de Victor. Au bout d'une heure je prends congé. J'ai l'impression d'être arrivé au bout du voyage.

Le docteur semble encore plus désespéré que moi. Soudain, tandis qu'il me reconduit, son visage s'illumine. Il s'écrie :

— J'ai une idée !

Mon cœur bat la chamade. Nous revenons nous asseoir au salon décoré de toiles affreuses, orgueil de leur propriétaire.

— Voici, me dit mon nouveau protecteur, à quoi je viens de penser. Ne vous montez pas la tête, nous n'avons pas une chance sur dix de réussir, mais quand même...

J'essaie de dompter mon impatience, le docteur allume tranquillement sa pipe.

— J'ai parmi mes clients un original, comme on n'en fait plus, le comte de N. Il habite à douze kilomètres d'ici un château vraiment isolé de tout. Un beau château qui malheureusement tombe en ruine. Ce n'est pas que N. manque d'argent, il a épousé une riche héritière de très grande famille dont il a quatre enfants, mais à laquelle il reproche chaque jour une mésalliance de son grand-père. Il estime que cela lui donne le droit d'avoir des maîtresses et je ne sais combien de bâtards qui coûtent cher. La mentalité de Louis XIV, non, celle d'un seigneur du Moyen Age qui ne veut rien savoir de la Révolution française. Songez que son père n'avait pas lu un journal depuis la mort du comte de Chambord. Il suit cet exemple.

— Il doit être assez âgé.

— Détrompez-vous. Il a la quarantaine, à peine. Mentalement, comptez au moins quatre siècles. C'est d'ailleurs un homme agréable, gai, bon vivant, très soupe au lait. Quand il se met en colère, la maison tremble.

— Et ses opinions politiques ?

— Celles des légitimistes d'autrefois, je vous l'ai dit.

— Je doute qu'il ait une prédilection pour les Juifs.

— Je ne sais pas, nous n'en avons jamais parlé. En revanche nous avons souvent parlé d'Histoire. Un personnage de cette espèce baigne dans l'Histoire. Seul le passé compte. Voilà pourquoi j'ai pensé que vous pourriez lui plaire.

— Au point qu'il risque les pires ennuis en me recevant ?

— Qui sait ? Un chevalier — il se flatte d'en être un — méprise le danger. Au contraire, il l'aime.

Je suis très sceptique. Néanmoins je laisse le docteur organiser un dîner auquel je me rends avec les précautions d'usage. Quand je lisais *les Trois Mousquetaires* ou *la Dame de Montsoreau* je n'imaginais pas que je recourrais moi-même un jour à des procédés que mes camarades et moi jouions parfois à parodier. Mieux vaut en rire.

Le comte de N. est déjà là. Tandis que notre hôte me présente, je subis le feu de son regard à la fois aigu, hautain et rieur.

Jeune d'apparence, très vif, plutôt petit, mais très bien proportionné, le teint coloré, le sourire ironique et presque agressif, il ressemble un peu à un coq de combat.

— Alors, Monsieur, vous vous occupez d'Histoire ? Vous savez que pendant longtemps mes ancêtres y ont défilé. Maintenant on ne veut plus de nous. Aussi vous voyez comment va le monde !

CHAPITRE XXXIII

Au cours du dîner nous avons évoqué pêle-mêle les personnages et les événements historiques les plus divers. En dépit de sa compétence, j'ai appris pas mal de choses à N. qui est impressionné, mais ne veut pas le laisser paraître. Tandis que nous buvons au salon l'indispensable armagnac, il cherche à m'éblouir à son tour.

Il m'avoue qu'après un douloureux débat de conscience il s'est finalement rallié aux Orléans et a fait allégeance au duc de Guise — Jean III. Il me raconte non sans emphase sa visite au Manoir d'Anjou, cite les personnes qu'il y a rencontrées. Je me récrie, au nom de Mme de Villeneuve-Bargemon :

— C'est une femme que j'adore. A Cannes je la voyais tous les jours.

Le coup porte. Le comte estime que son honneur est en jeu, il faut qu'il marque un avantage sérieux, qu'il me désarçonne.

— Vous savez, dit-il, mes aïeux ont préféré rester maîtres chez eux plutôt que de briller à la Cour et de quémander. C'est pourquoi notre famille n'est pas aussi connue des ignorants que d'autres beaucoup moins anciennes. Cependant nous ne le cédons à personne. Nous sommes parents des Lévis Mirepoix et des Biron. Il y a eu des querelles au XVe siècle et, depuis, nous ne frayons pas. Cela n'empêche pas notre arbre généalogique de se confondre avec le leur.

J'ai perçu l'amertume sous la jactance, je saisis la balle au bond. Je m'exclame :

— Monsieur, cinq siècles de brouille, cela fait beaucoup, ne croyez-vous pas ? Quel honneur ce serait pour moi si je pouvais contribuer à y mettre un terme ! Le duc de Lévis Mirepoix m'a prodigué les marques de sa bienveillance. Quant à Arnaud de Gontaut Biron, c'est un de mes meilleurs amis. Si vous en êtes d'accord je vous promets qu'aussitôt la guerre terminée, je serai l'artisan d'une réconciliation historique.

Le comte est devenu cramoisi, il a mis bas les armes. Quelle secrète espérance, nourrie de génération en génération, je viens de ranimer ! Diplomate avisé, le docteur aborde vite un autre sujet, évitant ainsi au fier gentilhomme l'embarras de répondre.

Je ne sais vraiment pas quel est le succès de cette rencontre quand N., au moment de prendre congé, me déclare *ex abrupto* :

— Monsieur, ma maison est la vôtre. Vous y viendrez quand vous voudrez et vous y resterez le temps qu'il vous plaira.

Saint-Simon écrirait que, subitement, je vois les cieux ouverts. Jamais plus je ne dirai du mal des snobs et du snobisme.

Le docteur, très ému, veut immédiatement exploiter la victoire. Nous établissons un plan, conçu lui aussi en respectant la pure tradition des romans de cape et d'épée, ce qui paraît enchanter le comte.

Le 11 mai, par une nuit sans lune, à l'heure où chacun dort, il vient me chercher chez les L. au volant de sa grosse Renault. Lui-même, assez content de montrer sa force physique, y entasse mes valises revenues depuis longtemps de la gare d'Auch.

Victor et Marie-Rose ont horreur des effusions. Je mets donc dans mes poignées de main tout ce que je peux y mettre, et je monte. Me voilà encore une fois en route vers l'inconnu au milieu de l'obscurité. Je me demande combien d'étapes de ce genre il me reste à franchir.

Le château de N. est un bâtiment construit au XVIIe siècle, hélas ! remanié au XIXe. La nuit, il en impose beaucoup. Le jour lui enlève une bonne part de son prestige en révélant ses lézardes, les brèches de sa toiture et l'état sauvage auquel son parc est retourné. Nous traversons une espèce de salle des gardes décorée de portraits d'ancêtres, la plupart endommagés. Je saurai ultérieurement que ce sont les traces des fureurs du comte.

La comtesse nous attend au petit salon. Il m'a été précisé qu'elle descendait en droite ligne de Mme de Montespan par son fils légitime. Cela m'impressionne un peu.

À la vérité, Mme de N. n'est nullement intimidante. Elle m'accueille d'une manière qui m'émeut. C'est une femme, plus âgée que son mari, dénuée de la moindre coquetterie, très simple, très digne, apparemment très douce, mais je découvrirai que sous son air résigné se cachent une grande force de caractère et une passion encore vivace pour son époux volage.

On me présente les enfants, deux garçons de seize et six ans, deux jeunes filles de dix-neuf et dix-huit ans, vives, rieuses, charmantes, sinon vraiment jolies.

Le comte donne une bourrade affectueuse à son fils aîné :

— Voilà l'héritier du nom et du domaine. Quoi qu'il fasse, dans cette maison il n'a jamais tort.

Je me demande un instant quelles conséquences un pareil principe peut avoir sur l'éducation d'un gamin.

Le dîner nous a attendus et nous passons à la salle à manger très vaste qui semble être la pièce principale de la maison. J'ai le souffle coupé. Des armes diverses, surtout des fusils mitrailleurs sont alignés le long des murs. Au lieu de bibelots, des bocaux pleins de balles ornent l'immense buffet.

— Nous en avons bien d'autres, me dit le comte comme s'il voulait me rassurer. Le second étage en est rempli.

Avec beaucoup de prudence je risque une question.

Ne vaudrait-il pas mieux que cet arsenal fût caché ? Le parc doit offrir beaucoup de facilités à cet égard.

— Monsieur, me signifie M. de N., qu'il n'y ait pas de malentendus entre nous ! Je ne suis pas pour ce communiste de Pétain. J'ai mis son portrait aux cabinets le jour où il a créé un nouveau syndicalisme, peu importe sous quel nom. Quant à de Gaulle, c'est un voyou, n'en parlons pas. Je fais de la résistance, Monsieur, parce que cela m'amuse et, si je me cachais, cela ne m'amuserait pas.

Il n'y a rien à répliquer. De toute manière je ne suis pas en position de le faire.

La chère des N. ne le cède ni en abondance ni en qualité à celle des L. Quand je quitterai la Gascogne, j'aurai pris dix-huit kilos.

Sitôt l'armagnac bu, on me conduit à ma chambre, la chambre d'honneur, la chambre même de la Montespan. J'occuperai la place de la favorite dans le lit à baldaquin aux montants de bois sculptés, enveloppé de courtines en velours d'époque, dressé sur une plate-forme. Du grenier d'un bourrelier à une couche de la compagne de Louis XIV... Cette guerre m'aura étrangement ballotté.

La pièce, très haute de plafond, a des dimensions impressionnantes. La lumière n'y est dispensée que par une petite lampe de chevet — heureusement électrique — dont l'ampoule est à peu près grosse comme la flamme d'une bougie. Les masses d'ombre créent l'illusion d'une salle démesurée. On ne peut s'empêcher de penser à des fantômes.

Il y a peu de meubles. Malgré le clair-obscur j'admire le parquet. Mon hôte me met en garde :

— Il y a un trou. Ne vous cassez pas une jambe.

Je le remercie, lui souhaite le bonsoir. Ma lampe de poche me permet de découvrir un cabinet de toilette proportionné à la chambre, mais point éclairé et naturellement dépourvu d'eau courante. Je fais mes ablutions de mon mieux, je gagne le lit précautionneusement, je l'escalade. La douceur imprévue des draps me cause une sensation divine, je pose ma tête sur l'oreiller où l'altière Athénaïs, jeune femme, rêva peut-être de devenir presque reine.

Je me revois, enfant, dévorant les livres de Funck-Brentano : *De La Vallière à Montespan*, *l'Affaire des Poisons*. Ma grand-mère voulait me les confisquer, craignant que j'y trouve encore " des choses qui n'étaient pas de mon âge ".

Jamais je ne me déprendrai de l'Histoire.

***

Je découvre dès le lendemain que je ne suis pas le seul naufragé recueilli à N. Dans les communs gîtent des réfractaires au S.T.O. et aussi un gendarme par la faute duquel s'est évadé je ne sais quel ancien ministre. Le brave Pandore en est inconsolable et affirme hautement sa fidélité au maréchal. Il a gardé son uniforme. Cette fois je réussis à persuader N. de lui faire endosser un costume moins voyant.

Une vie nouvelle s'organise, à bien des égards plus agréable que chez les L. Je puis me promener en plein jour à travers la campagne. Les jeunes filles, tout émerveillées de voir un Parisien, sont aux petits soins pour moi. Il y a des chiens dont l'un, très beau, devient, selon l'expression consacrée, un compagnon fidèle. Je puis parler d'Histoire avec mes hôtes.

J'aime mieux cela que les discussions politiques qui suivent fréquemment les émissions de la radio. M. et Mme de N. ont tendance à me regarder comme un représentant des Alliés et à me rendre responsable des fautes qu'ils leur attribuent. Ils en arrivent à me donner un véritable sentiment de culpabilité après chaque bombardement d'une ville française, notamment après celui, particulièrement meurtrier, de Marseille.

La comtesse a peur des Russes. Elle les voit déjà déferlant en Gascogne. Redoutant que cela n'altère ses bons sentiments, je m'évertue à la convaincre qu'elle a tort et que, s'il en était besoin, je protégerais sa famille. Quels moyens ne faut-il pas employer quand on est proscrit ! Les appréhensions de l'excellente femme m'inquiètent autant que, naguère, les fantasmes d'Aline.

Tout cela cependant ne m'empêcherait pas de dormir si le ménage de mes hôtes n'était pas si troublé.

Hélas ! bien que la principale liaison du comte dure depuis des années, Mme de N. ne s'en accommode pas. Elle est jalouse comme la Montespan, mais préfère aux terribles éclats de son aïeule, les allusions sournoises, les petites phrases qui font mouche. Son mari ne les supporte pas, il explose.

Cet agréable dialogue a généralement lieu pendant les repas. Un jour, le comte jette à la tête de sa femme une assiette qui va s'écraser contre le mur, arrachant un morceau de bois doré à un cadre. Mme de N. n'a pas bronché. Calmement elle constate :

— C'est raté.

Les enfants ne semblent pas trop éprouvés par ce genre de scène. Il en va autrement pour l'infortuné qui voudrait bien ne pas en être le témoin.

D'habitude les hostilités s'arrêtent au moment fatidique où la vieille domestique, elle aussi blasée, apporte l'armagnac. Sous peine de se montrer grossier, que dis-je, insultant, l'invité doit en boire deux « godets ».

On se lève de table.

— Venez donc bavarder un peu dans la bibliothèque, me dit le comte.

Je le suis. A mon grand déplaisir, il me parle de ce qui vient de se passer :

— Vous avez entendu ma femme ? Elle se plaint que je la trompe. C'est entendu, elle est de bonne maison, mais je ne peux quand même pas oublier qui son grand-père a épousé. Alors qu'elle se taise !

Il soupire :

— On vous a fait boire un armagnac de second ordre, je m'en excuse. Je ne veux pas qu'*elle* touche au mien. Vous allez voir la différence.

Il sort d'un coffre une précieuse bouteille, nous trinquons. Deux godets supplémentaires. Comment refuserais-je ? Nous bavardons encore un moment quoique mes propos deviennent légèrement pâteux. Puis N. va inspecter le domaine à moins qu'il ne se rende chez sa maîtresse.

Me tenant fermement à la rampe de l'escalier, je monte au premier étage où se trouve ma chambre. La comtesse qui me guettait sort aussitôt de la sienne.

— Entrez un instant, je voudrais vous dire deux mots.

— Bien volontiers (hum !).

— Je suis désolée que vous assistiez à nos querelles. Mais que voulez-vous, ce n'est pas tenable, mes revenus servent à entretenir une gourgandine. Le domaine m'appartient, vous êtes chez moi, monsieur.

J'essaye de m'en sortir en protestant de ma gratitude.

— C'est pourquoi, poursuit-elle, je vous demande votre parole de ne jamais aller chez cette femme si mon mari vous propose un jour de vous y amener. Autrement nous cesserions d'être bons amis.

Son regard est devenu aussi menaçant que celui d'Aline pendant ses crises. Je me hâte de la satisfaire. Comment pourrais-je commettre une pareille incorrection à l'égard d'une personne qui me sauve la vie ? Ma promesse enregistrée, la comtesse m'écoute à peine.

— Il me prend tout, dit-elle, redevenue la proie de son obsession. Il emporte des souvenirs de famille qu'il donne à la créature.

Sa voix, naturellement douce, devient forte et rude :

— Quoi qu'il arrive, il y a une chose qu'ils n'auront pas, c'est l'armagnac de mon père. Rien de commun avec ce que vous avez bu. Vous allez en juger.

Consterné, je la vois tirer de sa cachette une imposante bouteille. Deux godets, bien sûr. Après cela, je n'ai que la force d'aller m'écrouler sur le lit de la marquise. Parfois je dormirai jusqu'au dîner, ce qui aura l'avantage de rendre les journées plus courtes. Heureu-

— Ah ! bon !

— Comment, bon ? Ces voyous, ces bandits sur mes terres ! Ils ne parlent même pas français. Ils ont pris comme interprète un sacripant du pays qui a travaillé chez moi et que j'ai renvoyé après lui avoir flanqué une bonne correction. Ce petit salopard a eu le front de me dire qu'aucun de nous n'aurait le droit de franchir les limites du domaine sans autorisation.

Il écume.

Renseignements pris, il s'agit d'un détachement d'une force assez importante qui manœuvre aux alentours. Bientôt les " assiégeants " se montreront assez accomodents envers mes hôtes qui circuleront à peu près librement. Cela n'apaise pas N. qui lance sa vieille Renault à travers leur camp en criant :

— Arrière canaille !

Quant à moi, je renonce à mon projet. En effet le garçon sur lequel je comptais ne reparaît pas. L'entente ne doit pas régner entre son groupe et les Espagnols. A défaut de son aide, il faudrait me montrer, expliquer mon cas à ce jeune paysan animé de mauvais sentiments à l'égard du château. Ce serait une folie. Allemands, Miliciens, Résistants, Espagnols ou non, se livrent à une sorte de carrousel. L'ennemi peut fort bien occuper demain les positions des " Rouges ". A ce moment les langues auront marché, on saura que je suis dans la région, on me recherchera. Je demeure donc.

Entre deux émissions de la radio, je retourne à l'Histoire. J'écris de mémoire des récits dont je ne me doute pas qu'ils alimenteront plus tard de nombreuses revues.

Et, comme toujours, à mesure que les Alliés gagnent du terrain, je sens monter le péril autour de moi. Les excès des Allemands et de leurs acolytes français laissent prévoir qu'ils n'abandonneront pas la place avant d'avoir semé un maximum de ravages. Un château exposé aux incursions de l'ennemi et à la vindicte des extrémistes... Qu'y-a-t-il de changé depuis " mon " XVIe siècle ?

CHAPITRE XXXIV

Les événements qui transforment le monde ne distraient en aucune façon le comte et la comtesse de leur bataille conjugale. A la fin de juillet, après une bagarre de plus, N. quitte la maison. Ne l'ayant pas vu reparaître au bout d'une semaine, sa femme va aux nouvelles. Elle rentre fort agitée : elle a su — par une cartomancienne, affirme-t-elle — que l'infidèle se trouve à Toulouse en compagnie de sa maîtresse. Elle connaît même son adresse.

Ne détestant pas le mélodrame, elle décide de s'y rendre avec ses quatre enfants et de mettre les coupables en face de leur infamie. Elle me confie le château.

M'y voilà seul en compagnie de la domestique, une femme un peu bossue dont je ne saurais dire si elle a soixante ou quatre-vingt-dix ans, une créature si frêle, si usée, si menue que je me demande parfois quel miracle la maintient sur ses jambes tandis qu'elle vaque à des occupations innombrables.

Le 8 août, à trois heures de l'après-midi, la chaleur est accablante malgré l'orage qui, pendant la matinée, a déversé des torrents de pluie. Assis devant la porte, j'oublie mes préoccupations en écrivant *Une journée de Henri III*. J'évolue mentalement à la Cour des Valois quand des bruits d'armes et la rumeur caractéristique d'une troupe en marche relient brusquement le présent au passé.

Une douzaine d'Espagnols, noirs et basanés comme il convient, s'avancent vers moi sous la conduite d'un garçon (dix-sept, dix-huit ans ?) que j'identifie sans peine à l'ancien valet de ferme du comte. Ces hommes vêtus de treillis sont bardés de revolvers et de cartouches. Ils portent des fusils mitrailleurs. Le but de leur visite est d'arrêter N. auquel leur interprète, savourant sa vengeance, a donné les traits d'un collaborateur.

La domestique, venue à la rescousse en clopinant, leur apprend que toute la famille est absente. Comment absente ? On ne leur a pas demandé d'autorisation. La vieille hausse les épaules. Elle ne révèle pas que ses maîtres ont emprunté un chemin où les « Rouges » ont omis de monter la garde.

Fou de rage, le jeune paysan se tourne vers moi :

— Qu'est-ce que vous faites ici ? Qui êtes-vous ? Ah ! vous écriviez ? Vous êtes un espion ? Donnez-moi ça !

Il m'arrache mon bloc-notes, essaie de lire, ne comprend évidemment rien.

— Vos papiers !

J'avais tant craint d'entendre ces mots sortir de la bouche d'un Allemand et c'est un apprenti-résistant qui me les jette à la figure !

Je sors la carte d'identité de Serge Laurent, je raconte que je suis Parisien, un ami hébergé par le comte en raison des bombardements de la capitale. Les Espagnols qui ne comprennent pas une syllabe interrogent le garçon. Il leur répond dans un langage bizarre. Conclusion :

— Vous êtes arrêté !

— Mais pourquoi ?

— On n'a pas à vous le dire.

J'essaie de protester,

— Suffit ! Vous vous expliquerez avec notre chef.

Il tire de sa poche une espèce de carnet à souches, puis un crayon qu'il suce longuement. Au prix d'efforts démesurés il trace deux lignes. Regardant par-dessus son épaule, j'arrive à déchiffrer : " Suspect. Motif : est bien habillé. "

Que n'ai-je appris l'espagnol lors de mon inoubliable séjour à l'Alhambra de Grenade ou à Madrid chez la duchesse de Durcal ? Je ne lui demandais même pas de traduire quand elle me signifiait, sa petite tête dressée comme celle d'un aigle :

— La liberté ? Il n'y a que des fous pour employer ce mot-là !

Bref, je suis incapable de me faire entendre des partisans et je refuse de me confier à un garçon qui, demain, servira peut-être de guide aux Miliciens.

— Allez ! En route !

— Où me conduisez-vous ?

— Vous le verrez bien.

— Ne pourrais-je emporter... ?

— Rien. En avant ! Ouste !

Presque le " raus " germanique.

Je me mets en mouvement. A ma droite et à ma gauche, un fusil-mitrailleur est braqué sur moi. Si un démiurge sadique préside à tout ceci, comme il doit s'amuser ! Traqué par les nazis, par les collaborateurs, ayant évité de justesse d'être livré par les fascistes, je me retrouve en définitive prisonnier des républicains espagnols !

Affreuse promenade ! Nous parcourons huit kilomètres environ de champs, souvent de terres labourées que la pluie du matin a transformées en bourbiers. A chaque pas nous soulevons une motte gluante. Joyeusement, l'insupportable " salopard " me révèle que, si on ne les fusille pas, les prisonniers sont parqués au fond d'un bois et astreints à de dégoûtantes corvées en attendant d'être jugés après la victoire.

Je songe à Alphonse XIII au milieu de femmes pâmées, servant de réclame à Deauville. Que n'a-t-il su conserver son trône ! Je songe aussi à la guerre d'Espagne, à la réprobation que je soulevais dans les salons quand j'approuvais Malraux de combattre les alliés d'Hitler. M'en voilà bien récompensé !

Nous arrivons, harassés — moi, du moins —, à une ferme autour de laquelle veillent des hommes armés jusqu'aux dents. C'est, je le comprends, le P.C. des partisans. On m'y pousse. Au bout d'une assez longue attente, on m'introduit chez le commandant.

Je vois immédiatement que j'ai affaire à un vrai chef. Il est beau, d'une beauté farouche et hautaine, grand, très maigre, le visage barré d'une large cicatrice qui lui donne un aspect irréel. Peut-être suis-je en train de rêver ?

Non, je ne rêve pas. D'une voix précise et dure, en un français impeccable, le commandant m'interroge. Manifestement je ne lui inspire aucune confiance.

Je ne puis qu'abattre mes cartes. Je dis qui je suis, je raconte mes aventures. L'Espagnol fixe sur moi un regard que la cicatrice passant au ras de l'œil rend presque sauvage. Et soudain résonnent des paroles que je n'aurais jamais cru entendre :

— C'est bien joli, monsieur, de se vanter d'être un Juif. Encore faut-il en fournir la preuve.

Quelle revanche !

Quel embarras aussi ! Il ne songe pas à vérifier selon la méthode allemande et je n'ai pas l'intention de le lui suggérer. Alors ?

— Je possède une pièce irrécusable, dis-je, mais vous comprendrez qu'elle soit cachée.

— A quel endroit ?

— Dans mes bagages, au château de N.

Par une sorte de fétichisme, au mépris de toute prudence, j'ai tenu en effet à conserver ma carte d'identité, estampillée à Paris. Elle est enfouie au fond d'une de mes valises.

Le commandant réfléchit. Va-t-il m'envoyer en forêt curer des fosses d'aisance ?

Il se lève :

— Je me proposais d'aller voir moi-même ce que trafique le propriétaire de ce château, un réactionnaire dément, à ce qu'il paraît. Eh bien ! Voilà l'occasion. Allons-y !

Il appelle, il donne des ordres. Une troupe assez nombreuse se rassemble. Et nous voilà repartis en sens inverse. Marchant près du commandant, j'en profite pour lui dire qu'on l'a trompé au sujet du comte, que ce dernier offre un asile aux réfugiés, qu'il garde un dépôt d'armes où s'approvisionnent les résistants. En effet les garçons devenus maquisards y ont largement puisé.

Le voyant sceptique, j'essaie autre chose et je mentionne Jean Cassou. Il tressaille. Cassou garde un grand prestige chez les républicains espagnols en faveur desquels il a tant milité.

— Vous le connaissez ?

— C'est un ami très cher.

Et je parle de lui sans devoir forcer mon enthousiasme. Je sens que l'atmosphère change enfin. Quelle chance d'avoir eu une curiosité universelle, de m'être lié de la même manière avec des princes et avec des hommes du Front Populaire !

Nous arrivons en pleine nuit au château qui est livré à la panique. La comtesse, ayant reçu des renseignements exacts, a surpris son mari comme elle le désirait. Elle l'a ramené au bercail, mais au milieu de quelle tempête ! Le comte menace de mettre le feu au château, simplement. Que se passerait-il si la nouvelle de mon arrestation n'imposait brutalement d'autres préoccupations ?

N. comprend bien qu'il devrait logiquement être à ma place. Il voudrait me libérer, il voudrait protéger sa famille. Sur quoi nous apparaissons. Je feins l'assurance et présente mondainement mon hôte au commandant. L'Espagnol m'enjoint d'aller chercher le document dont j'ai parlé. Il suspend toute décision jusqu'à ce que je le lui aie montré.

Mon Dieu, pourvu que je le retrouve ! Je grimpe quatre à quatre dans ma chambre, je bouleverse mes valises de fond en comble. Je transpire de plus en plus à mesure que le talisman semble se cacher entre mes livres et mon linge.

O joie ! O jour trois fois béni ! Le voici ! Je ne me retiens pas d'embrasser l'affreuse carte sur laquelle, en lettres rouges énormes, est imprimé le mot *Juif*. Ceux qui ont apposé le tampon ne se doutaient pas de ce qu'ils faisaient.

Je redescends l'escalier en trombe, je mets triomphalement la marque infamante sous le nez du commandant. En réalité il n'attendait que cela. Il m'ouvre les bras, nous nous donnons l'accolade. D'un même élan le partisan embrasse le comte qui ne songe pas à se dérober.

Les hommes poussent des vivats. Plusieurs m'embrassent à leur tour. L'un d'entre eux va jusqu'à tirer un coup de fusil au plafond en signe d'allégresse. Le salopard cache sa honte.

Le comte profite habilement de la situation. Avec l'aide de la vieille servante ébouriffée, il monte des bouteilles et des bouteilles de vin, vide les placards de la cuisine.

— Il faut célébrer ça ! Vous n'avez sûrement pas dîné.

Quelques heures après mon arrestation, je préside une espèce d'orgie soldatesque entre un chef révolutionnaire et un gentilhomme royaliste. Nous boirons jusqu'au petit jour.

***

Les Alliés ont gagné la bataille de Normandie, ils débarquent en Provence, mais, à aucun moment, nous n'avons couru un si grand danger. Des troupes allemandes qui évacuent le Sud-Ouest, se dirigent vers la vallée du Rhône. Elles pratiquent de leur mieux la tactique de la terre brûlée. Incendies et massacres jalonnent leur passage.

Nous apprenons qu'un régiment vient dans notre direction. Il a réduit en cendres un château situé à une dizaine de kilomètres, fusillé ses habitants. Les maquisards ne sont pas de force contre une pareille unité et préfèrent s'égailler. Les Espagnols s'en vont. Le comte n'aurait jamais cru qu'il les regretterait.

Nous sommes sans défense. S'*ils* arrivent, comment sauver sinon la maison, du moins nos vies ? C'est une des jeunes filles, je crois, à laquelle vient l'idée assez extravagante qui nous paraît bonne. Le parc contient des arbres très hauts et très touffus. Nous décidons d'y grimper en cas de nécessité et de nous dissimuler au milieu du feuillage.

Nous remplissons de vivres des musettes que les enfants agiles vont suspendre aux maîtresses branches. Ainsi pourrons-nous tenir un certain temps si l'ennemi prolonge sa visite.

Par bonheur nous n'aurons pas à tenter cette expérience hasardeuse. Les Allemands passent à trois kilomètres de N. qu'ils négligent. Ouf ! Nous ne sommes pas d'ailleurs délivrés pour autant. Il reste encore dans la région des arrière-gardes que harcèle la Résistance, il reste les terribles Russes de Vlassov passés depuis plusieurs années au service d'Hitler.

Il nous faut donc demeurer en alerte tandis que nous suivons à la radio les péripéties de la campagne de France. Joie indicible d'apprendre l'effondrement de Vichy, le triomphe de de Gaulle ! J'entends que le maréchal s'est enfin décidé à flétrir les crimes de la Milice et que Darnand lui a répondu par une lettre où il s'étonne de n'avoir pas été désavoué avant que les Américains soient aux portes. A mon sens il n'y aura pas de réquisitoire plus dur contre le vieil homme.

Qu'adviendra-t-il de Paris ? J'en suis encore à me le demander lorsque surgissent à bicyclette Henri et Aline venant de F. où la victoire a favorisé la réconciliation. Ils nous crient :

— Ils sont partis ! Nous sommes libérés !

Les derniers Allemands ont quitté le pays, Vlassov et ses hommes ont tourné casaque. Aline m'embrasse avec emportement.

Henri me tend le premier journal publié par la Résistance. Je vois avec stupeur la photographie de Cassou en première page, je lis que les Allemands avaient déjà abandonné Toulouse, quand des traînards ont arrêté sa voiture, y ont trouvé des armes et ont à moitié massacré le Commissaire de la République en puissance. Heureusement, on espère le sauver.

C'est la seule ombre qui obscurcisse un bonheur tel que je n'en avais jamais connu. Libre ? Est-ce possible ? Je *leur* ai échappé, je vais pouvoir commencer une nouvelle existence ! Il me semble que je viens de naître une seconde fois. Le lendemain, la radio nous transmet les formidables rumeurs de Paris libéré. Un Paris intact. Les événements incroyables se succèdent comme en 1940, mais la roue du destin tourne dans l'autre sens.

Henri habite à Toulouse chez une de ses tantes. Ayant l'intention de s'engager, il me propose sa chambre. Aline surexcitée me presse d'accepter. Je devine qu'elle songe à préparer la conquête de Paris. Soit ! J'ai hâte d'échapper à l'isolement, à la campagne et aux scènes de ménage d'autrui, hâte d'envoyer de mes nouvelles à Paris.

Mon départ de N. pose cependant des problèmes très prosaïques. La vieille Renault du comte a rendu l'âme. Il faut que je prenne le car de F. sur la route nationale située à plusieurs kilomètres du château. Or je suis plus encombré de bagages qu'un voyageur de la Belle Époque et je ne veux pas me séparer, même provisoirement, de ces derniers débris de mon patrimoine.

Aline, électrisée, déniche un vieux paysan qui, moyennant finances, met à ma disposition sa carriole et... un âne. Ses chevaux ont été réquisitionnés depuis belle lurette.

Tout se passe très vite. Dès le lendemain, mes valises sont empilées dans la carriole. Je marcherai jusqu'à la route à côté de l'âne mené par son maître, Henri et Aline qui ont passé la nuit au château nous escortant à bicyclette. Une dernière bouffonnerie servira ainsi d'épilogue à mon drame personnel.

C'est avec une vive émotion que je prends congé

de mes hôtes et de leurs enfants. Le comte se fâche quand je risque une allusion aux frais que je lui ai causés. Je lui donne ma parole de ne pas oublier l'engagement pris lors de notre première rencontre.

On sera tenté de croire à une gasconnade, à une de ces promesses chimériques que la séparation efface sur-le-champ. Eh bien ! non. Je m'acquitterai comme je l'avais dit, d'une façon noble et archaïque. Je parlerai, le moment venu, au duc de Lévis Mirepoix et au marquis de Gontaut Biron qui auront la bonne grâce infinie de reconnaître ma dette.

Paralysé d'émoi et de timidité à la dernière minute, le comte préférera déléguer sa fille ainée à Paris pour signer une paix espérée pendant cinq siècles. Les Gontaut Biron donneront un grand dîner en l'honneur de Mlle de N., la duchesse de Lévis Mirepoix la conviera à une réception. Le pauvre Juif errant et traqué aura rétabli l'harmonie familiale parmi les héritiers des anciens féodaux.

CHAPITRE XXXV

Qui n'a pas vu la Toulouse des derniers jours d'août 1944 ne saurait imaginer rien de semblable. La Ville Rose est devenue la Ville Rouge. Rouge-sang, rouge-révolution. Le Paris de 1792 entre le Dix-Août et les massacres de Septembre devait lui ressembler.

Dès le début de l'Occupation, Toulouse, débordante de réfugiés, a été le centre principal de la Résistance du Midi et la Gestapo n'a pas tardé à y faire régner la terreur. Cela n'a pas empêché les maquis de proliférer aux alentours. Renforcés de réfugiés espagnols, les combattants clandestins y ont, en grand nombre, lutté à la fois pour la libération et pour la révolution dont ils ne doutaient pas qu'elle en serait la suite naturelle. Des centaines d'entre eux ont péri, leur sacrifice exaltant l'idéal des survivants. La réaction des Français qui reconnaissent en Hitler le champion de la civilisation occidentale, en Pétain celui de la tradition chrétienne, a été d'autant plus violente. Une véritable guerre civile a embrasé ce Languedoc où tant de générations l'ont connue depuis les Albigeois.

Elle est loin d'être terminée. L'épuration y tourne trop souvent au règlement de comptes, les représailles contre les collaborateurs à la lutte de classes. Même s'ils ont appartenu à la Résistance, tous les notables sont en péril. Il existe, me dira-t-on, trente-sept tribunaux d'exception aux méthodes expéditives.

Cassou étant hélas ! hors de combat, Pierre Bertaux assume les responsabilités effrayantes de Commissaire de la République. Il représente un gouvernement qui peut difficilement se manifester faute de moyens de communication. Les ponts sont coupés, les routes généralement inutilisables. Les chargés de mission officiels se lancent vers Paris dans un train brinquebalant, si petit qu'ils n'ont pas le droit d'emporter de bagages. On ne sait comment ils franchiront la Loire. Seuls apparaissent au ciel des avions de la Croix-Rouge.

Il en est heureusement arrivé un d'Alger, contenant des ministres qui donnent à Bertaux la consécration nécessaire. Quand ils sont repartis, le représentant du pouvoir central paraît cependant moins puissant que le chef des maquisards, le lieutenant Asher devenu le colonel Ravanel. Autour de lui, écrira de Gaulle, " des chefs de fractions armées constituent comme un soviet ".

Leurs hommes, F.F.I. ou F.T.P., parcourent les rues ainsi que parcouraient la capitale les Marseillais de Barbaroux après la prise des Tuileries. Les meilleurs sont déjà partis rejoindre l'armée française qui remonte la vallée du Rhône.

Les autres, dont un simple brassard remplace habituellement l'uniforme, font grand bruit et chantent plutôt *l'Internationale* que *la Marseillaise*. Ceux qui ont une tenue, d'ailleurs fantaisiste, arborent fièrement les galons tout neufs qu'ils se sont attribués. Il n'est pas facile de distinguer les héros des opportunistes et même de certains collaborateurs soudain mués en F.F.I. Les résistants du 20 août 1944 ne se comptent pas. Plus d'un a eu l'adresse de saisir un levier de commande.

Les Espagnols, bien entendu, sont là, groupés en formations solides. Ils ne cachent pas leur intention de franchir bientôt les Pyrénées et d'abattre Franco. Voici encore l'œil de Churchill, le colonel Hilaire, une espèce de condottiere à la tête de ses propres troupes. Pour compléter l'ensemble, les Russes de Vlassov.

Une exposition, remarquablement organisée, présente les photographies des patriotes torturés. La foule se rassemble devant ces images horrifiantes et crie vengeance. On voit paraître des spectres mutilés sortis des geôles de la Gestapo, des hommes qu'on croyait morts et qui reviennent au jour après avoir vécu pendant des mois, sinon des années, comme à l'âge des cavernes. Alors se déroulent des scènes pathétiques, les larmes de joie se mêlent aux larmes de ceux qui ne retrouvent pas les leurs.

Toulouse a 40° de fièvre. C'est un étrange creuset où bouillonnent de nobles passions, des espérances grandioses et des ambitions sordides. Je découvre l'anarchie à l'état pur. Elle n'a pas fini de me réserver des surprises.

La tante de Henri est une femme d'une grande générosité qui me reçoit à cœur ouvert. J'ai scrupule à augmenter ses difficultés car c'en est fini de l'abondance campagnarde. La Résistance, tenant à prouver sa vertu, a radicalement extirpé le marché noir et les problèmes de ravitaillement sont tragiques.

D'autre part, j'ai hâte de redevenir indépendant, de n'avoir pas à compter avec des hôtes, si amicaux soient-ils. Puisque, naturellement, il n'y a pas une chambre à louer en ville, je compte prier le Commissariat de la République de me procurer un modeste logement et aussi de transmettre un message de moi à Paris car les P.T.T. ne sont qu'un souvenir.

Avant de quitter la maison de Victor L., quand les services publics fonctionnaient encore, j'avais pu envoyer deux lettres, l'une à ma gouvernante, l'autre à la plus proche de mes anciennes collaboratrices. Je disais à toutes deux que j'allais me perdre dans la nature et qu'elles devaient garder l'espoir de mon retour. Je leur demandais en revanche de paraître porter mon deuil et de faire croire que, vraisemblablement, j'avais été pris.

Cette précaution risque aujourd'hui de se retourner contre moi. Si l'administration me considère comme disparu, mon poste tant convoité va échoir à un fonctionnaire qui a la chance de se trouver là. Ou bien mon successeur réussira lui aussi une volte-face. Il faut absolument que je signale mon existence.

Je cours au siège du Commissariat. O bonheur ! J'apprends que l'adjoint de Pierre Bertaux est mon cher ami Marcel Abraham, l'ancien directeur du Cabinet de Jean Zay. Je demande audience. Bien entendu, on me recevra... si je patiente.

Une véritable foule encombre en effet l'antichambre. Je réussis à m'installer sur un canapé quelque peu défoncé et me trouve serré, que dis-je, écrasé contre un grand garçon blond vêtu non sans recherche, mais chaussé d'espadrilles. Le temps passant, nous lions conversation. Ainsi commence mon amitié avec Yves Salgues qui obtiendra bientôt le prix Apollinaire. Je n'imagine pas alors que ce jeune poète timide et lyrique, ivre de littérature, deviendra le journaliste dont Pascal Jardin écrira qu'il est Céline à *la Semaine de Suzette*.

Près de deux heures s'écoulent tandis que nous discutons de Claudel, de Montherlant et surtout d'André Gide. Enfin on m'appelle, je suis introduit. J'ai une espèce d'éblouissement en revoyant Marcel Abraham pour lequel j'ai craint le pire sachant quelle haine aveugle tant de Français, sans parler des Allemands, portaient à Jean Zay et aux siens.

Marcel Abraham sort des combats de l'ombre, tout blond, tout rond, tout rose, ainsi qu'il l'était rue de Grenelle. Il a les mêmes yeux tendres, la même chaleur humaine, la même agilité d'esprit, les mêmes emportements. Nous parlons de la tâche presque impossible qu'il accomplit auprès de Bertaux, nous nous contons brièvement nos aventures. Je lui dis enfin quels sont mes vœux.

Il lève les bras au ciel. Les règles sont très strictes, les transmissions si difficiles que seule la correspondance officielle est autorisée. Je devrai attendre avant de prendre contact avec Paris. M'y rendre est hors de question. Marcel ne me laissera d'ailleurs pas inactif à Toulouse. Il s'occupe de réorganiser la radio. Il me chargera bientôt d'y faire des émissions.

C'est un ami commun, un conservateur de musée, Joseph Billiet, qui, depuis la Libération, remplit les fonctions de directeur des Beaux-Arts. Il me réintégrera sûrement, bien que Florisoone soit resté en place jusqu'à nouvel ordre. Quant à mon logement, il s'agit aussi de la quadrature du cercle. Néanmoins, des secrétaires ayant été appelés, à l'issue d'une discussion assez longue, je reçois un ordre de réquisition pour un des hôtels de la ville qui était avant la guerre une " bonne adresse ".

J'y cours sans tarder.

— Vous avez de la chance, me dit le directeur. Un officier envoyé en mission a libéré sa chambre ce matin. Autrement je n'aurais pas pu vous en trouver une.

Il cligne de l'œil.

— Vous n'avez pas à vous plaindre. C'est une chambre qu'on nous a souvent demandée.

Je comprends en voyant la pièce. On dirait le décor d'un vaudeville grivois de la Belle Époque. Point de fenêtre. Un velours bouton d'or recouvre entièrement les murs et même le plafond. Il y a beaucoup de glaces, de glands, de pompons. Des têtières en macramé ornent les fauteuils, le lit contiendrait facilement trois personnes.

Je procède sur-le-champ à mon déménagement. Il est tard quand je me couche. Sensation délicieuse de me sentir de nouveau " chez moi ", quelle que soit la bizarrerie du lieu.

Je dors d'un sommeil pesant quand je suis cruellement réveillé par une morsure qui me fait presque bondir. Je m'aperçois alors que tout le corps me démange. J'allume, je regarde. Horreur ! Mon lit grouille de punaises auxquelles, trop fatigué, je n'avais pas prêté attention. Une rapide inspection me prouve que les affreuses bêtes se sont nichées partout. Elles n'ont dédaigné qu'une petite chaise en bambou. Voilà ce que cachait le beau velours bouton d'or, évocateur d'un luxe libertin.

Fou de rage, je sors de la chambre, je cherche quelqu'un à qui me plaindre. Je trouve seulement un veilleur de nuit placide. Ma colère n'altère pas son flegme.

— Eh ! oui, me dit-il avec un superbe accent méridional, il y en a plein. C'est comme ça !

Je regagne mon gîte, je m'installe de mon mieux sur la petite chaise, j'y somnole vaguement jusqu'aux environs de cinq heures du matin. Aucune fenêtre ne me permet de le vérifier, mais le jour doit se lever. Je reçois alors une inspiration grâce à laquelle je pourrai peut-être quitter cet abominable endroit sans me trouver à la rue. De nouveau je me rends auprès du veilleur de nuit qui dort, naturellement. Je le réveille, il manifeste son irritation, mais se calme en recevant un fort pourboire.

— Écoutez, lui dis-je, voilà des mois que je suis privé de femmes, je suis à bout. Je voudrais que vous m'indiquiez l'adresse d'une maison close.

— Vous comptez y aller à cette heure-ci ?

— Précisément à cette heure-ci.

Il hausse les épaules et me donne les indications nécessaires. Je pars en courant, je fuis littéralement les punaises et le velours bouton d'or. Le soleil se lève. Après avoir erré quelque peu, j'arrive devant une porte solidement verrouillée. Bien qu'il soit éteint, le « gros numéro » rouge est là, rassurant. A cette époque Marthe Richard pense à autre chose.

Je sonne, je resonne inlassablement. Enfin j'entends un bruit de clefs, la porte s'ouvre devant une énorme femme aux cheveux dénoués dont un peignoir à fleurs essaie vainement de cacher des appas propres à ravir un Oriental.

— Vous ne voyez pas que c'est fermé ? me dit-elle d'une voix rauque et rogue à la fois. Revenez ce soir, à partir de six heures.

Ayant prévu son accueil, j'ai heureusement sorti mes armes d'avance. Au moment où elle va refermer, je lui mets sous le nez quelques billets de banque qui la rendent immédiatement attentive.

— Je ne désire pas consommer, madame. Je viens vous demander si vous pourriez me louer n'importe quelle chambre pour deux ou trois jours. Votre prix serait le mien.

Elle regarde mes vêtements et semble les trouver à son goût, elle regarde les billets de banque et se gratte vigoureusement la tête.

— Vous n'êtes pas un de ces salauds de Miliciens ?

— Moi ? Si vous le désirez, renseignez-vous sur mon compte auprès du Commissaire de la République. Je suis un de ses amis.

Nouveau coup d'œil aux billets. Elle soupire :

— Suivez-moi.

Nous grimpons ce qui doit être l'escalier de service jusqu'au sommet de l'immeuble.

— Je suis obligée de réserver les belles chambres aux clients, mais si celle-ci vous convient...

C'est une pièce minuscule, sommairement meublée, d'une propreté parfaite. Accord conclu, quoique le prix soit bien entendu exorbitant. Au dernier moment je tiens à recevoir une assurance :

— J'espère que vous n'avez pas de punaises ici ?

L'indignation rend son accent admirablement savoureux.

— Des punaises ! Il n'y a jamais eu de punaises chez moi, monsieur.

Elle se drape dans son peignoir avec la noblesse d'une sociétaire de la Comédie-Française et laisse tomber en franchissant le seuil :

— Des cancrelats (prononcez canne-creu-là), je ne dis pas !

Va pour les cancrelats !

***

Mon nouveau déménagement achevé, je me promène dans cette ville parcourue de courants électriques et je me sens désemparé. L'ivresse de la Libération s'est dissipée, je réalise ce que ma situation a de cruel et de sinistrement absurde. Certes, j'ai sauvé ma vie, mais que vais-je en faire à quarante ans ? Je devine quelles intrigues se déroulent autour des ministères. Florisoone doit s'agiter afin de se maintenir. Comme il ne m'a donné — bien au contraire — nulle marque de sympathie pendant mes épreuves, il est exclu que je m'entende avec lui. Peut-être m'offrira-t-on un autre poste. Je n'en veux pas. Seule me passionne cette œuvre à laquelle je m'étais déjà consacré pendant quatorze ans, cette œuvre qui me permettait de servir à la fois les arts, le rapprochement des peuples et le prestige de la France.

Je souris amèrement. La France ! Oh ! comme j'y ai cru ! S'est-elle transformée ? Ai-je été mystifié depuis l'école ? Mon cœur serait singulièrement plus léger si je ne devais mes malheurs qu'à la folie d'Hitler. Ma famille, ma maison, mes biens ont disparu. Rien en somme ne me retient dans ce pays si je ne puis reprendre mon travail. J'ai des amis en Amérique, j'en ai aussi au Brésil...

Rêvant ainsi et marchant presque à l'aveuglette, je me heurte à une dame qui vient en sens inverse. Nous nous exclamons ensemble. J'ai retrouvé une amie d'enfance, une cousine des Rothschild, Henriette Léon. Après les premières effusions nous nous demandons mutuellement de quelle manière nous avons survécu. Henriette a eu une conduite glorieuse. Elle dirige un important service sanitaire.

— Ah ! je suis bien heureuse de vous avoir croisé. Il s'en est fallu de peu. Je pars demain matin pour Paris avec un groupe de mes blessés.

— Pour Paris ? Comment ?

— Je dispose d'un avion-ambulance.

J'ai presque un étourdissement.

— Est-ce que je pourrais vous confier des lettres ?

— Bien sûr. Déposez-les ce soir à mon hôtel. Demain elles seront à Paris.

Elle me donne l'adresse hâtivement car elle est pressée et disparaît au coin de la rue.

Je ne l'avais pas vue depuis une éternité, je ne la reverrai pas de longtemps. Elle a surgi devant moi en véritable messagère du destin. Mon avenir tout entier va découler de notre rencontre.

J'écris à Billiet, à mon ami Jacques Jaujard, directeur des Musées Nationaux, dont le comportement a été admirable, à ma gouvernante et à mon ancienne collaboratrice en lui recommandant la prudence. Que Florisoone continue à ignorer mon sort !

Les lettres déposées chez Henriette Léon, je suis revivifié. Il y a des joies, inconnues en temps normal. Celle de circuler librement, de ne pas craindre les mauvaises rencontres, de s'asseoir aux terrasses des cafés en est une que je découvre avec volupté.

Ces cafés de Toulouse sont des lieux de rassemblement où les rescapés n'en finissent pas de s'émerveiller d'être vivants. Je n'aurais jamais supposé que tant de personnes de ma connaissance se cachaient si près de moi. Un de mes bons amis, l'avocat Serge Weill-Goudchaux, est très entouré. Il a contribué puissamment à la retraite des Allemands par lesquels il a su faire intercepter des messages codés qui annonçaient un prétendu débarquement allié dans les Landes.

Serge porte fièrement son uniforme de capitaine : de F.F.L., tient-il à préciser, non de F.F.I. (1).

Je lui explique quel domicile insolite j'ai dû élire et lui demande s'il ne peut pas m'aider. Il me répugne d'ajouter encore aux soucis de Marcel Abraham.

— Hélas ! non, soupire mon ami. Je crois que ce lieutenant, assis à deux tables de la nôtre, a seul assez de puissance pour vous tirer d'affaire.

Je regarde et n'en crois pas mes yeux. Un jeune homme d'une trentaine d'années, qui en paraît beaucoup moins, parade devant une espèce de Cour. Sa

(1) F.F.L. — Forces Françaises Libres qui se rassemblèrent dès le début autour de de Gaulle. F.F.I. — Forces Françaises de l'Intérieur créées en 1944.

des lanières montant à mi-mollet. Les coiffures s'inspirent de la " queue de cheval " imaginée par Cocteau.

La plus franche liberté règne. Stupeur ! Le champagne, le whisky, les sandwiches, les gâteaux garnissent deux buffets comme s'il n'y avait jamais eu la guerre. De vastes divans, une profusion de coussins posés à même le sol facilitent les contacts.

Soudain la lumière s'éteint tandis que s'allument des projecteurs de théâtre. Raoul me souffle :

— Surtout ne riez pas et applaudissez.

Le maître de maison surgit sous les projecteurs, entièrement nu et aussi fier de l'être que s'il ressemblait à l'Apollon du Belvédère. Il s'en faut pourtant de beaucoup. Un disque se met à tourner, le Noir nous régale d'une danse du ventre à laquelle il apporte des raffinements de son invention. Au bout d'un quart d'heure il disparaît dans un état de grande surexcitation.

— Voilà, me dit Raoul. Tout ce qu'il veut, c'est faire son numéro. Maintenant on peut y aller.

CHAPITRE XXXVI

16 septembre. La fièvre est à son paroxysme. De Gaulle arrive. Je me précipite à l'aérodrome, mais la presse est telle que j'aperçois seulement le képi de celui qui fut, des années durant, la seule lueur au fond de nos ténèbres. L'enthousiasme suscité par la nouvelle de sa visite laissait augurer un délire analogue à ceux de Paris, de Lyon. Non. En dépit des acclamations je sens passer une espèce d'onde glacée. Je ne tarderai pas à en recevoir l'explication.

De Gaulle est venu rétablir l'ordre, affirmer l'unité nationale et l'autorité de l'État, au besoin contre ceux qui, écrira-t-il, “ ont une obédience cachée ”. Il se présente donc sous son aspect le plus impérieux et prouve immédiatement quel cas il fait des promotions spontanées.

Il monte en voiture, Pierre Bertaux à ses côtés. Au prix d'efforts inouïs, je réussis à saisir au passage son visage sévère et impénétrable, son regard de dompteur. Quelle différence avec l'homme d'une courtoisie royale qui, aux réceptions de l'Élysée, récompensera souvent mon travail en me disant une courte phrase bien frappée !

Je saurai bientôt les conditions orageuses dans lesquelles il a reçu les chefs de la Résistance. Il a ordonné à l'un d'eux de rectifier la position, il a appelé le colonel Ravanel “ Lieutenant Asher ”. Le bruit court — mais est-ce vrai ? — qu'il aurait dit à un jeune officier F.F.I. :

— Seulement trois galons ? Vous ne savez donc pas coudre ?

Le colonel Hilaire va être expulsé.

Un vent de colère se lève. Je rencontre Weill-Goudchaux affolé :

— Il y a des têtes brûlées qui veulent l'emmener de force au maquis pour qu'il se rende compte.

Rien de pareil ne se produira. Le " grand sorcier " manie les hommes à son gré. Il a démontré " que l'État avait une tête ". Maintenant, les farouches maquisards laissent couler des larmes.

— Je m'adresse à vous, par-dessus vous, à vos camarades. Vous allez retourner avec eux. Vous leur direz que je les aime bien.

Le lendemain a lieu le défilé le plus émouvant et le plus hétéroclite auquel j'aie jamais assisté. Sur la place du Capitole le Général parle au peuple qui hurle enfin sa joie. Lorsqu'il quitte la ville, les révolutionnaires ont perdu leur chance, les Espagnols amers doivent renoncer à l'espoir de reconquérir leur pays.

***

Marcel Abraham me tend une lettre arrivée par la voie officielle et qui porte l'en-tête du ministère de l'Éducation Nationale. C'est en tremblant que je déchire l'enveloppe. Les mots dansent devant mes yeux.

Billiet m'écrit en termes très amicaux que je n'ai jamais cessé d'être le directeur de l'Action Artistique. J'oublie du coup ce que j'ai enduré. Je n'ai qu'une pensée, me précipiter à Paris.

Marcel me calme. Il ne peut encore me fournir aucun moyen de transport, le fameux petit train qui parfois, d'ailleurs, reste en panne sera complet pendant longtemps. De toute façon je devrais y monter les mains vides.

Cela me freine. J'ai peur, je l'avoue, d'abandonner ces bagages sans lesquels je suis un vagabond. Marcel, fin politique, ajoute que j'ai intérêt à laisser la situation se décanter. Il prévoit beaucoup de remous.

Je prolonge donc mon séjour à Toulouse où je suis attaché à la radio. Je fais des émissions qui sont des interviews imaginaires de personnages historiques. Cela plaît. Mon dialogue entre Richelieu et Théophraste Renaudot obtient un vif succès.

Avide de nouvelles, je vais presque chaque jour au Commissariat de la République qui a enfin établi un contact normal avec Paris. Je ne tarde pas à y apprendre des choses inquiétantes. Billiet n'a déjà plus les Beaux-Arts. Le nouveau ministre de l'Éducation Nationale, René Capitant, a décidé de bouleverser complètement la vieille maison. Emporté par son élan, il ne crée pas moins de vingt-deux directions !

Le pire, au moins pour moi, est qu'il en a imaginé une qui groupera la mienne et un nouveau service purement universitaire. Le ministre veut faire cadeau de cet arlequin à un de ses amis, demeuré à Alger, Marcel Rey. Je n'ai aucune intention de me trouver subordonné à cet homme aimable mais peu au fait des problèmes qu'il aurait à traiter. Je pense de nouveau à m'expatrier.

— Patientez donc, me dit Marcel. A mon avis, l'Action Artistique devra être rattachée aux Affaires Étrangères.

Il ne se doute pas que lui-même, rentré à l'Éducation Nationale, sera l'artisan de ce transfert, ce qui amènera Louis Joxe à me transformer en agent du Quai d'Orsay.

En voilà bien d'une autre ! Marcel Rey, ayant remercié Capitant, l'informe qu'en raison de ses rhumatismes, il ne veut pas quitter l'Afrique. La confusion est à son comble.

Là-dessus me parvient une lettre de ma fidèle collaboratrice. Jaujard dirige provisoirement l'ensemble des Beaux-Arts. Il est très bien disposé à mon égard, mais il y a auprès de lui des gens qui le sont moins. Il faut d'urgence que je réapparaisse.

Elle a raison, je serais fou de m'attarder davantage.

Weill-Goudchaux a la même impatience de rentrer à Paris. Et, de leur côté, Martha et Aline, dont le chef de famille a déjà rejoint la capitale. Henri se bat devant Royan. J'ai l'impression qu'Aline pense beaucoup moins à lui.

L'avenir est riche de choses imprévisibles. Henri finira par épouser ... Martha devenue veuve.

Nous nous démenons. Weill-Goudchaux trouve enfin une brèche à ce mur auquel nous nous heurtons. Un camionneur accepte de nous rapatrier avec armes et bagages moyennant la somme énorme de 15 000 francs environ (25 000 nouveaux francs 1974). Une fois encore l'argent est l'*ultima ratio*...

Soit ! Nous décidons de nous cotiser et de partir tous ensemble. Ce sera une expédition digne d'un western. Pour moi un nouveau saut dans le vide.

Un filet m'empêchera-t-il de me casser les os ? J'ignore si je rentrerai au ministère, j'ignore ce qu'est devenue ma gouvernante, j'ignore où je poserai ma tête. Je sais seulement qu'il est impossible de se loger à Paris, les moindres hôtels étant réquisitionnés, et que mon trésor de guerre ne va pas tarder à être épuisé.

A la grâce de Dieu ! Le 23 octobre, avant le lever du soleil, nous sommes rassemblés autour du camion, submergés par nos bagages comme des personnages comiques du siècle dernier. En se serrant beaucoup, Aline et sa mère arrivent à prendre place auprès du conducteur. Les valises et les caisses remplissent le camion. Weill-Goudchaux et moi n'avons d'autre ressource que de nous asseoir dessus. Heureusement, il y a une bâche.

Confortablement installés de la sorte, nous allons zigzaguer durant près de soixante heures au hasard des routes encore " possibles ". Le soir du second jour, nous atteignons Tours et apprenons — avec quel soulagement ! — qu'un pont sur la Loire est ouvert à la circulation. Épuisés, nous passons la nuit dans des fauteuils. Un hôtel de la ville a consenti à nous les louer, chacun d'eux coûtant le prix d'une chambre.

Le 25 octobre, toute la splendeur de l'automne dore l'Ile-de-France. Je redécouvre, extasié, des paysages que j'avais cru ne jamais revoir, Rambouillet préservé, Saint-Cyr détruit, Versailles immuable. Est-ce possible ? Ne vais-je pas me réveiller brusquement en quelque nid à punaises ?

Paris ! Vers midi le camion s'arrête devant un immeuble de l'avenue du Maréchal-Maunoury, siège de l'état-major dont relève Weill-Goudchaux. Pendant que celui-ci se présente à ses supérieurs, je prends ma course, en quête d'un endroit où je pourrai téléphoner. J'aperçois un café, je m'y engouffre, je trébuche en saisissant l'appareil, je dois m'y reprendre à trois fois pour composer le numéro du petit appartement de ma gouvernante. Y est-elle ? A-t-elle été tuée au cours des combats ? A-t-elle fui à la campagne ?

Lorsque j'entends au bout du fil la voix de la vieille femme, j'ai l'impression que le monde, parti à la dérive depuis quatre ans, a retrouvé l'équilibre et la stabilité.

***

Me voilà installé tant bien que mal chez la chère Alice. Et maintenant ? Je devrais sans tarder prévenir le ministère de mon retour. Mais de mauvais souvenirs remontent, je me rappelle l'hostilité de certains, je me demande qui me répondra et comment. Cela me paralyse.

Soudain je pense à Suzy Borel devenue directeur-adjoint du cabinet de Georges Bidault, ministre des Affaires Étrangères. D'elle je ne redoute rien. Je fais le numéro du Quai d'Orsay, je la demande, je l'obtiens ! Elle me laisse à peine parler :

— C'est vous ? Vous êtes là ? Venez vite ! Oui, aujourd'hui même... Mettons à six heures.

Je fais donc ma rentrée dans les palais nationaux. Je retrouve, incrédule, les tapisseries, les velours, les lambris dorés. Tout cérémonieux qu'il soit, l'huissier me dédie un large sourire. A travers les salons pleins de diplomates inquiets, en mal d'audience, il me conduit jusqu'à celui de l'Horloge qui a vu si souvent passer les maîtres du monde.

Suzy Borel m'y attend. Autour d'elle se trouvent la plupart des membres du Cabinet et divers hauts fonctionnaires. Une petite réception a été improvisée en mon honneur. J'en serai pour toujours reconnaissant à Mme Georges Bidault.

Sur l'heure, je ne sais trop où j'en suis, je me compare à un hibou brusquement exposé au soleil. Il y a deux mois je songeais à grimper aux arbres pour me cacher !...

Puis, très vite, je me sens redevenir ce que j'étais. Je ferme, ainsi qu'on verrouille une porte, l'horrible parenthèse de ces quatre années. Quatre années ! Je n'irai pas à la recherche du temps perdu, mais je me jure bien de le rattraper.

***

Revigoré, j'ai téléphoné à Jaujard qui, de sa belle voix de séducteur, m'a prodigué des paroles de miel. Il m'attend demain.

Je me suis rendu chez Gaston Gallimard attendri et paternel. Mes livres qu'on avait définitivement oublié de mettre à l'index se sont vendus jusqu'au dernier. On va naturellement les réimprimer, publier le *Charles VII*, le *Louis XIII*.

J'ai appris que parmi des volumes passés en fraude aux détenus politiques de Fresnes, on avait glissé un exemplaire de mon *Henri III* qui, un jour, s'était trouvé à peu près seul de son espèce. En sorte qu'il avait rendu quelques heures moins longues à la plupart de ces hommes dont beaucoup allaient être fusillés. Cela m'a bouleversé.

***

Au soir de cette grande journée, il me reste à voir quel spectacle offre la vie parisienne. Je repasse le seuil de son temple indestructible, *le Bœuf sur le Toit.*

Le Bœuf a bien profité de la catastrophe. Logé maintenant en un local plus vaste et plus somptueux, rue du Colisée, il demeure fidèle à lui-même en se prêtant au repos des libérateurs après avoir dispensé le plaisir aux occupants et créé l'ambiance des nuits d'avant-guerre.

Une foule s'y presse, délibérément ignorante des frontières entre les gens du monde et les pirates modernes, entre l'héroïsme et la crapule. Jamais je n'aurai mieux observé l'extravagance de l'aventure humaine. La bataille fait rage devant les Vosges et les restrictions mettent la faim au ventre de l'immense majorité des Français. Le champagne n'en pétille pas moins et l'insouciance est parfaite.

Force Américains sont là, côtoyant des Français de tout poil : champions de l'idéal, virtuoses du double jeu, collaborateurs qui ont retourné leur veste au bon moment, profiteurs dont les épouses continuent à porter aux bras des kilos d'or, faux gradés et, tels qu'en eux-mêmes l'éternité ne les changera pas, des prostitués des deux sexes cachés sous des étiquettes diverses. Les femmes qui ne trafiquent pas de leur corps représentent l'éventail complet des catégories sociales, du château à la crèmerie en passant par le théâtre.

C'est à qui m'embrassera, me félicitera, m'invitera. J'ai l'impression que de vieilles connaissances qui m'ont oublié pendant quatre ans se jettent sur moi comme sur une bouée de sauvetage.

— Tu ne sais pas combien j'ai pensé à toi ! soupire cette chanteuse qui insulta le roi d'Angleterre à la radio avant de se produire triomphalement devant son ambassadeur.

J'accepte des coupes et des coupes de champagne. Elles me mettent dans un état second où cependant je ne perds rien de ma lucidité.

Tout en répondant aux uns et aux autres, je rêve, je me demande comment la patrie de Descartes a pu vivre plusieurs vies si violemment incompatibles. “ Une histoire pleine de bruit et de fureur, racontée par un idiot et qui ne signifie rien " ? Non. Il y a sûrement en filigrane une logique inavouable.

Peut-être existe-t-il chez les peuples un instinct de conservation qui provoque des réflexes difficiles à admettre. En ce cas...

La France de 1940 aurait perdu ses vertus militaires parce qu'un holocauste semblable à celui de la précédente guerre l'aurait anéantie.

Elle aurait suscité Vichy dont les ambiguïtés et les contradictions, les complaisances révoltantes et les sursauts imprévus devaient amortir les coups de l'ennemi.

Elle aurait suscité les enragés de la collaboration de manière à n'être pas exclue de l'Europe nazie si celle-ci était appelée à remplacer l'autre.

Elle aurait suscité de Gaulle pour rester présente parmi les Alliés et surtout pour qu'une image épique lui permît de croire son honneur intact.

Aurais-je enfin compris quelque chose à cet accident " stupide " auquel je viens d'échapper ? Comprendre, dit-on, c'est déjà pardonner...

Eh bien ! malgré trop de souvenirs lancinants, je croirai, comme des martyrs l'ont voulu, à l'honneur de ce pays que je m'efforçerai encore de servir en propageant sa culture et en racontant son histoire.

Puisque, de nouveau, les Juifs sont autorisés à le faire.

FIN

ACHEVÉ D'IMPRIMER LE
27 MAI 1974 SUR LES
PRESSES DE L'IMPRIMERIE
BUSSIÈRE, SAINT-AMAND (CHER)

— N° d'édit. 10072. — N° d'imp. 682. —
Dépôt légal : 2e trimestre 1974.

Imprimé en France